新时代天津市高中音乐课堂教学实践与思考

天津市中小学教师继续教育中心　编

天津出版传媒集团

天津科学技术出版社

图书在版编目(CIP)数据

新时代天津市高中音乐课堂教学实践与思考/天津市中小学教师继续教育中心编.-- 天津:天津科学技术出版社,2021.12

(天津市中小学"学科领航教师培养工程"团队攻坚成果系列丛书)

ISBN 978-7-5576-9823-2

Ⅰ.①新… Ⅱ.①天… Ⅲ.①音乐课-课堂教学-教学研究-高中 Ⅳ.①G633.951.2

中国版本图书馆 CIP 数据核字(2022)第 001249 号

新时代天津市高中音乐课堂教学实践与思考
XINSHIDAI TIANJINSHI GAOZHONG YINYUE KETANG
JIAOXUE SHIJIAN YU SIKAO

责任编辑:韩　瑞
责任印制:兰　毅

出版: 天津出版传媒集团
　　　天津科学技术出版社

地址:天津市西康路 35 号

邮编:300051

电话:(022) 23332397 (编辑室)

网址:www.tjkjcbs.com.cn

发行:新华书店经销

印刷:天津印艺通制版印刷股份有限公司

开本 710×1000　1/16　印张 17.125　字数 270 000

2021 年 12 月第 1 版第 1 次印刷

定价:128.00 元

目　录

新课程背景下应用"音乐档案袋"实施中学生音乐素质评价的策略研究 ········ 1

高中音乐编创模块教学实践研究 ·································· 32

关于创建高中音乐学科(传统艺术——鼓曲)选修课程的研究 ·············· 108

高中音乐课中戏曲教学的实践研究 ······························ 145

高中音乐演唱教学与拓展实践的几点策略 ························ 168

高中音乐课中音乐剧模块的实践研究 ·························· 202

高中音乐课堂教学中实施自主参与教学的研究 ·················· 220

音乐课堂教学对缓解高中生焦虑情绪的积极作用 ················ 250

新课程背景下应用"音乐档案袋"实施中学生音乐素质评价的策略研究

北京师范大学天津附属中学　张琳

1 研究背景

1.1 研究的政策依据、理论依据、实践依据

　　艺术教育是落实素质教育的重要实施途径。音乐教育作为艺术教育的重要组成部分,在中学素质教育课程建设中具有不可替代的作用。评价一般分为"量性评价"与"质性评价"。目前教育界主流的评价方式是分数至上的"量性评价"。而音乐学科的独特艺术属性,使其不能仅靠"分数"来科学评价一个学生的音乐学科核心素养。学生的艺术行为价值和"审美感知""艺术表现""文化理解"核心素养,既需要科学理性的量性评价,也需要艺术感性的质性评价。而"音乐档案袋"评价正是可以完美融合这两种评价的方式。然而,目前"档案袋评价"在基础教育中学阶段还属于探索阶段,基本没有成熟的研究成果与实践案例,其系统建构和实施操作均没有系统性的经验材料。本课题的价值就在于,以新课程改革为研究背景,以中学音乐教学实践为基础,构建"音乐档案袋"评价体

系,力图通过真实的调查记录全面充分地反应评价对象的各种艺术特质,反应中学音乐教育和课程的实施效果,为改进音乐教育和课程实践提供了最真实有效的依据。

1.2 研究主题的本质

实施中学生综合素质评价是新课程改革的一项重要内容。但现在中学音乐教育中,普遍缺乏科学合理的音乐素质评价体系,教师对学生的音乐素质评价大多采用"一唱定乾坤"的歌唱考核法和"乐理试卷"的笔试考核法。这些评价只是对学生歌唱、乐理等单一音乐知识技能水平以及在音乐活动中是否积极表现等方面进行评价,并没有科学合理的评价标准,也没有系统全面的评价体系,评价片面且偏颇。研究"音乐档案袋"评价,就是为了探索将其应用于中学音乐素质评价中。利用档案袋评价的多元性、互动性、展示性,反向促进中学音乐教学活动设计的科学化、条理化、系列化。"音乐档案袋"将是学生中学阶段音乐学习的清晰计划、评价依据、互动窗口、展示平台,对提高学生音乐知识技能水平和音乐综合素养可以起到显著的作用。同时,"音乐档案袋"的实践研究也将对落实"中学生音乐素质评价"起到重要推动作用。

1.3 研究课题的界定与国内外相关研究

1.3.1 核心概念的界定

档案袋评价(portfolio assessment)又称为"学习档案评价"或"学生成长记录袋评价",是以档案袋为依据而对评价对象进行的客观的综合的评价,它是 20 世纪90 年代伴随着西方"教育评价改革运动"而出现的一种新型质性教育教学评价工具。档案袋是指由学生在教师的指导下,搜集起来的,可以反映学生的努力情况、进步情况、学习成就等一系列的学习作品的汇集。它展示了学生某一段时间内、某一领域内技能的发展。

1.3.2 本课题国内外相关研究现状述评

1.3.2.1 国外研究现状

档案袋评价产生于于 20 世纪 90 年代,在西方中小学评价改革运动中兴起,于 1990 年左右开始在教学中实施。历经数十年,国外的学者对档案袋评价的研究已经颇为丰富,对档案袋评价的定义、目的、类型、内容以及优缺点等各方面的研究均有涉及。并且不但在理论研究上较为丰富,在实践探索中也有一定经验。但近几年,档案袋评价的热潮已渐渐退去,有学者称档案袋评价研究已处于瓶状态。总体上,国外在档案袋评价的研究应用上已具有多样化和广泛性,被广泛应用于语言、艺术、科学、社会研究、数学等学科。但是,在阅读大量文献材料后,笔者发现国外档案袋评价应用于中学阶段音乐教学实践的研究尚较少涉及。

1.3.2.2 国内研究现状

我国档案袋评价的兴起,是在 20 世纪末被引入基础教育领域。随着 2001 年,全日制义务教育《音乐课程标准(实验稿)》提出,音乐课程评价应"着眼于评价的教育、激励、与改善的功能。通过科学的课程评价,有效地促进学生发展,激励教师进取,完善教学管理,推动音乐课程的建设与发展"。对于档案袋评价的研究开始在国内引起广泛关注。至今为止,各个学科的档案袋评价研究方向均有涉及。本课题着重分析了国内档案袋评价在音乐学科的研究状况,其研究方向一般分为三个层面:

第一层面:幼儿音乐教育实施档案袋评价的理论实践研究。例如:孙文云(华南师范大学)所写的《幼儿音乐教育档案袋评价的探讨》。

第二个层面:普教系统音乐教育实施档案袋评价的理论实践研究。例如:朱琦《浅析"新课程"理念下中学音乐课堂的档案袋评价方法》,以及桑咏鸿(浙江师范大学)所写的《浅谈音乐档案袋评价机制的构建》。

第三个层面:高校音乐教育实施档案袋评价的理论实践研究。例如:潘睿(天津大学)所写的《高等学校普通音乐教学实施档案袋评价的研究》,以及罗宇佳写的《高等学校音乐表演专业学业表现性评价研究》)。

本课题应该属于第二层面的研究范畴,是普教系统音乐教育实施档案袋评价的理论实践研究。从目前的研究成果上来说,幼儿阶段的音乐档案袋评价研究比较偏重于实践操作及经验总结,而高校和普教系统的音乐档案袋评价比较偏重于理论研究和可行性论证。普教系统对音乐学科档案袋评价的研究很少,仅有的几篇文章也是理论论证及可行性研究的内容,关于实践操作的研究几乎没有。所以,本课题的研究内容对普及推广中学音乐档案袋评价,促进建立学生多元评价体系,还是很有实践意义和研究价值的。

2 研究目标

2.1 研究的理论、实践、技术性突破的目标

1.探索在中学阶段音乐教学中实施"音乐档案袋"评价理论可行性。通过研究新课程音乐课程标准中音乐学业质量评价的要求以及档案袋评价的理论依据,打破量化评价的局限性,寻找到适合中学阶段的学生音乐素养评价方法,探索"音乐档案袋"评价应用的可行性。

2.确定如何利用"音乐档案袋"对中学阶段音乐教学进行高质量评价。通过"音乐档案袋"的实践研究,探究档案袋评价的教育功能和评价优势,在实践过程中不断调整实施策略,完善"音乐档案袋"评价体系。

3.在教学实践中,探究"音乐档案袋"评价实施方案,初步规划并实验中学阶段"音乐档案袋"的基本流程和操作要求,使其具有操作推广的价值。

2.2 是否达成指标

已达成全部指标。

3 研究队伍与研究对象

3.1 如选定研究对象和研究者

3.1.1 选定研究对象

因为本课题为"新课程背景下应用'音乐档案袋'实施中学生音乐素质评价的策略研究",所以选定初高中学生为本科课题的研究对象。

3.1.2 选定研究者

本次科研课题研究课题负责人及 3 名主要成员均为"天津市中小学学科领航

工程"成员,均具有市级研究课题的能力和基础。其他参与研究人员也都有区级课题研究的基础。所有参与课题研究的人员均有丰富的一线音乐教学经验,对于课题的实践与研究具有巨大优势。

3.2 研究因素和非研究因素具体控制方法

3.2.1 研究时间保障

(1)严格遵守上级主管部门对课题立项的管理,按程序立项,照计划规划科研时间。

(2)严格课题研究过程的管理。每一阶段都要有周密的计划、明确的任务,严格的落实,确保课题研究按计划进行,保质保量落实实施方案。

(3)切实落实课题研究的总结、验收、评价的管理,对于科研成果的形成及转换,严格地遵循管理措施,依法照章办事。

3.2.2 研究团队保障

课题组现有11人,其中高级教师2名、一级教师7名、二级教师2名,分工明确。专家指导组成员是由领航工程聘请的专家天津师范大学王琼教授和指导教师刘苔老师进行把关和指导。

3.2.3 思想理念保障

这里主要指先进的教育思想的落实。自始至终狠抓教育观念的转变和更新,强化科研理论的培训。现代的先进的教育理论,是进行课题研究的先导。

3.3 数量、水平、特点、代表性描述

课题组现有11人,其中高级教师2名、一级教师7名、二级教师2名。

张琳:课题负责人,天津市学科领航教师、天津市音乐学科中心组成员、天津市第六期继续教育培训师、河西区音乐兼职教研员,有15年教学经验,曾4次代表天津市参加全国音乐骨干教师培训。

卢馨:课题组主要成员,高级教师、河西区音乐学科教研员,为课题做理论引领。

吴震、龙楠:课题组主要成员,天津市学科领航教师,有丰富的教学经验,并在课题研究方面有教学成果。

刘泽:红桥区音乐学科教研员,对音乐教育理论方面颇有研究。

闫寒松:高级教师,区级音乐学科骨干教师,拥有 20 年教龄的优秀高中音乐教师。

左宁、景华、张元元、刘颖、胡婷婷均为学校骨干教师,有着多年丰富的教学经验。

3.4 研究方法

本研究主要采用文献法、访谈法、比较法、定性分析法等研究方法。

3.4.1 文献法

通过查阅教育学音乐学科有关论著、国内外音乐教育期刊、知网等大量相关专著、论文和电子文献资料,了解档案袋评价的理论依据。

3.4.2 调查法

利用调查问卷摸清目前中学音乐评价的现状以及学生对音乐评价方式的反馈。综合教师、学生的问卷情况进行汇总分析,对构建符合学生发展要求的"音乐档案袋"评价体系,有至关重要的作用。

3.4.3 访谈法

咨询有关教育评价研究的专家学者,获取必要的理论支持和业务指导;访谈相关领域的一线教师,了解现有评价方式的使用情况;在音乐课后与学生进行交流,了解其对教学评价的期望。

3.4.4 定性分析法

运用归纳、演绎、分析等方法,对相关的文献资料、调查结果和实践经验等进行思维加工,完善中学音乐教学档案袋评价的基本流程和实施细则。

4 研究内容和过程

4.1 课题研究系列项目描述

本课题研究共分为理论支持、系统构建、完善体系、总结反思四个阶段。首先，通过研究新课程音乐课程标准中音乐学业质量评价的要求，结合档案袋评价的实践价值，为后面的研究提供理论支持。其次，尝试对档案袋评价在中学音乐教学中的实施进行系统构建。用实践研究案例，来探究中学"音乐档案袋"的建立及评价原则，设计一套针对不同音乐能力素养评价维度的档案袋内容。再次，根据上述架构，尝试探究中学音乐教学实施"音乐档案袋"评价的基本流程与细节，形成一套具有推广价值的音乐评价体系。最后，总结反思研究中尚存在的问题，展望下一步工作的方向。

4.2 每一研究项目的具体操作程序

理论支持(2020年1月—2020年3月)：通过研究新课程音乐课程标准中音乐学业质量评价的要求，结合档案袋评价的实践价值，为后面的研究提供理论支持。对初、高中学生以及一线音乐教师进行问卷调查，摸清目前中学音乐评价的现状以及学生对音乐评价方式的反馈。

系统构建(2020年4月—2020年6月)：课题组老师们分别进行初中音乐、高中音乐必修模块、高中音乐选修模块的"音乐档案袋"评价实践研究，并尝试对档案袋评价在中学音乐教学中的实施进行系统构建。

完善体系(2020年7月—2020年9月)：尝试探究中学音乐教学实施"音乐档案袋"评价的基本流程与细节，形成一套具有推广价值的音乐评价体系。

总结反思(2020年10月—2020年12月)：通过"音乐档案袋"教学成果展示的形式，直观的评价本课题的研究效果，并撰写相关的成果报告、教学反思及课例、论文。

5 研究结果与分析

5.1 "音乐档案袋"评价的理论依据

5.1.1 当前中学音乐教学评价现状分析

<table>
<tr><td colspan="2" align="center">中学生音乐学习评价模式的调研报告
北京师范大学天津附属中学　张琳</td></tr>
<tr><td>调查目的</td><td>我校参与了《新课程背景下应用"音乐档案袋"实施中学生音乐素质评价的策略研究》课题研究,希望利用调查问卷摸清目前中学音乐评价的现状以及学生对音乐评价方式的反馈。综合教师、学生的问卷情况进行汇总分析,对构建符合学生发展要求的"音乐档案袋"评价体系</td></tr>
<tr><td>调查对象及方法</td><td>本调查采用了问卷调查法,调查对象为北师大天津附中七年级、高一全体学生,发放700份问卷,回收700,回收率100%。力求真实反映中学音乐评价的现状以及学生对音乐评价方式的反馈。
"高中音乐模块选择意向调查问卷"调查问卷,分"选择意愿"和"选择理由"两部分。由课题组成员张琳老师完成问卷设计。这些内容是通过课题组成员对中学音乐评价的认识摸底确定的</td></tr>
<tr><td>调查结果与说明</td><td>本次调查问卷设计时采用了"多选性"与"开放性"的问卷形式,规避了因问卷选项不够,而误导学生选择不真实的问卷结果。故此本次问卷以简答为主,自由度极高,充满个性化,真实反映了中学音乐评价的现状。
我们对调查所得资料,经过细致的统计处理,其情况报告如下:
1.现在中学比较普遍的音乐评价方式(多选)
(1)一唱定乾坤(84%)
(2)乐理考核(12%)
(3)音乐海报(33%)
(4)音乐评价(20%)
(5)音乐会(56%)</td></tr>
</table>

续表

中学生音乐学习评价模式的调研报告 北京师范大学天津附属中学　张琳	
	2.学生喜欢的音乐评价模式及理由 (1)一唱定乾坤:锻炼提高学生的音乐表现力。 (2)乐理考核:增强学生的乐理知识了解与掌握。 (3)音乐海报:增强学生音乐资料搜集整理的能力,开阔学生音乐视野。 (4)音乐评价:增强学生的音乐鉴赏力,并促进学生乐理知识的掌握。 (5)音乐会:能够使学生较为全面的展示自身的音乐表现力。 3.学生不喜欢的音乐评价模式及理由 (1)一唱定乾坤:五音不全的学生深受打击,丧失对音乐的兴趣。 (2)乐理考核:将音乐变成了枯燥的考卷,脱离音乐学科特色。 (3)音乐海报:音乐海报大多是抄袭和信息的堆积,对培养学生的音乐创作能力有所欠缺。 (4)音乐评价:忽视了学生音乐表现力的培养。 (5)音乐会:只能体现学生的音乐表现力,可是忽略了学生的音乐辨别力、音乐鉴赏力和音乐创作力。 4.如果可以自由改变音乐评价模式,你理想中的音乐评价模式是怎样的? 学生们的答案形式各异、五花八门,归总起来大概有以下几点: (1)希望音乐评价多元化,摆脱"一唱定乾坤"的单一评价形式。 (2)希望能够不要一考定总分,能够把平时的音乐学习状态也算在评价过程中。 (3)希望音乐评价更具有趣味性,音乐评价的形式可以让学生一起参与选择
小结:以上调研结果,证明了以上的几种现行音乐评价都有其明显的不足,只有建立"多元递进"音乐评价体系,制定初高中音乐成长总目标,使学生拥有无数提高与挑战的机会,并不是一考定乾坤,而是采用自动升级法。才能持久调动学生的学习兴趣,让学生的音乐学习更有动力,更有效果	

5.1.2　档案袋评价的理论基础

档案袋评价的理论基础主要来源于:多元智能理论、建构主义和后现代主义。多元智能理论是美国教授霍华德·加德纳于提出的。多元智能理论的评价观提出:评价应全面反映教育现象和课堂教学现象的真实情况,为改进教育和课堂教学实

践提供真实可靠的依据。在我们面临的新课程改革中,我们特别强调自觉谈化传统评价方式的甄别与选拔的功能。关注学生发展中的需要,突出评价激励与调控的功能,激发学的内在发展要,促其自学习,实现自身价值。建构主义学习理论是在认知心理学的基础上发展起来的一种现代学习理论。建构主文评价的特点是:评价的目标比较自由,对学生的自我认知的发展评价。后现代主义是以新的话语和形式解释世界为特点的文化思潮。它反对将预设的课程目标游离于课程之外,并作为权威的评价标准而存在。课程目标应当从课程内部生成,并对学习者协调引导以促使其向自我成长。后现代主义下的课程评价开始了对传统课程评价的质疑,将评估过程根植在课程实施过程当中,具有明显的过程性评价特点。

5.2 中学"音乐档案袋"评价的构建

5.2.1 音乐档案袋评价的特征及优势

运用"音乐档案袋",就是在初一入学时,为每一个学生建立一个音乐档案。引导学生规划音乐学习生活,为自己的音乐学习制定学习方向和重点。在全面提高音乐能力的情况下,确定自己的音乐特长进行重点突破。例如:五音不全的学生主修音乐评论;爱好唱歌的学生可以主修声乐表演;有器乐基础的学生可以主修作词作曲。音乐档案的建立就是为了因材施教,扬长避短,培养一专多能的音乐人才。

音乐档案袋不但记录着学生入学时的音乐水平以及个人音乐发展方向,还随着初高中六年的音乐学习,记录下他所有音乐能力头衔和参加的音乐活动情况。它的建立是教师了解音乐特长生成长度以及普通学生音乐学习情况的最科学准确的第一手材料。

5.2.2 音乐档案袋建立及评价的原则

应用"音乐档案袋"建立"多元递进"音乐评价体系,就是制定中学生音乐成长总目标,使学生拥有无数提高与挑战的机会,并不是一考定乾坤,而是采用自动升级法,持久调动学生的学习兴趣。

中学生音乐学习总目标:

𝄞 欣赏音乐,要像音乐贵族一样高贵优雅。(音乐辨别力)

𝄞 评论音乐,要像音乐诗人一样出口成章。(音乐鉴赏力)

    𝄞 表现音乐,要像音乐巨星一样魅力四射。(音乐表现力)

    𝄞 创作音乐,要像音乐天才一样随心所欲。(音乐创造力)

    这个总目标是培养学生的四维音乐能力。它包括音乐辨别力、音乐鉴赏力、音乐表现力、音乐创造力。每种音乐能力都相应有 4 个等级的音乐头衔。学生在三年的音乐学习中,学生可以自主决定主修哪种音乐能力,并通过一次次音乐考核和活动来赢得相应音乐头衔,最终实现音乐综合能力提高的目的。

5.2.3 音乐档案袋评价维度及内容

北京师范大学天津附属中学音乐综合素质评价表

音乐素质能力	音乐头衔	音乐能力层次要求
音乐辨别力	音乐平民	对音乐有兴趣。但听音乐无目的、无选择、无审美,欣赏音乐时会随意说话、大笑或者喊叫,用最原始的方式感受音乐
	音乐小资	喜爱音乐。在提醒下能安静地欣赏完整的歌曲。对音乐的欣赏开始有目的,能够静下心来感悟音乐传达的情感或精神
	音乐新贵	热爱音乐。可以自觉安静认真的欣赏完整歌曲或乐曲。对音乐欣赏开始有选择性,能够选择合适的音乐调节自己的情绪
	音乐贵族	酷爱音乐。能够独立欣赏完整的交响乐。能够完全进入音乐世界,通过感性的感受和理性的分析,全方面地解析音乐,形成积极阳光的音乐审美观
音乐鉴赏力	音乐白丁	对音乐有一定的内心感受,但不会用语言评述音乐
	音乐秀才	音乐感受敏锐。在引导下,能简单评价音乐的某个要素和整体情绪感觉
	音乐举人	音乐感受敏锐、细腻。能够独立评价音乐作品的音乐要素特点和情绪特点,并简单阐述自身音乐感悟
	音乐诗人	音乐感受敏锐、细腻、独特。能够积极主动的进行各种类型音乐的综合对比评论,并有自己的独到见解

音乐素质能力	音乐头衔	音乐能力层次要求
音乐表现力	音乐观众	音乐技能较弱,不敢于表现自己的音乐技能。有表演潜力
	音乐新秀	有一定音乐技能,可以参与组合表演,但不能承担独立表演任务表演经验不足,表演水平略低于自身水平
	音乐新星	音乐技能较强,可以独立进行表演,表现力佳。有一定表演经验,但对音乐作品的理解尚有不足
	音乐巨星	音乐技能极强。擅长独立表演和组合表演等各种表现形式,表现力极佳。表演经验丰富,对音乐作品的处理有独特之处,拥有表演中二次创作的能力
音乐创造力	音乐听众	不识五线谱、简谱。没有乐器技能。能辨别音高和音的长短。偶尔能哼出一两个短乐句,但很快会忘记
	音乐人才	音乐感受敏锐。在引导下,能简单评价音乐的某个要素和整体情绪感觉
	音乐写手	粗略了解五线谱或简谱。拥有一点儿乐器技能或电子音乐技能。能在指导下,创作简单的音乐作品(4乐句),能为歌曲创作歌词。所创作作品旋律流畅,歌词押韵
	音乐天才	精通五线谱或简谱。有丰富的乐理和声知识。能独立完成8乐句以上的歌曲或二声部乐曲的创作。所创作作品:旋律独特,令人难忘;歌词深刻,发人深省

5.3 中学阶段实施"音乐档案袋"评价的基本程序

5.3.1 音乐档案袋实际操作的基本流程

建立音乐档案

七年级学生刚入校:进行了音乐调查问卷,了解学生的音乐基础,建立学生的音乐档案,为今后的音乐教学奠定了坚实基础。

七年级(上学期)

期中考核内容:结合教材歌曲《青春舞曲》进行五线谱简谱互译考核。每错一个音符扣2分,满分100分。通过音乐考核培养提高学生的识谱能力和音乐知识,并给予音乐辨别力等级头衔,为后面的音乐学习打下坚实的基础。

期末考核内容:期末音乐会。师生共同根据学生的音乐表现形式和表现力来进行评价,三方共评,取平均分作为学生考核成绩,并给予音乐表现力等级头衔。首先由演员本身也对自己的表演进行现场反思,再由评审学生提出自己的评价意见,最后由音乐教师对每一个学生的表演都予以现场点评,因材施教,以此来培养学生的音乐表现力。

年级音乐活动:快乐女声大赛(结合年级元旦联欢会进行,不占用音乐课时)。根据"面向全体、关注个体"的教育理念,采用了全年级的女歌手海选、音乐教师赛前辅导提高的比赛模式,通过活动引发学生积极参与音乐表演的兴趣,提高学生的音乐表现力,并根据学生音乐活动参与度给予相应音乐表现力等级头衔。

七年级(下学期)

期中考核内容:结合教材《乐海泛舟》单元"变奏曲的创编"进行作词作曲考核。为古诗《咏柳》创作一首 4 乐句的歌曲(50 分),为歌曲《甩葱歌》重新填词(50 分)。通过作词作曲的考核,培养学生音乐创作能力,并给予音乐创造力等级头衔。

期末考核内容:期末音乐会。师生共同根据学生的音乐表现形式和表现力来进行评价,三方共评取,平均分作为学生考核成绩,并给予音乐表现力等级头衔。首先由演员本身也对自己的表演进行现场反思,再由评审学生提出自己的评价意见,最后由音乐教师对每一个学生的表演都予以现场点评,因材施教,以此来培养学生的音乐表现力。

年级音乐活动:快乐男声大赛(结合年级六一晚会进行,不占用音乐课时)。

根据"面向全体、关注个体"的教育理念,采用了全年级的男歌手海选、音乐教师赛前辅导提高的比赛模式,通过活动引发学生积极参与音乐表演的兴趣,提高学生的音乐表现力,并根据学生音乐活动参与度给予相应音乐表现力等级头衔。

八年级(上学期)

期中考核内容:结合课前音乐欣赏进行音乐评价考核。音乐教师根据学生音乐评价水平予以打分,并给予相应的音乐鉴赏力等级头衔。通过考核培养学生的音乐鉴赏力。

期末考核内容:结合教材的乐理知识、视唱练耳进行考核,全班分组进行音乐知识竞赛考核。通过音乐评价培养提高学生的识谱能力和音乐知识,并给予音乐

辨别力等级头衔。

年级音乐活动:年级红歌会(结合年级元旦联欢会进行,不占用音乐课时)。

以班级为单位进行经典红歌合唱排练,鼓励表演形式多样,增强同学之间的表演协作能力。有的班级增加了乐器伴奏,有的班级增加了指挥、有的班级增加了舞蹈,有的班级干脆排练了音乐剧。通过活动再次锻炼了学生的音乐表现力,并根据学生音乐活动参与度给予相应音乐表现力等级头衔。

八年级(下学期)

期中考核内容:改编歌曲、电子音乐制作。(结合教材《瑰丽的电声》,改编电子音乐《小星星》)。通过改编歌曲和电子音乐制作的考核,培养学生音乐创作能力,并给予音乐创造力等级头衔。

期末考核内容:原创班歌大赛(结合年级五四庆祝会进行,不占用音乐课时)。通过指导每个班级进行班歌创作并开展年级原创班歌大赛,让学生在音乐创作中不但完善识谱能力,更学习了写谱能力。各班的班歌展示异彩纷呈,他们将各种艺术表现形式与班歌创造性的融合在一起。有的班歌演唱中加入了华尔兹舞蹈,有的班歌变成了音乐剧形式,有的班歌用了本班的乐队进行伴奏,有的班歌甚至现场播放了 MTV。经过两年的音乐学习和音乐活动,学生们的音乐能力全面提高,在本次活动中集中体现了他们的学习成果,音乐才能全面爆发。原创班歌大赛再次锻炼了学生的音乐表现力和音乐创造力,并根据学生音乐活动参与度给予相应音乐表现力等级头衔。

年级音乐活动:原创班歌大赛。(同上)

九年级

期中考核内容:结合教材《经典交响》进行交响乐赏析考核。考核包括:听辨交响乐器(20分)、交响乐器分组(20分)、演唱交响乐中的音乐作品(20分)、交响乐《命运交响曲》分析(40分)。音乐教师根据学生音乐辨别和鉴赏水平予以打分,并给予相应的音乐辨别力、音乐鉴赏力等级头衔。通过考核培养学生的音乐辨别力和鉴赏力。

期末考核内容:初三音乐档案汇总成绩。根据学生三年音乐档案记录的音乐能力等级头衔与音乐活动参与情况,汇总学生初中音乐成绩总评。

年级音乐活动:举行年级毕业音乐会(结合毕业典礼进行,不占用音乐课时)。

让所有学生用歌声、琴声和自己的原创音乐来纪念三年的初中生活,学会运用音乐记录自己的青春,真正学会如何运用音乐知识技能与能力。

高一(上学期)音乐必修模块

期中考核内容:20首中外歌曲听辨。考核曲目选自高中《音乐鉴赏》教材中的20首中外歌曲。首先,利用一节课时间对学生进行歌曲主题听辨的复习和记忆。然后,进行教师教授音乐辨别的方法。例如:乐器听辨法、旋律记忆法、风格归纳法等等,使学生学会如何辨识音乐主题。最后,将20首歌曲音乐主题打乱顺序重新播放,让学生依据听到的音乐主题,按播放顺序写出歌曲的名字。老师按照学生的答案,给出考核成绩。通过考核培养学生的音乐辨别力,并给出音乐辨别力音乐等级头衔。

期末考核内容:作词作曲考核。结合教材《多彩的华夏之音——民歌篇》,创作一首以中国五声调式为旋律基调的,命题原创歌曲《附中之歌》。可自选运用"二部曲式"或"三部曲式"的曲式形式,充分发挥中国传统音乐旋律创作中"鱼咬尾""换头合尾"等创作手法,创作出一首具有中国特色的原创歌曲。通过作词作曲的考核,培养学生音乐创作能力,并给予音乐创造力等级头衔。

年级音乐活动:校园艺术节(结合元旦晚会进行,不占用音乐课时)。让所有学生积极参与到校园艺术节的"声乐""器乐""舞蹈""语言"四大类比赛项目当中,充分展示自己的艺术才能,激发学生对音乐的热爱。

高一(下学期)音乐必修模块

期中考核内容:20首中外乐曲听辨。考核曲目选自高中《音乐鉴赏》教材中的20首中外乐曲。复习及考核形式与上学期的"20首中外歌曲听辨"相似,唯一不同的是,本学期的考核内容为乐曲,与歌曲相比,没有歌词的记忆点,所以音乐记忆的难度更大。虽然同样是考核形式,但每次考核的难度会提高,可以使学生的音乐能力水平达到螺旋上升的目的。

期末考核内容:音乐鉴赏考卷。通过试卷的形式,对《音乐鉴赏》教材中的中西音乐史、中外民族音乐风格、音乐的表现形式等重要知识点进行系统性梳理,使学生不会单纯的停留在"纯欣赏"的低层面音乐学习中,而是在音乐学习中形成"比较、鉴赏、思考"的高级音乐学习习惯。以考促学,将音乐艺术当中的感性感受与理性思考结合在一起,培养学生的音乐鉴赏能力,并给予音乐鉴赏力等级头衔。

年级音乐活动:"致青春"原创音乐会(结合五四庆祝大会进行,不占用音乐课时)。将上学期作词作曲考核中涌现出的优秀作品,进行修改、打造,最终以原创音乐会的形式进行展示,推出年级"十佳原创音乐人"。鼓舞和带动学生,引导学生"用音乐记录青春、用音乐点亮生活",将音乐与人生紧密相连,使学生形成积极、健康、向上的人生观和审美观。

高二年级 音乐选修模块

全年级学生采用走班制选课模式,进行艺术选修课,按照学生上网秒杀的结果进行系统分配。期中音乐学科的选修课包括《音乐与戏剧表演》《歌唱》《京剧鉴赏》《播音与主持》。以下为高二音乐选修课近年来所获部分教学成果:

- 《京剧鉴赏》被评为天津市音乐学科特色课程评选一等奖。
- 《京剧鉴赏》被评为天津市首届优秀网络课程。
- 北师大天津附中被评为天津市普及京剧艺术贡献奖。
- 《音乐与戏剧》学员表演的《歌舞青春》获得全国课本剧大赛一等奖。
- 《音乐与戏剧》学员表演的《茶馆》获得天津市文艺展演一等奖,并代表天津参加京津冀三地学生戏剧展演,获得极大好评。

5.3.2 评价效果的反馈与衡量

学生音乐素养的形成主要依靠音乐课程的各项实践活动。通过依靠"音乐档案袋"实施"多元递进"音乐评价体系,可以使学生的音乐素养全面提高。下面就以北师大天津附中音乐课程的教育实践案例来展示一下实验效果。

案例一:丰富多元的评价形式,搭建学生音乐才能展示的舞台

九年级8班的肖涵同学本身是一个性格内向、不善表现的女孩子,她对音乐一直很喜爱,但是却一直没有勇气站在舞台上表现自己的歌声。在七年级期末班级音乐会上(音乐表现力考核),她与同学合作唱了一首歌,声音虽然很小,头也压得很低,但是音色却很纯净清澈,音准节奏也掌握得很好。张琳老师在之后的点评中,给了她很高的评价,并鼓励她努力学习演唱技巧、多参加音乐表演活动,展示自己的音乐天赋。肖涵非常激动,小小的眼睛中闪烁着幸福与快乐。

张老师在之后的音乐教学中,有意识地多给肖涵登台演唱的机会,并利用课余时间指导她演唱技巧。终于在八年级的原创班歌大赛中,她作为本班班歌的领

唱者站上了学校的舞台,她优美的歌声收到了同学和老师们的阵阵掌声。演出结束后,她激动地跑到后台找到张老师合影留念。九年级的最后一节音乐课结束了,很多学生都恋恋不舍地与张老师告别,并约好"为了再上张老师的音乐课"一定要留校,高一再相见。肖涵等到同学们都走了,眼睛微红地塞给张老师一封信。信中写道:"今天的课是最后一节音乐课了。我真的希望可以再上几节。我喜欢您安排的课前音乐欣赏,也喜欢听您讲课,您讲的那样投入,真棒!从以前到现在我都非常喜欢有音乐课的一天,我每天想着盼着,终于到了那一天,那一天的课表因为有了音乐而显得分外耀眼……我非常荣幸做您的学生。写这封信没有什么目的,只想让您知道,我非常感激您这几年对我们的关怀和指导。"通过三年的艺术学习指导,肖涵的艺术素质有了全面提高,尤其是在音乐表现力上成长惊人,同时她还在音乐活动中找到了自信,整个人的气质也从内向腼腆变得落落大方。由此可见艺术教育对提高人的整体素质(尤其是艺术综合素质)的作用是巨大的。

案例二:精准追踪的音乐档案,开创个性化的特长生培养模式

九年级 11 班的郭始腾,在上音乐课时十分懒散,经常趴在桌子上睡觉,老师提醒他认真听讲,他还振振有词地说:"老师,这些我都懂,根本不用听。"张老师特意把他留下来,单独和他谈心。交流中,郭始腾整体呈现出一副"课本上的内容根本难不倒我,没有学的必要"的样子,骄傲自满的情绪很严重。

张老师针对他的问题,专门去翻看了他的音乐档案,发现他曾经学过多年小提琴,在"音乐表现力"和"音乐辨别力"考核中成绩极为优异,有一定音乐知识基础,而且他音乐档案中的"三年音乐学习目标"中明确写出了"三年内拿到艺术特长生认定证书"。于是,张老师就对他单独进行了一次"特长生音乐能力模拟考核"。结果,他的成绩根本无法通过。郭始腾看到乐理考试试卷上鲜红的 42 分时,一直高昂的脑袋耷拉了下来。他羞愧地说:"老师,我太高估自己了,您帮帮我吧,我该怎么才能通过特长生认定考核啊?"张琳老师指着试卷中的错误,语重心长地对他说:"你知道你不会的这些音乐知识,它们都来源于哪里吗?"郭始腾摇摇头,满眼写满了迷惑。张琳老师拿出了音乐书,打开翻到相应的知识点,让他自己看。郭始腾顿时羞愧难当,脸瞬间就红了,眼中隐隐有泪光闪现。张老师继续说:"这些你不会的题,都来源于音乐教材,来源于我们的音乐课,因为你自认为比别人懂得

多,就上课懒散不听讲,所以才会连这些最基础的音乐知识都不知道。"郭始腾这才明白了自己的差距,再也不骄傲自满了,每次音乐课都全神贯注,张老师留的音乐作业他都认真完成。在后面的"音乐创造力"评价考核中,郭始腾的原创音乐作品《朝鲜随想》获得了全班第一的好成绩。他激动地找到张老师,说:"老师,我写的曲子好听吗?"张老师微笑着点头,"非常好听,朝鲜民族风格浓厚,这个音乐主题你是怎么想到的?"他开心地说"我是根据《大长今》主题曲的旋律改编创作的。"张老师对他再次予以肯定,鼓励指导他使用 TT 作曲家电子音乐制作软件,将自己的音乐作品制作成电子音乐,并年级原创音乐会上进行《朝鲜随想》音乐作品展示。到了九年级,老师利用业余时间为所有申请艺术特长生考核的学生义务辅导乐理,郭始腾也在其中,他和其他十几名同学全部顺利地通过了艺术特长生认定。拿到证书的时候,郭始腾同学恭恭敬敬双手接过证书,真诚的对张老师说了一声:"老师,这三年真的非常感谢您!没有您的帮助,我不可能通过认定。这个证书,有一半是我的努力,另一半就是您的指导!遇到您,我太幸运了。"

三年中,郭始腾从一个上课睡觉的懒散学生,变成了一个全年级知名的原创音乐人,通过了特长生认定考核,其转变之巨大,令人叹为观止。由此可见"音乐档案"和"多元递进"音乐评价体系,对音乐特长生的个性化培养有极大的促进作用。

案例三:系统科学的评价体系,提高学生全面音乐素养

九年级 5 班的刘祺,刚入学时连五线谱和简谱都不认识,但却非常喜欢写诗,在自己的音乐档案中写下了"希望学习作曲,拥有自己的作品"的三年音乐学习目标。

这样一个看起来"眼高手低"的学生,真的可以实现自己的理想吗?

张琳老师看到他的音乐档案后,专门找他谈了谈,告之学习作曲首先要识谱,还要拥有一定的曲式和和声基础,最好还能会一点乐器,才能实现作曲的理想。刘祺同学稍作犹豫,就肯定地回答"不管有多少困难,我都要克服,请老师帮助我学习作曲。"张琳老师微笑的鼓励他:"只要认真听课,按时完成所有音乐作业,认真参与每一次音乐评价考核,我保证你两年后可以写出自己的音乐作品!"在半年后的音乐辨别力和乐理考核中,刘祺同学全部考了 100 分,他用短短的一个学期就

补上了自己的音乐短板。在后面的作词作曲课时,张琳老师特意用刘祺写的诗作为范本,教学生们依词作曲。同学们看了刘祺的诗,都说他是个才子。刘祺同学非常高兴,张琳老师继续鼓励他"如果你能为自己的诗词,谱写原创旋律,那这不就是作曲了吗?而且词曲全部原创,你不想试试吗?"从此刘祺更加认真学习作词作曲,还在校外报了吉他培训班,开始学习乐器演奏。在第二年进行音乐创造力考核的时候,他和本班的安浩然一起创作了班歌《青春远航》,该作品主题鲜明、旋律优美,获得了年级原创班歌大赛的最佳作曲奖。刘祺的音乐梦想终于实现了,他拿着奖状兴高采烈地跑到张琳老师的办公室,脸上洋溢着幸福的笑容,说道:"老师,我做到了。我真的拥有自己的音乐作品了。"由此可见"音乐档案袋"和"多元递进"音乐评价体系,可以提高学生全面音乐素养。

5.4 结论

(1)运用"音乐档案袋"构建"多元递进"音乐评价体系,可以促进学生音乐综合能力全面提高。

在教学实践的六年中,每个学生都至少创作了 3 首原创四乐句歌曲,点评了 4 首音乐作品,分析了 1 部交响乐作品,通过了 3 次乐理考核、2 次音乐听辨考核、1 音乐鉴赏考核、参加了 3 次班级音乐会,5 次年级音乐活动……五年中,学生音乐活动参与率达 100%。五年音乐总评优秀率高达 91%。音乐特长生认证通过率高达 91%,在全市均属领先水平。

(2)运用"音乐档案袋"构建"多元递进"音乐评价体系,可以建立良好的师生关系。

"多元递进"音乐评价体系使学生能从音乐四维能力方面提高自身音乐素养,不断的阶梯式进阶又可以不断提高学生音乐学习的信心。个性化的音乐档案不但记录了学生的音乐才华,更成为了学生音乐水平的自查标准,促进学生能力发展的重要手段,让音乐课变得更有趣、更高效、更有针对性。学生对音乐老师的认识也从"枯燥的歌曲教唱者"变成了"有趣的音乐创造者",从而使学生对音乐教师"敬佩""喜爱""尊敬"等情感,大大拉近师生距离,建立起良好的师生关系。

(3)运用"音乐档案袋"构建"多元递进"音乐评价体系,对落实"中学生音乐素质评价"起到重要推动作用。

实施中学生综合素质评价是新课程改革的一项重要内容。但现在中学音乐教育中，普遍缺乏科学合理的音乐素质评价体系。本课题利用档案袋评价的多元性、互动性、展示性，反向促进中学音乐教学活动设计的科学化、条理化、系列化。实践证明，"音乐档案袋"是学生中学阶段音乐学习的清晰计划、评价依据、互动窗口、展示平台，对提高学生音乐知识技能水平和音乐综合素养可以起到显著的作用，对落实"中学生音乐素质评价"起到重要推动作用。

参考文献

[1]刘炫蔚.浅谈多元智能视角下我国小学音乐教育与其他学科的联动教学[J].戏剧之家，2021(30):115-116.

[2]牛泽亮.基于多元评价的初中音乐高效课堂的构建分析[J].中学课程辅导(教师教育),2020(20):98-99.

[3]黄晓洁.多元评价在初中音乐教学中运用的研究[J].考试周刊,2019(59):172-173.

[4]王语嫣.档案袋评价在小学科学教育中的应用研究[D].福建师范大学,2019.

[5]柏灵.档案袋评价方法实施中的问题及建议[J].教育实践与研究(小学版),2007(02):20-22.

[6]黄梦霞.对以表现性评价为导向的小学音乐教学探究[J].北方音乐,2018,38(17):143.

[7]阳海燕.学生音乐成长记录袋评价研究[D].湖南师范大学,2008.

[8]张波.高中音乐学科学生发展性评价研究[D].湖南师范大学,2007.

[9]桑咏鸿.浅谈音乐档案袋评价机制的构建[J].音乐天地,2008(04):7-8.

附 录

(一)调查问卷

中学生音乐学习评价模式的调查问卷

班级： 姓名：

1.在以往的音乐学习中,你曾参加过哪些类型的音乐评价考核? (多选)

( )一唱定乾坤

( )乐理考核

( )音乐海报

( )音乐评价

( )班级音乐会

2.你最喜欢哪种音乐评价考核模式? 为什么?

3.你最不喜欢哪种音乐考核模式? 为什么?

4.如果可以自由改变音乐评价模式,你理想中的音乐评价模式是怎样的?

(二)北京师范大学天津附属中学音乐档案

学生音乐档案(初、高中)

一、基本情况

班级: 姓名: 性别:

民族: 出生日期: 毕业学校:

二、音乐特长及获奖情况

1.声乐(民族唱法、美声唱法、通俗唱法、合唱、戏曲演唱)

备注:_____

2.器乐(钢琴、电子琴、管乐、弦乐、民乐、打击乐)

备注:_____

3.舞蹈(芭蕾舞、现代舞、拉丁舞、民族舞、街舞、艺术体操)

备注:_____

4.其他(朗诵、主持、相声、快板、评书、作曲)

备注:_____

三、爱好(例如:唱歌、跳舞、听音乐、绘画、游泳等)

四、音乐能力发展方向

欣赏音乐,要像音乐贵族一样高贵优雅。(音乐辨别力)

评论音乐,要像音乐诗人一样出口成章。(音乐鉴赏力)

表现音乐,要像音乐巨星一样魅力四射。(音乐表现力)

创作音乐,要像音乐天才一样随心所欲。(音乐创造力)

请为你的音乐学习确定主要发展方向:

(三)北京师范大学天津附属中学音乐学习评价记录表

音乐学习评价记录表(初、高中)

班级: 姓名:

1.初中音乐学习总目标

欣赏音乐,要像音乐贵族一样高贵优雅。(音乐修养)

评论音乐,要像音乐诗人一样出口成章。(音乐鉴赏力)

表现音乐,要像音乐巨星一样魅力四射。(音乐表现力)

创作音乐,要像音乐天才一样随心所欲。(音乐创造力)

2.头衔获得条件

(1)音乐贵族:

平民——对音乐有兴趣。但听音乐无目的、无选择、无审美,欣赏音乐时会随意说话、大笑或者喊叫,用最原始的方式感受音乐。

小资——喜爱音乐。在提醒下能安静地欣赏完整的歌曲。对音乐的欣赏开始有目的,能够静下心来感悟音乐传达的情感或精神。

新贵——热爱音乐。可以自觉安静认真的欣赏完整歌曲或乐曲。对音乐欣赏开始有选择性,能够选择合适的音乐调节自己的情绪。

贵族——酷爱音乐。能够独立欣赏完整的交响乐。能够完全进入音乐世界,通过感性的感受和理性的分析,全方面地解析音乐,形成积极阳光的音乐审美观。

(2)音乐诗人:

白丁——对音乐有一定的内心感受,但不会用语言评述音乐。

秀才——音乐感受敏锐。在引导下,能简单评价音乐的某个要素和整体情绪感觉。

举人——音乐感受敏锐、细腻。能够独立评价音乐作品的音乐要素特点和情绪特点,并简单阐述自身音乐感悟。

诗人——音乐感受敏锐、细腻、独特。能够积极主动的进行各种类型音乐的综合对比评论,并有自己的独到见解。

(3)音乐巨星：

观众——音乐技能较弱，不敢于表现自己的音乐技能。有表演潜力。

新秀——有一定音乐技能，可以参与组合表演，但不能承担独立表演任务表演经验不足，表演水平略低于自身水平。

新星——音乐技能较强，可以独立进行表演，表现力佳。有一定表演经验，但对音乐作品的理解尚有不足。

巨星——音乐技能极强。擅长独立表演和组合表演等各种表现形式，表现力极佳。表演经验丰富，对音乐作品的处理有独特之处，拥有表演中二次创作的能力。

(4)音乐天才：

听众——不识五线谱、简谱。没有乐器技能。能辨别音高和音的长短。偶尔能哼出一两个短乐句，但很快会忘记。

人才——粗略了解五线谱或简谱。掌握一点儿乐器技能或电子音乐技能。能在指导下，创作简单的音乐作品(4乐句)，能为歌曲创作歌词。所创作作品旋律流畅，歌词押韵。

写手——掌握五线谱翻成简谱。拥有一定的乐器技能。能独立完成简单歌曲的词曲创作，所创作作品旋律优美，歌词有意义。

天才——精通五线谱或简谱。有丰富的乐理和声知识。能独立完成8乐句以上的歌曲或二声部乐曲的创作。所创作作品：旋律独特，令人难忘；歌词深刻，发人深省。

3.音乐头衔

(1)音乐贵族：平民　　小资　　新贵　　贵族
　　　　　　（　）　（　）　（　）　（　）

(2)音乐诗人：白丁　　秀才　　举人　　诗人
　　　　　　（　）　（　）　（　）　（　）

(3)音乐巨星：观众　　新秀　　新星　　巨星
　　　　　　（　）　（　）　（　）　（　）

(4)音乐天才：听众　　人才　　写手　　天才
　　　　　　（　）　（　）　（　）　（　）

4.各学期音乐学习情况记录

七年级上学期：

期中：   期末：

音乐活动、音乐获奖：

七年级下学期：

期中：   期末：

音乐活动、音乐获奖：

八年级上学期：

期中：   期末：

音乐活动、音乐获奖：

八年级下学期：

期中：   期末：

音乐活动、音乐获奖：

九年级：

期中：   期末：

音乐活动、音乐获奖：

5.初中音乐总评

合格(60分)、良好(70分)、优秀(80分)、完美(90分)

(四)"北京师范大学天津附属中学八年级原创班歌大赛"活动计划

"北京师范大学天津附属中学八年级原创班歌大赛"活动计划

一、活动目的

　　培养学生音乐创作能力,增强班级凝聚力及年级向心力,丰富学生课余生活,打造八年级班级文化,营造积极向上的校园氛围。

二、活动过程

1.原创班歌征集(作词、作曲)(5个月)

要求:歌曲内容积极向上、突出班级特色,旋律清新活泼,朗朗上口。

2.原创班歌的修改、定稿(20天)

要求:班歌的歌词和歌曲相得益彰,歌曲有前奏和间奏,乐谱书写工整准确。

3.学唱班歌(14天)

要求:各班班歌歌谱人手一份,熟记班歌旋律及歌词。

4.录制或制作班歌伴奏(15天)

要求:电子音乐、钢琴、吉他等各种伴奏均可。

5.各班编排班歌展示形式(12天)

要求:可配舞蹈、幻灯片、朗诵、合唱、重唱、表演唱等各种形式。

6.原创班歌大赛(7天)

要求:每班5~8分钟,内容形式各班自定。评出"最佳原创歌曲奖""最佳原创歌词奖""最佳班歌表现奖"等奖项。

三、活动人员

组织者:八年级组的年级组长、各班班主任、音乐教师。

音乐创作指导:张琳。

参与者:八年级全体学生。

(五)北京师范大学天津附属中学八年级原创音乐大赛节目单

八年级原创音乐大赛节目单

序号	班级	作品名称	作词	作曲	编曲 (电子音乐)
1	八年级9班	腾飞九班	程晓磊	白鹤翔	朱润清、白鹤翔
2	八年级8班	心的终点	曹郡尧	于璐	马靖轩
3	八年级4班	We can fly	刘新月、刘正一、张郁晨	刘正一	刘俊轩、刘正一
4	八年级11班	启航十一班	王陶、宋雨霏、赵中天、马葆菁、张嘉芮	王陶、尚子轩	王陶
5	八年级7班	我们永远的家	张晨、马思聪、刘泉山	马思聪	郭天然
6	八年级5班	青春远航	刘祺	安浩然、刘祺	张惟卓
7	八年级10班	展翅翱翔	陈阳、张懿凤、孙小淞、何永宜	朴智	于熙焘
8	八年级2班	璀璨星光	魏欣悦、晏祎	李雨宸	张沛瑶
9	八年级3班	We are on the way	尹修文	张纹梦、崔乐	邹镜璇、熊可毅
10	八年级1班	追梦的一班	瞿琬莹、曹翰之、庞世婵	曹翰之	曹翰之
11	八年级6班	迎着朝阳向上	李子柔	郑一	郑一

（六）北京师范大学天津附属中学八年级原创音乐大赛总结

八年级原创班歌大赛总结

——原创班歌大赛幕后的数据统计

1班作曲1次定稿，作词修改2次，编曲1次定稿，录制3次。
2班作曲修改1次，作词修改1次，编曲1次定稿，录制1次。
3班作曲修改1次，歌词1次定稿，编曲1次定稿，录制2次。
4班作曲修改3次，歌词修改3次，编曲修改3次，录制1次。
5班作曲1次定稿，作词1次定稿，编曲1次定稿，录制1次。
6班作曲修改1次，作词修改1次，编曲1次定稿，录制2次。
7班作曲修改2次，作词1次定稿，编曲1次定稿，录制2次。
8班作曲1次定稿，作词修改2次，编曲1次定稿，录制2次。
9班作曲修改3次，作词修改1次，，编曲修改2次，录制3次。
10班作曲修改2次，作词修改1次，编曲修改2次，录制1次。
11班作曲修改2次，作词修改2次，编曲修改1次，录制3次。

所有参与班歌创作的同学们都付出了大量的时间和心血，他们的努力应该得到肯定与赞扬。

我愿与所有热爱音乐的同学们一起并肩奋斗，与你们一起一遍遍的修改歌谱、讨论歌词、校正编曲、录制音乐。为你们的青春留下一颗音乐的种子，为你们的人生谱写一段难忘的乐章。

写给我的学生们：经典无需名次证明，优秀无需奖项为证

——原创班歌大赛反思

本次原创班歌大赛落下帷幕，但它引发的争论却没有停歇。关于评委是否公平的声音屡见不鲜。

但凡有创造性的事物出现都会引发争议，每个人都有自己不同的审美观，可能换一组评委艺术比赛的结果就会有变化，这也是很正常的。这也是所有音乐大赛、美术大赛、发明大赛总会出现争议和讨论的原因。

艺术不可能像数学考试一样会有标准答案,所以,无论比赛的结果是什么都会有人很不满。但是,比赛的结果真的很重要吗?名曲的诞生都是一帆风顺的吗?

音乐史上最著名的歌剧之一《卡门》首演时相当失败,观众反应冷淡,无人喝彩,大量观众中途离席,导致首演草草收场。然而现在《卡门》却成了世界十大经典歌剧之一。

威尔第的传世之作《茶花女》首演也是相当失败。由于演员选择失误这部以感人肺腑著称的歌剧活生生地被演成了爆笑剧!观众的笑声此起彼伏,情形大乱。威尔第愤愤地说:"《茶花女》的失败,究竟是我的错还是演员的错?时间会证明一切。"结果,《茶花女》第二次演出就获得了巨大成功,从而成为世界最著名的歌剧作品。

斯特拉文斯基的《春之祭》开启了"黑暗音乐"的篇章,但是它的首演却演绎成了一场灾难,大量暴动的观众冲向乐池对乐队大打出手,作曲家见形势不妙,跳窗逃逸,不然死于非命也是有可能的。最后直到动用了大量军警才平息了暴乱。一年之后,一样的巴黎,一次辉煌的平反,斯特拉文斯基也因此被公认为西方音乐的先锋派领袖。

"快男"在音乐事业上走的最红的不是陈楚生而是张杰,"超女"在音乐圈站稳脚跟的不是李宇春而是张靓颖。所以,真正的输赢要用时间来见证。

艺术只能用时间去考验,只有经得起时间流逝还留在人们心中的歌曲才是真正的经典。不要在乎一时的得失成败,而要静下心来完善自己的作品;不要只看眼前,而要放眼未来。笑到最后的人才是最终的胜利者,唱得最久的歌才是真正的经典。

才刚刚初二的你们就已经拥有自己的原创音乐,比起其他中学生,你们都是音乐天才!比起一辈子都没有拥有过"班歌"的其他学生,你们的人生中已经拥有你们自己的"独一无二"。拥有这么多美好的青春回忆,难道还不够吗?奖项真的比"独一无二"的音乐更重要吗?

亲爱的同学们,请记住:经典无需名次证明,优秀无需奖项为证!在我心中,你们都是最棒的!

(七)高一《音乐鉴赏》模块考核成绩分析

高一《音乐鉴赏》模块考核成绩分析

本学期音乐学科考核共进行了4次,包括:音乐记忆能力考核、音乐评价能力考核、音乐表演能力考核、音乐创作能力考核。每位学生自主选择参与其中的一项或多项考核,以各项考核中最高成绩为期末成绩。

一、全年级考核参与情况

参与1项考核:19人(占年级5.5%)。

参与2项考核:251人(占年级73%)。

参与3项以上考核:74人(占年级21.5%)。

参与度分析:94.5%的学生都参与了至少2项音乐能力考核,学生对音乐的学习兴趣较强,提高自己多方面音乐能力的需求明显。

二、各项考核成绩汇总(年级前三)

1.音乐记忆能力考核(20首中外经典音乐作品听辨)

(1)9班:满分率78.5%

(2)2班:满分率78.4%

(3)1班:满分率76%

因几乎各班所有学生都参加了这项考核,所以用满分率来评价排行。

2.音乐评价能力考核(课内外音乐作品评价分析)

(1)8班:满分率61%

(2)1班:满分率58%

(3)9班:满分率56%

因几乎各班所有学生都参加了这项考核,所以用满分率来评价排行。

3.音乐表演能力来考核(期末音乐会、校园艺术节参与度)

(1)5班:参与度33%

(2)1班:参与度24%

(3)9班:参与度19%

因参与表演的学生不多,所以按照参与人数多少进行排行。

4.音乐创作能力考核("附中之歌"作词作曲)

(1)4班:平均分97.3

（2）8班：平均分96.8

（3）7班：平均分96.5

因各班的作词作曲作业上交的比较多，而且满分率极为接近，所以按照平均排分。

成绩分析：以上数据显示，各班学生在四方面的音乐能力水平各有侧重。例如：5班学生音乐演唱表演能力明显高于年级其他班级。4班作词作曲能力优势明显。9班除了作词作曲能力较低，其他三项音乐能力考核都异常优秀，突出印证了少数民族学生能歌善舞的音乐天赋。8班、1班则属于音乐四种能力均衡发展的代表。

三、入学与期末各班音乐平均分对比

1班：入学92—期末98.9

2班：入学89.9—期末98.3

3班：入学95.6—期末97.9

4班：入学97.3—期末99.1

5班：入学96.5—期末98.9

6班：入学96.1—期末97.5

7班：入学96.5—期末97.2

8班：入学96.8—期末99.4

9班：入学92.2—一期末98.1

成绩分析：可以看出各班的音乐考试成绩都有明显提高，期末成绩都很优异且极为接近，整体音乐能力发展水平较为均衡。从成绩增长率来说，1班、2班、9班的音乐成绩增长率非常显著。

总体评价

高一年级学生音乐素养较高，对自身艺术修养的提高有强烈要求，大部分学生已初步达到"爱音乐、懂音乐"的音乐教育目标。本学期音乐教学任务圆满完成。

下学期的音乐教育目标是使学生在"爱音乐、懂音乐"的基础上，能够"演音乐、创音乐"，因此，下学期计划在高一年年级开展"附中之歌"原创音乐大赛。希望得到年级组长和班主任老师们的支持与帮助，让我们共同用音乐点亮学生的青春，让学生在活动中凝聚班级向心力，增强附中荣誉感，以身在高一年级为荣，以身为附中学子为傲！

高中音乐编创模块教学实践研究

南开大学附属中学　吴震

摘　要:伴随全面素质教育的不断普及与发展,《高中音乐课程标准(2017年版)》中高中音乐课程结构的设置凝练了音乐学科核心素养,是学校实施美育的重要途径。其中必修课程《音乐编创》模块充分体现其教育功能与价值:向学生提供必要的音乐编创知识与技能,使其具有一定的音乐创造与表现能力,能从音乐编创中获得精神愉悦和音乐创造的乐趣,在编创中学会与人沟通,交流与合作,是培养学生艺术表现素养的重要途径。

　　近几年来,高中音乐编创教学开始得到新的发展。本研究以政策的落实为切入点,就高中音乐编创教学的现状进行实地调研,旨在探索高中音乐即兴编创教学实施的有效策略为主要研究目标,结合教学实践提出实施建议。首先根据高中生学习音乐编创的心理特点,以高中《音乐编创》教材为研究的支点,采用线上微课的学习方式和在线教学评价机制,运用行动研究方法进行为期一个学年的教学实践研究。研究的重点是高中音乐编创数字化音乐教学的应用策略,应用信息化手段辅助编创教学,分析存在哪些阻碍的因素,以及采取哪些合理实施策略更利于教学的顺利开展,及有效规划提高音乐教师信息化教学能力的培养。

关键词:音乐编创　教学实践

1 研究背景

1.1 高中音乐编创模块开设现状

自 2003 年教育部颁布《普通高中音乐课程标准(实验)》后,"创作"作为高中音乐学科选修模块之一,天津市现有高中学段开设此模块教学的比例不高。到了2017 年再次颁布的《普通高中音乐课程标准(2017 年版)》中,"音乐编创"调整为必修模块之一,学校开设的情况仍然不容乐观。然而在全面推进素质教育的新时期,要以提高民族素质和民族创新能力为重点,培养中学生创新意识和创新能力,这是素质教育的核心,是获取知识的关键,更是终身学习的保障。

1.2 改善现状的迫切要求

在经过问卷调查和实地反馈后,高中师生普遍存在如下教学方面的问题:

(1)高中生编创兴趣不高,没有较好的音乐基础知识,编创活动很被动。

(2)高中生普遍缺乏有效的编创方法,学习目标不明确。

(3)大部分高中生鉴赏经典作品的质量不能达到《普通高中音乐课程标准》的最基本要求,因此,没有足够的聆听赏析,更不利于编创能力的形成。

(4)高中音乐教师对于开设编创模块教学心有余力不足,主要是对教材内容、教学目标、教学过程、信息化学科整合都存在难于实施的问题。

2 研究内容与目标

2.1 研究内容

聚焦音乐学科核心素养,参照花城版高中《音乐编创》教学内容,梳理歌曲编创课堂教学实施策略,创建在线音乐编创微课程平台,实现数字化音乐教学评价机制。以南开大学附属中学、北京师范大学天津附属中学、红光中学部分研究对象

为例,对其进行高中音乐编创课程的实践尝试,利用线上微课程教学形式,提高高中生学习编创课程兴趣以及编创能力。在重视音乐基础理论知识教学环节中合理安排编创相关模块课程学习进行多元培养方式,同时关注教师信息技术教学能力发展的培养。

2.2 研究目标

如何采用有效的教学手段,改革以往陈旧的教学方式,整合出适宜在信息化2.0背景下学习的高中音乐编创教学新模式;从多元信息化的音乐课堂中呈现科学有效的学习方法,提高学生自主学习能力,进而激发学生对音乐编创课程的兴趣。如何快速有效地掌握基本乐理知识和基本音乐技能的同时提高鉴赏能力、提高学生创编能力,真正落实以美育人的学科目标,在音乐教育教学中落实立德树人的根本任务。通过挖掘教学实践活动的优秀案例,为后期研究高中编创教学的教师们提供一个可操作性的范本。

3 研究思路

本研究思路采用"五步走"原则。第一步利用校内外资源搜集、整合与音乐编创教学相关的资料,确立课题为"高中音乐编创模块教学实践研究"。第二步对搜集的资料深入解读、剖析了解研究对象的现状及其在教学中的实践效果。第三步阐述课题理论概述,进行问卷调查与反馈,确定研究的方法。第四步筛选南大附中、北师大天津附中、红光中学部分高中学生作为教学实施对象,采用《音乐编创》教材内容,以音乐核心素养为制作微课程教学设计的指导思想,将所设计的在线课程进行教学实施,并对实施结果作出评价。第五步,根据教学活动的开展、课后反思从中总结出在线网络微视频学习在高中音乐编创教学中实施的效果。

4 理论与研究价值

4.1 理论依据

4.1.1 移动学习理论

移动学习,是一种由个人选择的自主学习方式。学生可以根据自己的兴趣和能力来选择学习内容和方式,最大限度地实现个性化学习,这与人本主义理论的思想是一致的。便捷的移动平台非常适合于随时随地学习的方式,再有即时反馈的评价功能,在互动和交流中了解彼此。高效的网络资源——微课再次开辟了学习新领域实践平台,这与移动学习的需求是不谋而合。

4.1.2 微型学习理论

微型学习是处理比较小的学习单元并且聚焦于时间较短的学习活动 。很多学者对此有很多不同的见解和看法,但是本质上是没有多大变化的。微型学习首先体现出来的就是时间和内容比较微小,这是一个显著的特征。例如:时间短、主题小等等。同时,利用微课还能让学生充分发挥自己的学习动机,提高我们学习和教学的质量。对于钢琴基础不好的学生,可以一而再再而三的看视频,直到把知识掌握为主。

4.1.3 个性化学习理论

个性化学习理论认为,学习过程既是个性的展现和养成过程,也是自我实现和追求个性化的过程[1]。个性化学习是解决学生所存在的学习问题,并为之量身定制不同于别人的学习策略和学习方法,提高学习效率。因为与众不同的天赋特性、天生优势和偏好,以及区别他人的弱点,才让个性化学习方案的制定发挥更大的实效性,更是帮助学生迅速提高学习成绩的有效工具。

4.1.4 掌握学习理论

掌握学习理论是由美国心理学家布卢姆的核心思想,是为绝大多数学生都能达到的教学目标所指定的标准。学习者无论能力如何,学习速度快慢,只要恰当的

注意教学中的主要目标,绝大多数学生都可以掌握知识内容。我们的微课就是教学中的主要变量,反复观看学习,提供学习者足够的时间保障,促使其达到教学目标所要求的知识掌握水平。

4.2 实践依据

由于目前我国音乐创造教育仍处于改革探索阶段,培养学生创新能力的教育模式还有待完善,例如:音乐学科作为非升学考试的教学内容仍处于学校教育薄弱环节;许多地区的音乐教育发展严重不平衡、音乐课程开课率不足、音乐教师基本功不扎实、音乐教育评价制度尚未建立、音乐教师职后发展得不到保障等现象还没能得到根本改善。而高中音乐编创教学方面更是有诸多问题仍待解决:如音乐教师编创教学能力不足,供教师参考学习的教学模式尚未形成,音乐编创内容与方法单一,编创教学评价缺乏参考标准,学生编创教学接受能力有限等等。

基于以上的调查,促使笔者选择以“高中音乐编创模块教学实践研究”为研究方向,以政策的落实和实际存在的教学问题为切入点,结合线上微课视频的学习,以及实地观摩参与听课、讲课音乐编创课程,并与一线高中音乐教师进行交流沟通,对不同学校高中生展开音乐编创教学现状调查研究。

4.3 研究主题的本质

本研究旨在通过对高中音乐编创教学实践的探索,在“强调音乐实践,开发创造潜能”课程理念的引领下,通过信息化网络教与学实践与创新,促进区域特色课程的高位发展,满足不同层次学生对优质教育资源的需求,从而以理论促进实践改革,以实践丰富理论研究,在不断地探索中实现普通高中音乐课程开设的均衡发展。

4.4 研究价值

该研究作为天津市“学科领航”学员团队攻坚课题《新时代天津市高中音乐课堂教学实践与思考》的子课题,是团队攻坚课题内容的研究分支,遵循团队攻坚课题研究的思想,结合课堂教学实践进行深入研究。音乐编创课堂教学是新课标颁布后学生自主选择修习的课程,更是高中音乐教师们在自我教育教学实践中急需努力提升的教学知识与技能的范畴,课题研究会总结出一套适合高中生学习编创的学习方法,努力总结出一套《音乐编创》模块的配套校本教材,带动和引领区域内音乐教师寻找到学校原创音乐实践的途径和发展的方向。

当下音乐市场活跃,但新生力量不足,原创力欠缺,靠什么助力原创音乐人才的培养,要靠我们音乐教育去涵养创作的根基[2]。其实社会及市场对原创音乐的需求始终供不应求,而对于学校的原创音乐发展空间更是迫不及待,因此通过该课题研究,为广大音乐教师提供便捷的操作方式,完善高中音乐编创课堂教学,努力培养全面发展的人。

4.5 创新之处

4.5.1 研究性

通过该课题研究,形成微课程教与学互动模式,这对深入研究学生音乐创作思维形成及作品风格的教师们提供了一个真实的操作平台。

4.5.2 实践性

MIDI 制作可以应用于学习生活的不同领域,通过课题研究可以提供一些简易操作流程供教师们参照应用:其中包括乐理教学微课程、电脑音乐软件操作课程指南,从中可以了解如何使用音乐软件编创,以扩大在校园文化中 MIDI 制作应用的范围。提高教学实施过程中编创行为的有效性,无疑是对提高课堂教学的效益起着重要作用。

4.5.3 针对性

该课题研究过程中针对高中学段,大量调查分析中暴露出很多音乐基础性教学存在着诸多值得研究的问题,很有必要进行深入的调查研究,以此作为推动教师专业成长的基础,提高课堂教学质量,同时增强教师学习意识、反思意识、研究意识,使教师在行动研究中提高教育科研的水平,促使教科研工作迈上新台阶。

第1章　　课题相关研究概述

1　概念界定

1.1　高中音乐课程结构

修订后的 2017 版《普通高中音乐课程标准》中充分体现了"丰富课程选择,满足发展需求"的课程基本理念,优化了课程结构,实现了师生教与学空间的双向选择,满足学生不同兴趣爱好和发展需求,打破统一学习同一门音乐课程而获得学分的固定模式。课程类别由原有的必修课程、选修课程两类,调整为三类:即必修课程——音乐鉴赏、歌唱、演奏、音乐编创、音乐与舞蹈、音乐与戏剧;选修课程——合唱、合奏、舞蹈表演、戏剧表演、音乐基础理论、视唱练耳;选修课程——由学校自主安排的校本化选修课程。

1.2　音乐编创

《普通高中音乐课程标准(2017 版)》将《普通高中音乐课程标准(实验)》中的"创作"模块改为"音乐编创"模块,适当降低了对音乐创作的专业性要求,同时拓展了学习内容,普通高中"音乐编创"是义务教育阶段音乐"创造"领域教学内容的延续与发展,通过音乐材料的组织与发展,以不同的形式表达思想感情、表现音乐意境的艺术创作实践活动,音乐编创模块教学以发展学生音乐想象力和艺术创造力为目的,通过本模块学习,学生初步了解音乐创作的基本原则和一般规律,学习音乐创作的基础知识和基本方法,开展多样化的音乐编创活动[3]。

2 研究方法

2.1 文献研究法

通过搜集并分析研究,从而获取本论文提供大量的理论研究依据,对高中音乐编创教学实践探究奠定理论基础。研究各种相关文献资料的优点和缺点,从中归纳研究存在的问题,为后期的研究提供帮助,为项目提供研究的切入点。

2.2 问卷调查法

有目的、有计划、系统性地对研究对象进行问卷调查,对问卷调查结果进行归纳整理、分析研究,为本研究提供有效的数据支撑研究理论。

2.3 观察法

在实地观察过程中,对学生网络学习状况进行观察研究。采取实况详录法和是时间取样法,观察在音乐编创教学活动中,不同层次学生网络课程学习的真实反馈,对所学习问题的认真程度、实施学习环节的积极性、对学习结果的阐述能力以及对自我评价的能力等层面,通过详细观察学生在线平台互动的评价结果,寻找影响编创教学的阻碍因素,进一步探索研究对象如何更好的发挥想象力积极的参与课程学习以及其实施结果,为研究的成果提供一些确凿的数据。

2.4 行动研究法

笔者根据自身在高中音乐校本课教学期间,在音乐编创模块课程中实施的教学模式,把音乐编创课堂中存在的问题记录在案,以此来探寻网络学习在音乐编创教学活动的实施中会出现哪些问题,针对这些问题应该采取何种对策,才能从根源处解决问题。研究者的实地教学活动是获取第一手研究资料的最佳途径,也是对研究结果的科学保障。

2.5 案例分析法

结合高中音乐编创教学案例设计,展开全面而又深入的探究编创课程网络

平台教学实施的真实情况,丰富教学实施过程中所涉及的核心问题,进行案例说明。

2.6 经验总结法

对编创教学过程中成功案例的实施经验进行总结,对编创课程内容(教学目标的制定、教学进度、考核形式与评价、教材的选择、教学方法的运用)进行总结,科学的评价编创课程中实施的效果,以及对创新人才培养的重要性进行论述。

3 国内相关文献综述

笔者查阅了音乐创作课堂教学相关书籍,以及知网中有关音乐编创的文章和期刊,其中义务教育阶段的创作教学研究较为普遍,而在 2017 版《普通高中音乐课程标准》颁布以后,将高中音乐编创教学作为必修模块研究的论文以及文献相对较少。而将高中音乐编创教学实践应用,并对创新人才培养的策略和影响力的文献至今没有出现。笔者通过整理收集资料,根据不同的研究角度进行了分类。

3.1 国外研究成果

3.1.1 教学法中的创作教学

世界公认的音乐教学法基本原则中都是通过亲身实践,主动学习音乐,培养高中学生的创造力为基本原则,有的通过歌唱、有的通过声势、有的通过乐器辅助进行音乐创作教学。

3.1.1.1 达尔克罗兹教学法(瑞士)

达尔克罗兹教学法立足于听,实施于即兴,强调音乐是动的艺术,主张体态律动,并以游戏作为教学的主要方式。达尔克罗兹教学法中的即兴课,以听音乐为主,用身体各器官为乐器再现音乐。

3.1.1.2 奥尔夫音乐教学法(德国)

奥尔夫注重主动性、元素性、综合性、创造性音乐教育,以节奏为基础、器乐为特色,侧重声态的模拟与创造,采用多声结构与简单的和声体系,使用各种打击乐器,鼓励学生即兴演奏。

3.1.1.3 柯达伊教学法(匈牙利)

柯达伊教学法主要内容是首调唱名法、柯尔文手势、节奏唱名、节奏和唱名的简记法。柯达依教学法的目标和任务中,有意识地培养和发展学生的音乐创作能力,培养以民间歌曲为基础的音乐的读写创作能力。

3.1.1.4 综合音乐教学法(美国)

美国的综合音乐教学法中的五个教学环节中包括:自己探索、引导探索、即兴创作、有计划的即兴创作和加强巩固概念。通过听觉、演出、创造、指挥、分析和评论估价等六方面的教学活动,锻炼学生多方面的能力,并强调学生创造力的培养。

伊迪丝·科尔曼的儿童创造性音乐教育认为,儿童天生带有热爱和探索音乐的倾向,只是这种倾向由于后天非自然的强化和训练,大多无法存活。因此,她设计了一套以制作乐器、即兴表演、唱歌、跳舞和音乐创作为内容,以儿童自我创造活动为方法的音乐课程方案。

3.1.2 英、美、德创作教学

英国的音乐教学大纲中要求,中小学的音乐教育贯穿的是一整套教学的具体措施,其中将表演、作曲、鉴赏作为学校教学的基本内容。作曲教学在全部的音乐教学中占有特殊的地位。创造性活动贯穿整个音乐学习过程,被称为"音乐创造课"。课程中要求(5~18)岁的学生,参照作曲教学的三个阶段为预期指标进行学习,从起初将感受到的声音记录下来,到即兴演奏一些在节奏上和旋律上富于想法的音乐片段。在音乐结构中探索、创造、选择、结合和组织声音,最终达到即兴演奏和改编不同风格的作品的能力。

美国的《国家核心音乐标准》颁布后呈现出非常丰富的音乐课程模式,美国学校音乐教育课程模式中包括计算机辅助音乐教学模式。这是受到斯金纳程序教学的影响。其中计算机辅助音乐教学是创作教学最好的实践课程。计算机应用教学通过软件进行学习,软件的类型也是针对不同学习目标而运用的,比如有知识型、反馈型、辅导型、训练型、游戏型、音乐编辑型、音乐模拟情景型,从基础性知识的学习巩固到灵活运用的专业作曲都将成为过程性学习的最佳应用手段。

德国音乐的教学更是灵活多变的,课程内容是开放的,学习自主性很强,课程内容分为理论与实践两个方式,理论的学习采用灵活多变的演示模式,比如老师进行一段演唱,让同学们说出节拍、技法等音乐元素,再经过老师的指点达到学习目的,或者老师进行相关乐器的演奏,让同学们在聆听的过程中完成对乐器音色的识别,在实践课过程中,教学的形式更加灵活多变。如采用即兴伴奏、作品赏析,老师领唱、合唱等方式;或者采用小组对歌、小队比赛的形式来达到教学目的,让同学感觉到每节课都是新的,对音乐产生一种由衷的期待,极大地激发了同学的兴趣,另一方面也能够让同学在音乐课堂上达到最大限度的放松。

3.1.3 创作书籍

还有一些讲述音乐创作技法的书籍,例如《和声学教程(上下册)》作者是(俄罗斯)斯波索宾。该书主要内容介绍了和声学,把传统和声归纳得科学、缜密、井然有序,是初学和声者极好的向导。还有《勋伯格:风格与创意》、美国阿德勒《配器法教程》、奥地利鲁道夫雷帝《调性、无调性、泛调性》、斯科列勃科夫《复调音乐写作》作曲四大件书籍非常详尽地从专业作曲的角度讲述如何创作音乐。

3.1.4 音乐创作软件

在 2002 年以前,cakewalk 可以说是电脑音乐制作软件的代名词。cakewalk 原来的版本只支持 MIDI 编辑,后来增加了音频处理功能,名字也就变成了 sonar,国内人俗称声纳。目前最高版本是 sonar 4.0。因为目前只有英文版,所以选择该软件前,要熟悉操作流程。另外一种是 cubase sx,可以说是开创了 MIDI 与音频混合制作的先河,就因为有了 cubase sx 的出现,才撼动了 cakewalk 在音乐制作领域的绝对领导地位。

另外还有"天才音乐家",这是为业余音乐爱好者而制作的软件,在制作电脑音乐的过程中,利用独特的自动配器功能,只要输入音乐的主旋律,它就能为你的歌曲配上和弦和打击乐器。虽然在专业音乐家眼里,这些可以说不屑一顾。但是,对于广大业余选手来说,无疑是最大的亮点。

国外创作教学应用于中小学音乐创作教育的文章并不多见。有一些经典的课例视频可以通过网络平台进行浏览,比如耶鲁大学公开课《聆听音乐》,剑桥大学公开课《音乐的认读唱写——走进柯达伊创作教学》,以微课形式在线授课如何进行创作音乐等等。

3.2 国内研究成果

由王安国主编的《普通高中音乐课程标准(2017 版)解读》的新课标,较 2004 年实验稿课标,从整体课程设计到具体教学操作,都有许多新的重要变化。新课标文本计约 4 万余字,对新课标各部分内容进行深入解读的专著逾 30 余万字,详细对必修模块、选择性必修模块、选修模块的各种课程实施进行了翔实的解读和教学建议。其中在必修模块"高中音乐编创"解读中阐述了模块具体包含的内容,音乐材料组织与发展的一般规律,旋律发展的创作手法,以及高中生学习音乐创作具备哪些必备的基础理论知识和基本技能。结合教材提倡的歌曲编创的具体教学实施办法和信息技术整合的实操案例,对音乐教师教学实践提供了宝贵的经验。

还有一些论文期刊针对教学实践的有效实施建议,比如安徽体育运动学校的曹莉《小学音乐即兴编创教学现状与方法思考》,该文章伴随着全面素质教育的不断普及和发展,小学音乐即兴编创教学开始获得新的发展,通过总结小学音乐即性编创教学中存在的问题,提出一些改善教学的策略。

萝岗区新庄小学的张霞在《浅议小学音乐歌词编创教学的意义与原则》中,阐述了歌词编创教学作为音乐教学创造板块中的一个不可或缺的组成部分,在教学实践中应用十分广泛。笔者通过小学音乐的教学实践,认为歌词创编本身的优点众多,因此在教学实践中歌词编创教学的基础是选对歌曲,关键是挖掘歌曲的规律,重在老师的不断鼓励。

广西师范学院的梁丽敏在《基于新课标下中小学音乐创作教学的理论与实践》中对中小学音乐创作教学理论进行分析,指出目前教学过程中存在的问题,并从提高中小学音乐教师创作能力、丰富教学内容、提升音乐基础三方面,提出合理的建议。

河北传媒学院郭佳《音乐制作导论》详细的论述了音乐制作的系统环境,流行编曲四大件乐器分配和管弦配器的写作方法以及补充的技巧应用。

综上所述,这些文章从音乐编创的教学方法、编创的教学手段和形式均给予了笔者从理论和实践中的一个辅助与支持,从而为作者在审美感知、艺术表现、文化理解层面中开阔了视野,在具体操作方法领域给予了充分的指导,让笔者在实施高中音乐编创教学实践研究中更加自信。

第 2 章　　实验校情况调查

为了进行高中音乐编创教学现状分析,笔者对南大附中、北师大天津附中、红光中学三所学校的高中音乐课堂教学的现状进行调查,从教师以及学生角度出发,采用访谈法、观察法,结合调查问卷开展研究,理清目前编创教学存在的突出问题。

1 实验校概况

1.1 南开大学附属中学

1.1.1 学校简介

南开大学附属中学坐落于天津市南开区三潭路,是天津市级重点中学、首批天津市示范高中学校、国家级现代教育技术实验校、全国德育科研先进实验校、全国部分大学附中教学协作体成员校、天津市中小学骨干教师培训基地、天津师范大学音乐与影视学院实习基地等。

学校建有占地 3 300 平方米,建有全国最美校园书屋——木斋书屋,全国心理健康指导中心及生涯规划指导中心,以及非遗工坊、通用技术教室、3D 打印教室、数控雕刻教室、机器人探究教室、生物数字化探究教室、陶艺教室、创客实验工坊、应急体验中心、STEAM 实验室、天象教室及天文台等先进的教育、教学、体育、科技办学设施,完全达到学校现代化建设的标准,满足学生身心全面发展的需要。学校确立"一轴两翼"课程体系,将"以周恩来为人生楷模"的教育主轴作为课程体系中群体培养的榜样标准,通过研发"爱国爱群"为特征的允公博雅课程和"服务社会"为特征的允能智慧课程,形成"两翼"课程,满足学生对社会科学、自然科学的需求,满足学生"允公"思想,指导其知识获取、能力提升等环节,进而实现"服务社会之目的"的培养需求。

在"两翼"课程体系中,学校严格按照教育行政主管部门的要求进行课程设置,分为:基础类课程、拓展类课程(含学科拓展类和素质拓展类课程)及大学先修课程(CAP 课程)三大类。在基础类课程的开设上,学校严格遵守上级教育行政主管部门的要求,开足开满课程,满足学生发展与综合提升的需要。在拓展类课程的设置上,学校打造包含学科课程群及素质拓展课程在内的校本课程模块供学生选择。课程更接近生活实际,激发了学生潜质,彰显了学生个性。通过校本课程开设,营造出"民主开放、精诚合作、尊重个性、追求成功"的学校文化氛围。CAP 课程将面向高中阶段学有余力的学生开设。学生可通过"线上+线下"模式进行先修课程的学习,并可凭借"线下考试成绩单"和"线上学习行为报告",达到相关高校学分认证要求,申请该高校的学分认证。

1.1.2 教学现状调查

1.1.2.1 师资情况

南开大学附属中学三位高中音乐教师承担日常音乐课程和校本课程。"音乐编创"模块教学由该校的吴震老师担任。

1.1.2.2 教学硬件及基本设施

"音乐编创"教学硬件依托南大附中电钢琴教室,硬件设备齐全,教室内配备了挂壁触屏式电子白板,多媒体播放设备。电钢琴教室内还配备多媒体触摸一体机,是触摸液晶显示器结合现代 PC 机组成的具有触摸显示和计算机操作功能为一体的产品。它具有触控的特性和显示输出的功能,实现了具有触摸互动、视频、音频、图像、动画以及计算机网络等功能为一体的多媒体教学、演示工具。为本课题研究提供了基本教学硬件支持。

1.1.2.3 课堂教学方式

笔者于 2015 年 9 月开展音乐编创模块的教学工作,这也为观察课堂教学和进一步了解学生音乐学习程度提供了很好的机会。在教学方式上,采用了行动研究法进行教学方式的调查,通过观察学生上课的情况,积极做好教学反思和课堂记录册,对每一位学生学习编创的过程进行逐一的记录,对教学方式的有效性进行客观的分析。

1.2 北京师范大学天津附属中学

1.2.1 学校简介

北京师范大学天津附属中学,成立于 2001 年(其前身是天津市第十三中学),是由河西区人民政府与北京师范大学联合创建的一所完全中学,是天津市首批示范高级中学。学校坐落于市区东南部的第二高教区,紧邻天津科技大学、天津财经大学,环境优美,文化氛围浓厚。学校占地面积 98 716 平方米,建筑面积 57 000 平方米,建有教学楼、实验楼、艺术教育中心、劳动技术教育中心、体育馆、游泳馆、标准田径场、足球场、学生公寓等高规格基础设施。校内绿树成荫,环境优雅,具有浓郁的人文景观。

学校以"健康、快乐、和谐、发展"为办学目标,注重校园文化建设,以"创办人民满意的教育,为学生终身发展奠基"作为学校的根本办学理念,营造"养浩然之气,凝书卷之气,蕴和谐之气"的校园文化氛围,形成"健康、快乐、发展、和谐"的校园环境。学校以"科研型教育"的深入研究和实践,引领学校发展,培养科研型教师,紧紧抓住课程、师资、学生三要素,开展特色教学。

1.2.2 教学现状调查

1.2.2.1 师资情况

北师大天津附中目前有 3 位音乐教师,共同承担高中音乐教学的日常课程和校本课程。其中,张琳老师负责"音乐编创实验班"的音乐教学工作。2018 年开展"编创教学实验班"音乐教学实践工作,为后续学校开展"音乐编创"模块教学进行先行探索实验。除此之外,张琳老师还承担高中音乐鉴赏、歌唱、戏剧表演、音乐编创多模块的教学,是天津市学科领航教师,市级学科骨干教师。

1.2.2.2 硬件设施

"音乐编创实验班"教学硬件依托北师大天津附中音乐专业教室,拥有多媒体播放设备、电脑、音响等硬件设备,更拥有"TT 作曲家""coolide"等音乐专业编辑软件,可完成编创教学的需求。

学校设有音乐专用教室,拥有先进的多媒体教学设备,直观、简单的操作功能给音乐课教学带来了极大的便利。钢琴、电子琴、打击乐器、音响设备全部都是由现代化创建配备的。这些设备备置先进优良,为该校的音乐教学及音乐活动提供了高标准的硬件设备,使教师的教学提升到了更高的层次,拓宽了教师视野,拓展了教学空间,满足师生的教学需要。音乐教室的环境设计充满轻松、喜悦的色彩,充盈着音乐的气息,让学生在一个优美的环境中学习音乐。

1.2.2.3 课堂教学方式

张琳老师实施音乐编创教学的对象是"编创实验班",从高一开始,就有针对性的对"编创教学实验班"的学生进行音乐四维能力培养,包括:音乐辨别力、音乐鉴赏力、音乐表现力、音乐创造力。音乐辨别力培养学生对音乐主题的辨别识记能力。音乐鉴赏力培养学生对音乐的审美情趣和分析能力。音乐表现力培养学生音乐表现的二次创造能力。音乐创造力培养学生改编音乐与创造作品的能力。通过独特的"多元递进"音乐评价体系,促进学生全面音乐能力的成长,使其拥有音乐编创所需的音乐知识技能与艺术审美层次,最终实现编创教学的实验目的。

1.3 天津市红光中学

1.3.1 学校简介

天津市红光中学始建于 1949 年 10 月 1 日,与中华人民共和国同龄,它是原中国人民解放军总参谋长杨成武将军亲手创建的一所部队子弟学校,为抗美援朝战争做出了卓越贡献。1985 年,红光中学积极响应党中央教育援藏的号召,成为全国早的三所(重庆、成都)内地西藏校之一和天津市唯一的一所藏汉学生共同就读的完校。红光中学为西藏培养了数千名的建设者和接班人,为党的民族教育事业做出了突出贡献。新校区设备更新、功能更全、景观更美,富有藏族风格的建筑群已成为天津市一道靓丽的风景。

国务院两次授予红光中学全国民族团结进步先进集体、模范单位称号,国家民委、国家教委授予红光中学全国民族教育先进集体称号,该校荣获全国教科文卫工会抗击非典先进集体、天津市文明学校、天津市首批三 A 校、天津市义务教育示范校、天津市实施《中小学日常行为规范》示范校、天津市心理健康先进校、天津市绿色学校 、天津市青年党校、天津市家长学校、天津市军民共建先进单位、天津市中小学学雷锋、树美德、做新人集体等称号,并被团市委命名为实践教育先进单位。

1.3.2 教学现状调查

1.3.2.1 师资情况

该校设有艺术中心,负责全校的艺术素养课程,高中音乐编创课程的开设由

李然老师承担,同时还承担电声乐队校本课程和合唱团录音的工作。

1.3.2.2 硬件设施

该校有一整套数字音乐创作专用设备提供教学使用, 所谓数字音乐创作,是作曲家利用计算机系统,借助专门的音乐创作设计和软件来创作音乐,是音乐创作发展史上的巨大飞跃。这种技术应用教学大大降低了作曲的成本,节省了大量乐队演奏员和录音棚的活动时间,提高了工作效率。例如,一整台文艺晚会的作曲、配器、录音,只需要一位编导、移位录音师即可完成将编曲、配器、演奏、录音的全部工作。

1.3.2.3 课堂教学方式

该校开设电脑音乐制作课程,其目标是利用电脑音乐制作、录音软件的各种实用功能——在教学方向可以增加新型教学项目,使音乐教学手段、课堂展示技术及示范引导风格等发生质的提升。在学生学习方向可以得到更细化的、独立的、导向性的帮助。可为因不同学习程度而产生的不同程度的仿照练习需求提供临摹样本。

以前教师或学生在创作的时候,无论是声乐类还是器乐类,不可能一边写一边听合唱队演唱或乐队演奏的实际效果,只能凭着感觉在谱纸上写,最多在钢琴上简单的模仿成品效果。这就需要很好的钢琴演奏水平,而且,在钢琴上无法试出合唱队或乐队的真实音响效果。现在,运用电脑音乐制作软件中的乐谱写作功能,将乐谱直接输入到软件中, 同时在音轨中挂载人声合唱或各种乐器音色的 VST插件,就可以在写作的时候同时听到所写音乐的实际效果。

2 调查方法

2.1 对学生问卷调查

2.1.1 南大附中调查问卷

2.1.1.1 学生问卷

本次调研,共选择南大附中的 200 名有过编创学习经历的学生,发放调研问卷 200 份,回收问卷 200 份,其中有效问卷 200 份,问卷回收率为 100%,有效率为 100%。

(1)你喜欢音乐编创这门课的学习吗(单选)？(见表 1)

A 非常喜欢　　　B 一般喜欢　　　C 不喜欢

表1　学生问卷第1题选项占比

答案	A	B	C
问卷人数	125 人	45 人	30 人
百分比	62.5%	22.5%	15%

从表 1 中可见,在参与调研的 200 名学生中,半数以上的学生对音乐编创课程比较喜欢。

(2)教师在课堂上所讲的内容你都能够理解吗(单选)？(见表 2)

A 完全理解　　　B 能理解大部分　　　C 能理解小部分　　　D 基本不能

表2　学生问卷第2题选项占比

答案	A	B	C	D
问卷人数	40 人	80 人	50 人	30 人
百分比	20%	40%	25%	15%

从表 2 中可见,教师在课堂上讲述编创的教学内容只有 20%的学生能够全部掌握,40%的学生能够理解大部分教学知识, 还有 15%的学生听不懂课堂教授的内容。

(3)你是否听说过"微课"？从哪里了解到"微课"(单选)？(见表 3)

A 听说过,教师　　　B 听说过,同学　　　C 没听说,网络

表3　学生问卷第3题选项占比

答案	A 听说过,教师	B 听说过,同学	C 没听说,网络
人数	120 人	60 人	20 人
百分比	60%	30%	10%

从上表3可见,从教师的途径听说微课形式占的比例最高,是教师课上和课下学习引导的最佳途径,从学生之间的沟通了解微课形式只占百分之三十,而在网络途径了解的微课机遇较少,这与平时学生对有效微课内容资源无处查找有关。

(4)你认为采用微课教学对你的学习有帮助吗(单选)？（见表4）

A 帮助很大　　　B 有一定帮助　　　C 效果一般　　　D 没有帮助

表4　学生问卷第4题选项占比

答案	A	B	C	D
人数	80人	60人	40人	20人
百分比	40%	30%	20%	10%

从上表4可见，有70%的学生认为采用微课教学对自己的学习有帮助,20%的学生对微课学习效果一般,只有10%的学生认为微课教学对学习没有帮助。

(5)你希望在音乐编创课程中学习到哪些内容(多选)？（见表5）

A 音乐基础知识　　　B 即兴伴奏　　　C 多元编创　　　D 作品写作

表5　学生问卷第5题选项占比

答案	AB	CD	BCD	AC	AD
人数	30人	60人	40人	37人	30人
百分比	16.5%	30%	20%	18.5%	15%

从上表5可见,选择多元编创和作品写作的学生最多,对即兴伴奏、音乐基础知识的学习也很感兴趣。

2.1.1.2 学生访谈

在本次学生调查问卷基础上随机选取的十名学生进行访谈交流,设置了四个方向内容:对音乐编创课程的喜爱、编创教学内容、编创授课方式、学习效果进行了访谈(见附录2)。

2.1.2 北师大附中调查问卷（见附录3）及分析

2.1.2.1 调查目的

我校参与了《高中音乐编创模块教学实践研究》课题研究,希望丰富学生高中音乐模块的选择,提高学生对音乐编创模块的兴趣,专门对学生高中音乐模块选择意向进行了调查。

2.1.2.2 调查对象及方法

本调查采用了问卷调查法，调查对象为北师大天津附中高一8班全班学生，发放46份问卷，回收46份，回收率100%。力求真实反映高中生音乐学科模块选择的真实意愿。

"高中音乐模块选择意向调查问卷"调查问卷，分"选择意愿"和"选择理由"两部分。由课题组成员张琳老师完成问卷设计。这些内容是通过课题组成员针对高中生对音乐模块的认识摸底确定的。

2.1.2.3 调查结果与说明

本次模块设计为了可以得到最真实的调查数据，调查问卷设计时采用了"模糊调查主题"与"增加干扰项"的设计方法，规避了因学生猜出调查问卷的设计意图，而故意写出让老师高兴的不真实问卷结果的情况。故此本次问卷，将高中音乐所有模块的"选择意愿"和"选择理由"都纳入其中。但本次问卷的目的是分析高中音乐模块中"音乐编创模块"的学生选择意愿，所以，本次调查问卷分析会围绕"音乐编创模块"为主，其他模块的情况暂不分析。

数据中明确显示，愿意在高中音乐3个学分中，选择音乐编创作为其中一个必修学分的同学仅占17.6%，远远低于选择"歌唱"(50%)、"音乐鉴赏"(44%)、"音乐与戏剧"(29.4%)，与"音乐与舞蹈(17.6%)"和"演奏"(14.7%)差不多。这一情况说明了高中生对于"音乐编创模块"的选择意愿很低，他们在可以自由选自模块的时候，会选择自己比较熟悉和较为擅长的模块(鉴赏、歌唱)，对于相对比较陌生的音乐模块(戏剧、舞蹈、编创、演奏)缺少探索精神。

不愿意选择"音乐编创"的学生(70.5%)表示"乐理基础差，无法挑战该课程"；4.3%的学生表示"懒得写，不愿意进行音乐编创学习"；2.2%的学生表示"对其他模块更感兴趣"；2.2%的学生表示"对音乐编创不了解"。选择"音乐编创"的，15.2%的学生表示"对音乐编创感兴趣，愿意学习如何创作音乐"，2.2%的学生表示"有一定乐理基础，容易修得学分"。

通过问卷数据分析，我们可以看出，大部分学生不选择"音乐编创模块"的理由是觉得音乐编创太难了，不敢选择学习。而大部分选择音乐编创的理由是编创模块带给他们的"新鲜感"。"对音乐编创感兴趣，愿意学习如何创作音乐"这一选

项正说明了,学生之前没有接触过音乐编创,是因对其好奇感兴趣才选择编创模块。全班仅有一位学生(2.2%)是因为"有一定乐理基础,容易修得学分"选择音乐编创模块,这也证明了大部分学生是因为乐理基础差,而不敢选择音乐编创模块。

由此可见,要想推广高中音乐编创模块课程,需要解决学生的"畏难情绪",提高学生的基础乐理水平,增强学生对音乐编创模块的了解,引发学生的学习兴趣,让更多的学生能够开心自主的选择音乐编创模块。

2.1.3 红光中学对学生调查问卷(见附录4)及分析

为了解课程试验前学生音乐学习的情况,为《普通高中音乐课程标准》的实施提供一些背景材料,全体课题组成员于2019年9月分别在本校抽样调查了高一年级学生的音乐学习状况。了解了本校学生的音乐学习兴趣和学习的现状,以及影响他们学习兴趣的成因,为进一步探讨如何在我校进行《内地西藏班艺术教育校本课程的开发与探究》的研究做准备,以利于教师在教学活动中更有针对性地采取一些教育技术和手段,全面培养学生的素质和能力,提高教师的教育水平和教育能力。

要解决困扰教学成效的难题,必须通过对中学生学习兴趣的现状做必要的调查和研究,在掌握具体情况的基础上,有针对性地采取研究措施,促进学生学习兴趣的提高和发展,让学生掌握更有效的学习方法,提高自主学习的能力,是我们此次调查的目的。

2.1.3.1 调查方法

本次调查方法采用抽样调查的方法,调查对象主要是高一年级4个班的学生,其中重点班一个,共计回收有效调查答卷135份。经班主任和任课教师协商,对所抽取的班级,采取了直接调查问卷方式,班主任、任课教师都回避,规定在15分钟内完成所有内容。首先说明调查意图,打消学生顾虑,鼓励将自己音乐学习中的困惑、音乐老师对他(她)的不恰当要求,以及自己对音乐教材的希望都写出来,让学生自主发表意见。所调查的4个班级学生配合良好,气氛活跃。

2.1.3.2 调查结果

1.学生音乐学习态度与情感方面

问卷调查显示,在"学习音乐的自我感觉"方面,"自我感觉有兴趣"的占66.9%,"自我感觉很爱学"的占21.6%,认为"学习音乐困难,不愿意学"的占8.7%,"听到音乐就厌烦"的占2.8%;在所有学校课程中,最喜欢的科目为音乐的学生占26.5%。课后喜欢问音乐问题的学生占29.2%。遇到音乐问题总是努力思考的学生占66.0%。不难看出,真正对音乐学习感兴趣、有信心、且自己感觉音乐学习良好的学生在20%~30%之间,60%多的学生能按老师的要求努力学习。有学生写道:"有时一首好听的歌,自己会唱了,就会高兴几天。"遗憾的是,有11.5%的学生处于无可奈何的学习状态,他们对自己的音乐学习缺乏信心,缺少兴趣。这些学生在问卷中写道:"我觉得音乐是一门令人愉快的学科,但每次音乐课上老师的音乐知识讲座让我烦。""我尽管很喜欢音乐,但乐理学习最讨厌,我觉得只有想成为音乐家的人才能学好音乐。""音乐我喜欢,为什么不喜欢音乐课呢?这就是我的苦恼。"还有一位淘气的男学生请他将其苦恼写下时,他思考了几分钟,最后只写下了"唉! 一言难尽。"值得注意的是,有部分本来对音乐有好感的同学由于各种原因,正在退出音乐爱好者的行列。

2.对音乐学科和教学内容的看法

学生对音乐学习的兴趣和学习程度,与其对该学科特点、作用的认识,对教材喜好密切相关。

谈及"学生对音乐作用的认识",认为音乐能培养高尚情操的学生占84.4%;认为音乐对人的性格有影响的学生占71.3%;认为音乐对生活有广泛作用的学生占77.9%。这就表明约80%的学生对音乐学科有好感,这些学生从主观愿望来说是觉得应该学好音乐的,这就为音乐课程的开设奠定了广泛的群众基础。

由"现行教学内容的爱好"一项分析得到,学生大多不喜欢音乐课的教学内容。学生们写道,"乐理题太难,书也看了,还是不懂""我对音乐感兴趣,对乐理一窍不通,碰到视谱就头痛,上音乐课的感觉差透了,简直难以用言语表达。希望对音乐课进行改善,或者不学乐理""我从小就对音乐感兴趣,可看到音乐知识就头痛了""对于我们这些学生来说,乐理没有用,多听多唱好听的音乐、歌曲多好""我觉得音乐教材的内容太土,离我们太远,学起来没有一点味道。所以我对音乐课就没兴趣了"。对于课外音乐学习,从答卷中看,学生对通俗音乐十分感兴趣,但十分不了解。对音乐教科书的内容,53.3%的学生感觉是枯燥无味,有97.5%的学生喜欢课外的一些音乐。不少学生写道:"音乐教材,离实际生

活太远,不想去看。"

3.对音乐课堂与音乐教师的看法

好的音乐教师常能培养出大批的音乐爱好者,而爱好音乐的学生也大都喜欢上音乐课。调查对象中,有67%的学生盼望上音乐课,而有19.7%的学生觉得音乐课枯燥无味,课堂气氛沉闷,"老打不起精神"。教师满堂讲的做法还十分严重,课内可以随时提问的比例为39.5%,而课后有机会与教师谈些有趣音乐话题的学生只有30.3%,部分学生对音乐课不甚满意,与音乐教师较为疏远。

2.1.3.3 教师应注意问题

随着人们生活水平的日益提高,音乐教育已广泛进入社会各家庭中,丰富了人们的文化生活,但也出现了一些不尽人意的情况,一些有条件学习音乐的同学家长为了等级证书而让他们枯燥的学习音乐,从而损害了他们对音乐的兴趣。有些同学则因家庭环境不具备而缺乏学习音乐的条件。更有许多同学由于紧张的学习而无暇顾及,使得不少同学对音乐缺乏兴趣。

(1)充分调动和利用学生的学习积极性,提高学生的参与意识,让学生做课堂的主人,尊重学生的兴趣和爱好,加以积极正确的引导,充分发展学生的个性,同时又要严格要求,培养学生的组织纪律观念。发挥音乐课代表和音乐积极分子的模范带头作用,起到以点带面的功效。

(2)从学生的选择情况来看,大部分学生希望学校开展校园音乐节活动,从听觉上来感受音乐的魅力,而不是像听讲座一样只从平常的音乐知识的阅读来了解音乐,应该从这入手,让学生产生更大的兴趣。

2.2 对教师的访谈

本研究选择了目前开设音乐编创课程的三位音乐教师进行访谈(见附录5),明确了任课教师就"您认为用微课进行电钢琴教学有哪些优点"和"您觉得微课比之前的教学方式能提高学习的效率吗"这两个问题进行分别访谈,访谈过程轻松,三位教师分别倾诉自己多年来在音乐编创教学过程中的感受,反思日后教学中应该发展的方向,并期待更有效的教学手段提高目前的教学水平。

3 实验校调查结果分析

通过对师资力量、硬件及基础设施、音乐教师、学生的访谈几个方面,对三所高级中学的音乐编创教学现状进行了分析。

3.1 优点

通过对高级中学目前的音乐编创教学现状进行调查分析,可以看出教学在师资力量上是占有优势的,三位教师资历丰富,且各具教学风格;在学校硬件及基础设施上,极大地便利了教师进行课堂教学,现在的音乐课堂基本都在使用多媒体进行教学,完全满足了信息化教育的要求,进行课堂多媒体教学没有问题,是教学现状的成功之处;实验校教师教学经验丰富,教学态度认真负责,兢兢业业,努力让学生在课堂上能够学到最多的知识,这些都是目前高级中学音乐教学现状中的优点。

3.2 不足

在传统的音乐课堂教学中,教师把传授知识看得太重,对学生的要求过高,陈旧的教学模式就会使得学生对音乐课失去了兴趣。所以一个好的学习模式对学生上好音乐编创来说是非常重要的。

3.2.1 学生薄弱的音乐基础

音乐基础薄弱是阻碍音乐编创课程学好的一个主要原因。当下使用的《音乐编创》教材内容多,音乐基础性知识的应用对于目前高中生而言有些难度,因此对教学有效开展带来一定的困扰,需要教师采用适宜的手段加强音乐基础性知识的培养和实践,便于音乐编创教学的开展,避免学生基础性知识的匮乏,使其失去对音乐学习的兴趣。

3.2.2 教学方式单一

传统的音乐课堂教学模式已经无法满足现在学生的学习需求,随着社会的变迁,学生的学习压力日益加重,而音乐课完全可以作为缓解紧张学习压力的一门

课程,但是枯燥的教学方式,已让学生产生了抵触情绪。不主动回答问题,与教师互动过少等都是与教学方法的陈旧有着莫大的关系。学生被动学习,程式化的学习方式,缺乏创造性的思维表现,导致学生在音乐课堂上不能专注的进行音乐学习,这样根本不能得到良好的学习效果,课堂教学没有特色。

3.2.3 学生缺乏编创自信心

培养学生音乐编创自信心的的责任在于教师。教师要积极地引导其自主思考,鼓励学生勇于实践,大胆地将片段织体或者音符,通过不同的音乐表现方式再现成新的音乐作品,在这样的过程中无论学生的见解对与错,都应该给予积极的鼓励,因为动力驱动才会形成创造能力。

3.2.4 教师信息化手段应用编创教学水平有待提高

在当今的信息化教育背景下,充分利用好现代教育信息技术手段进行编创教学是非常必要的,合理的应用教育信息技术可以大大提高课堂教学效率,增强学生的学习兴趣。比如"微课"教学。微课具有时间短、内容少(突出主题)、自主学习、简便实用等特点,在各个学科都可以利用这一教学形式。将微课教学运用在音乐编创教学中,可以将抽象的知识转化为形象的动画图片或者音响视频,从而让学生能够更好地理解,达到很好的教学目的,这样的授课方式非常新颖独特,并且能够掌握住学生的有效学习时间,能够激发学生的学习兴趣,缓解学习压力。

将微课教学应用到《音乐编创》这一教学模块中能够使学生在有效地时间内充分的学习知识,编创课程内容是否可以将欣赏、基础音乐知识、即兴伴奏、基础演奏、写作拓展与探究多部分教学内容,用微课的形式进行教学,是值得深入研究的。

第 3 章　　高中音乐编创课程

1 高中音乐编创模块教学

1.1 高中"音乐编创"模块教学内容

《普通高中音乐课程标准(2017 年版)》的音乐编创模块,降低了要求,扩充了内容,即包括了歌曲的编创,也包括了运用音乐主题材料进行即兴唱、奏等活动,还包括旋律创编、命题创作、运用新的科技手段(如运用电脑、智能手机等终端上的编曲软件等),进行的各种音乐编创。总之,在学习内容上更丰富了,在编创手段上也更多样化了,符合选择性、多样性的学习要求。

1.2 音乐编创教学实践的应用范围

音乐编创课程是新高中音乐课标中的必修课程之一,它是音乐实践类课程,该课程需要高中学生学习音乐创作具备必需的基础理论知识和基本技能。如何以该课程为基础在建立完善的课程体系基础上,有效的实践应用,需要一线音乐教师了解当今社会对创新音乐人才的需求度。

当下音乐市场活跃,但新生力量不足,原创力欠缺,靠什么助力原创音乐人才的培养,要靠我们音乐教育去涵养创作的根基[7]。其实社会及市场对音乐艺术的需求始终供不应求,而对于学校的原创音乐发展空间更是迫不及待,比如一所学校刚刚重组建立,它需要新的校歌表达学校文化;每逢不同节日的庆典会上需要大量的幕间和片头片尾曲做衬托;但是目前我们的学校音乐文化采用的形式都是网络音乐下载,套用他人作品直接使用,这也是原创音乐对年轻人吸引力不大的根本原因——版权问题。

为了培养创新人才,可以在加强创作基础课程教学的基础上,让学生走出去,为学生提供立体展示平台,表演、理论与创作同行,在自我专业提升的同时,还可

以深度与大学加强互动,促进理解,通过人才培养、理念共商,教学设施资源共享,师资交流与培训等方式进行合作,吸纳学生参与科研活动和新创业实践,帮助准毕业生们了解并形成自己的专业兴趣,指导他们选择合适的专业兴趣。

2 高中生学习音乐编创应具备的能力

高中生进行"音乐编创"课程的学习,首先需要有基础的音乐理论知识积累,这些知识主要包括记谱法、音高、音程、节奏、节拍、调式、旋律、和弦、织体等[3]。其次还需要掌握基本的音乐技能,这些技能主要包括视唱和运用乐谱(简谱和五线谱)的能力,听辨和记录音高、节奏、音程、和弦、旋律等能力;再次,还需要具备与创作相关的知识和技能,如主题的构思、旋律的发展、曲式的编排、词曲的搭配、体裁的选用、和声的设计等,同时,还要有丰富的音乐想象力和良好的音乐审美能力。

3 微课在音乐编创教学中的应用

音乐编创微视频依托南开大学附属中学校本课程《电钢琴》在线平台进行教学,提供学生线上自主学习(http://nkec.jichu.chaoxing.com/)。根据几年来在电钢琴校本课的教学实践,笔者深入研究教学过程中出现弊端的原因、积极的改进课程的教学结构和教学方法,在多元智能理论指导下,探索出了适宜音乐编创教学的模式—线上和线下相结合的方式教学,强调音乐实践和开发创造潜能。

《电钢琴》网络微课程的结构和设置,充分考虑了学生的不同学习需求,具有多元化的学习内容丰富编创形式。在课程结构中,学生按照网络课程的提示从基础乐理开始入门,通过作品赏析课开阔编创的视野,培养自身音乐学科素养,结合基础演奏的实践强化音乐要素的表达方式,以及灵活的即兴伴奏体验增强曲式结构的感知,结合信息化手段的强化实践,初步掌握音乐编创的形式,在不断的学习积累过程中,达到编创的较高水准。

音乐编创模块内容学习属于探究创新类微课,该类型学习内容是高中音乐必修"音乐编创"模块的实操部分,在即兴编创学习的基础上,利用电子虚拟技术——MIDI进行教学实践,信息化手段的高效开发对提高学生学习兴趣和教师教学水平都有一定的促进作用。学生选用多款音乐制作的软件:TTcompouer、Sonar等,通过电钢琴键盘的同步输入,利用电脑数字化手段对声音进行录制、存储、编辑、压缩再播放,加工成学生自创的音乐成品。教师利用打谱软件:Encore、Sibelius将原创作品完美的再现,编辑和出版学生原创作品集。采用MIDI系统进行作品写作课教学,信息化手段改变传统的音乐教学提供了强有力的支撑。

线上教学模式启动以来,弥补了学生音乐基础水平差异,学生可以线上反复视频学习,充分利用碎片时间,强化对音乐素养知识的了解,学生还可以利用网络平台与教师互动交流学习心得,并上传音乐实践的音视频片段,让教学评价更加便捷,增强了学生的学习兴趣,提高了教师的教学效果,这样的线上教学模式改变了教学方式,改变了教师的教学理念和教学方法,增强了教与学的互动性,对个性化的教学做到高效的反馈。

学生通过线上不断的学习,调动了学习的积极性,在课堂中不再需要教师逐一讲解音乐的知识,而是高效地对学生实践过程中的典型问题做统一的分析和解答,高效解决了教学重难点,提高了线下教学的质量。

3.1 音乐编创微课的构成

微课在编创课程中的应用才刚起步,微课的设计与应用是摆在音乐教师面前的一大挑战。应以新课程改革宗旨为出发点,以培养学生的自主学习能力,和提高学生的创新能力为目标,设计适合中学生学习的编创微课,从而更有效地利用这些微课资源来促进我们的音乐教学。

微课不仅仅是一个简单的教学视频。它应该包含教学设计、教学视频、自主学习任务单、教学评价和课后练习等。

3.1.1 教学设计

微课的开发是一个严谨的工程,在微课资源开发过程中首先结合学期教学计划的方向制定微课内容,在众多内容中进行选题、拍摄、视频加工、配套资源的设

置确保其质量。微课的开发先要有一个明确的教学设计,同时保证在 10 分钟以内完成对重点知识的讲授。(见表6)

表6　教学设计模板

教学设计模板		
微课简介 　　对微课内容的教学目标进行简单阐述,以及授课的教学重难点,制作微课内容的目的,和学习后的效果		
教学步骤	学生活动	教师活动
1.课程导入 2.问题定义、分类及特点 3.学习问题的途径和方法 4.判断对问题是否理解 5.概括学习问题的意义	学生在各个学习环节中的各种感受	教师制作微课的流程、解说词
使用建议 　　适用于哪个学段,何种程度学习本微课内容,在学习中会产生哪些疑惑,如何解决疑惑的方法,以及相关本微课的内容		
学习效果 　　学生在本课程学习中出现的问题,并且分析问题出现的原因,寻找需要调整的微课内容,重新录制,再关结果		
微课评析 　　对本节微课内容制作中的亮点进行全方位总结,标准好的微课在 10 分钟以内,内容精炼、目标明确、方法独特、生动有趣、教学效果显著		

3.1.2 教学视频

微课的核心内容是录制的教学视频,所有的讲授内容和知识点都包含在整个教学视频中。教师要根据课程内容的需要,选择合适的视频录制方式制作出高质量的微课,并且通过其他软件对所录制的视频进行美化和编辑。编创微课中的视频除了赏析优秀的器乐作品之外,其他模块的精讲内容都需要教师和学生亲自示范录制,以便提高学生学习的关注度。比如我们在讲解"复调"知识的时候,需要教师和学生共同配合复调旋律的行进过程,学生演奏右手,教师弹奏左手,在合奏的同时很清晰主题音乐在不同左右手之间的交替进行。

3.1.3 自主学习任务单

微课最大的优点是让学生在课前进行自主学习,课堂解决学生问题并对不同的问题用不同的教学活动进行知识和技能的内化,这样可以加深学生对知识的内化和吸收。观看微课视频前的自主学习任务单的设计,会帮助学生更加自主、有效地开展学习。(见表7)

表7 自主学习任务单

自主学习任务单　　　　班级　　　　姓名
1.课题名称 　　单位课时教学活动的学习主题,用"版本+年级+学科名+册+内容名"表示
2.达成目标 　　达成目标是教学目标的转化形式。反映要求学生通过自主学习达到掌握学习材料的维度和程度。"达成目标"的设计步骤如下:第一步:通过分析教材提炼出教学目标;第二步:把教学目标转化为学生自主学习应当达成的目标。熟练之后,应该一步直接提炼学生自主学习应该达成的"达成目标"。 这里需要提示的是:达成目标不是一个变量要求,而是一个常量要求。要求学生在家有一个自定进度的学习,即按照自己的步骤学习,直到掌握学习材料,达到达成目标规定的要求
3.学习方法建议 　　学习方法建议在微课程教学法中极其重要。能力和方法与知识不同,不是按照艾宾浩斯遗忘曲线渐渐被遗忘,而是将伴随人一生。 　　教师提供教学方法建议的意义在于:帮助学生在学习上找窍门、走捷径,取得事半功倍的效果,从而获得学习成就感和树立学习信心。如此日复一日,年复一年,学生便会在潜移默化之中感悟,什么事情都可以有方法,从而涵养出遇到棘手的事情就研究化解的方法的良好习惯,这是对学生终身发展相当有益的。此外,实验发现,一些平时完成作业不规范的学生,在使用了"任务单"之后,会按照教师提供的学习方法建议做得规范了
4.课堂学习形式预告 　　课堂学习形式就是教师眼中的课堂教学组织形式。翻转课堂以后,学习前移到家里,处于没有监督的环境里。这个时候,教师提供的学习材料是否具有重要性、趣味性或人性化,就显得很重要。通过课堂学习形式预告,让学生发现自主学习与将要发生的课堂学习之间的关联度,从而主动投入自主学习
学习任务 　　学生按照教师制定的学习重点内容进行自主学习,并且通过观看微视频后完成检测学习效果的评价设计:(1)判断题 (2)选择题 (3)简答题 (4)论述题
困惑与建议 　　学生通过学习后自我发现不足之处

3.1.4 课后练习

课后练习既要体现出对微课视频所讲授内容的内化和理解,更应该体现对视频所讲授知识和能力的内化和掌握。教师要根据课堂教学实际遴选出有针对性的内容和课堂活动形式,来加强学生对所讲授知识的应用。编创微课学习后的课后练习需要学生充分利用有效的时间加强键盘的熟悉和应用练习,线上微课的学习成效通过线下的实践完成,有的学生还会将演奏视频上传到课程平台,收到学生和教师们的有效评价,印证课后练习的效果。

3.1.5 教学评价

微课的时间虽短,但它包含的信息量和内容非常丰富,它的教学环节较规范。所以微课的教学设计既要有对普遍的课堂评价的内容,也要有微课所独有的教学评价,还要有宏观和微观的评价标准。既要有对教学内容和设计的评价,也要有对微课视频质量和教学效果的评价。

3.2 音乐编创微视频教学效果突出

学生们通过在线自主学习,以网络微视频教与学的互动方式,拓宽学生对音乐表现形式的理解和音乐的鉴赏能力。学生从网页按照章节规律性的学习浏览,课程中还会有概括课程重难点的问题在屏幕中随机出现,学生只有通过正确选择,才可以继续学习,否则视频会返回起点再次浏览学习,直到问题答对,这样的课程设置是在加强掌握知识的准确性、强化知识点的基础上,培养学生认真学习的态度,培养正确的网络学习行为,杜绝快进、跳进所造成知识掌握不完整性的学习现象。

学生学习过的每一个章节,课后都会有章节内容的知识巩固评价题目,分选择题、判断题、简答题三种类型,教师会在第一时间对每一位学生进行回复,并按照班级统计每一道题目正确与错误率,及时纠正学生错误的知识点,实现师生互动评价平台。学生还可以随时上传自己的作品,在交流区可以得到小组内学生的意见,实现生生互评。开放的网络平台,学生的学习兴趣高涨,答疑的针对性和可视性大大提高了教学进度和教学效率。(见表8)

表8　音乐编创微课程目录

章节	标题	微课内容
第一章	了解音乐编创	了解音乐编创(1课时)
第二章	旋律写作	1.旋律形态（1课时）
		2.旋律的发展手法(1课时)
第三章	音乐主题	音乐主题(1课时)(思乡曲)
第四章	歌曲结构	1.一段体(1课时)(槐花几时开)
		2.二段体(1课时)(学堂乐歌)
		3.三段体(1课时)(阳关三叠)
		4.前奏、尾奏与间奏(1课时)(TT作曲家)
第五章	歌词	自拟内容(1课时)
第六章	歌曲的创作流程	自拟内容(1课时)
第七章	伴奏编配基础	自拟内容(1课时)
第八章	计算机音乐基础	软件使用介绍(TT作曲家、SIBEILIUS、CUBASE)(3课时)

成功在线的"南开区云动网络微课程"，目前网络浏览率达到十万以上，学生在线学习率百分之百，目前网络课程的内容还在陆续更新，因课程内容以学生实践为主，通过多元化艺术表现形式和多模块教学内容的呈现激发了学生的学习热情，学生在参与实践中获得丰富的音乐知识，在实践中体验音乐，有效的促进学生综合能力的发展。

3.3　辅助线下项目式学习方式

音乐编创线下面授课程则采用项目式学习方式进行自主学习和艺术实践。在课程教学中，项目式学习流程包括：选择项目、制定计划、项目探究、项目总结、成果交流、活动评价。

构建教育资源的项目式学习模式，以学生自主选择为依托，以小组为单位，根据所选模块的教材内容，自行制定学习计划，定期汇报小组学习成果。这样的学习模式有效地促进音乐编创教学水平的提高，培养学生的自主学习和探究学习的能力。学生们经过小组合作，细化很多不同类型的项目学习组合。(见表9)

在这些项目组合学习模式下，学生都是通过自主规划、自主学习、自我监督、

表 9　不同类型的项目组合

组合	教与学目标
创作组合	通过电脑与电钢琴结合,共同探究出如何应用音乐软件合成所需要的不同类型的原创作品,培养创造能力
编唱组合	通过电钢琴不同声部的和音采样,录制多轨道伴奏,作为多声部合唱练习的音响参考,培养合作能力
即兴伴奏组合	通过电钢琴丰富的西洋和民族的乐器合奏,演奏不同风格的作品
	培养学生独奏、即兴伴奏、丰富的表现能力
鉴赏组合	通过电钢琴再现鉴赏作品的不同音响,提高文化鉴赏能力

自我完善的学习过程完成教学任务,学习成果非常突出。以"作品写作课"为例,将项目式学习规划呈现如下参考。(见表 10)

表 10　作品写作课项目式学习规划

项目名称	创编节奏类型
计划制定	1.节奏型的种类　2.编创节奏型的方法　3.电脑软件制作
项目实施	1.学习云动课程　2.手写节奏型待批改　3.用电脑音响呈现
成果交流	1.小组内成员每人至少两条不重复的 8 小节创编节奏 2.用其中节奏型加入适当情绪的旋律
活动评价	小组内成员将制作的作品上传云动网络空间
项目总结	1.每一位同学总结节奏型创作的心得和成品电子音乐文件 2.教师对每一位学生的创作成品记录成绩

3.4 在线学习效果材料的收集与整理

课题组成员经过两次在线开放微课的教学统计得出如下的数据。

由图 1 和图 2 所示,我们能够清晰且随时监测在线浏览学习的状态,教师根据平台互动反馈模式实时了解到学生学习的效果。通过两次平台开放学习的效果,课题组认真总结并规划下一步对相关研究内容和改进的方向。(见表 11)

音乐编创微课程实践教学,强化了学生的自主学习能力,创建以"学生为主,教

图 1　微课学习平台学习人数统计

图 2　单月平台学习访问量数据

表 11　两次课程开放后的评估

次数	在线时间	浏览学习人数	效果	建议
1	2019 年 7 月 7 日~8 月底	415	在线参与学习人数的学段限于高中，学生居多，第一和第三章学习的人数较多，平台参与互动的学生百分之八十，教学效果较好	丰富第二章教学设计环节，加强互动模式，加强理论与实践的相结合，避免枯燥的讲授式，鼓励自主学习
2	2020 年 1 月~4 月底	313	受疫情影响，开课 15 天，学习人数接近暑期开放，平台互动不佳，受停课不停学的影响，网络音乐教学采用自主学习	规范课程模块的类型，提升模块内容的教学效果，增加创新音乐的教学途径，增加平台互动的力度

师为辅"的微课教学模式,重在培养学生的自主学习能力,使学生在学习新知识的过程中由"被动"变"主动"。但是只是单纯地改变教师的教学方式是无法达到那种状态,学生也要在学习过程中转变自己的学习方式,而微课为这一学习方式提供了资源方面的支持。借助微课,在课堂中为学生创设自主学习的学习环境,在教师讲解一个新知识点之前,先由学生根据已有的信息技术素养进行自主学习,尝试操作练习,遇到不理解的知识点,通过观看微课来得以解决,最后由教师为学生讲解疑点。这样的学习方式改变了以往"讲解—演示—练习"的固有课堂模式,最大限度地发挥了学生的自主能动性,学生在微课堂中的任务不再是毫无意义地模仿操作。

第4章 高中音乐编创教学实践

1 音乐编创教学中的学习模式

近年来高中音乐教学中学习模式的开发应用,源于可以逐步的使学生个体获得最佳学习状态。教师如何评估其学生的学习模式是否科学有效,是衡量学习效果的有效途径。学生学习音乐编创的过程可以遵循模仿、理解和超越这三种方式,如何从对新知的接纳,到知其然知其所以然,最后对知识游刃有余的呈现,这一过程就是学习模式的有效体现。

在音乐编创教学中可以根据学生采取形式各异的学习模式,其中探究性学习模式应用音乐编创教学可以增强学生音乐学习的实效性,激发学生探究意识,充实音乐课堂中多样性的学习方法,有利于学生自主创新,培养其合作精神,为高中音乐新课程标准的实施提供了保障。

1.1 探究性学习模式概述

2001 年探究性学习模式引入中国受到关注,源于运用此学习方法可以使学生在课堂中非被动地获取知识,并且将所获得的知识用来证实对问题的答案猜测,经过一系列探究活动的整合最终解决问题[9]。这种学习模式是师生探索未知领域获得新知的过程,适用于课堂实践活动,转变授课和学习方式。

自主性、转化性、推动性构成探究性学习模式的特点,因此实践性、创造性、参与性特征在音乐课堂实践中充分地体现着:集体探究式、小组探究式、个人探究式,以及三种相互结合的探究方式赋予该模式多样性的特征。探究性学习模式有利于学生创新意识的发展,培养学生自学能力、实践能力和解决问题的能力,以学生为主体,强调协作精神,在探究—实践—论证—再认识的过程中,培养实事求是的精神,不断提高自学能力,培养审美情趣。

1.2 编创教学中探究性学习模式的设计

1.2.1 设计依据

在高中音乐编创教学的课堂中引用探究性学习,要依照探究性学习对高中生探究能力的要求、编创教学的特点与内容标准进行方案设计。

1.2.1.1 高中生探究能力要求

在课堂探究活动中,要求高中生探究的内容不可过于浅显,需难度适宜。教师需采用多元化方式对学生开展的探究环节严格把关,综合评价学生探究的结果。

1.2.1.2 高中音乐编创教学的特点

以民间艺人或作曲家创作、表演成型的乐曲为赏鉴对象,在学生掌握了音乐基础理论、创作乐曲的方法、音乐编创活动的内在联系的基础上,启迪学生对音乐的情感,调动学生的音乐思维来谱写抒发内心情感的作品。

1.2.1.3 高中音乐编创的内容标准

《普通高中音乐课程标准(2017 版)》针对编创课程提出了"依据歌曲、乐曲的主题材料及情绪,进行即兴唱、奏等编创活动"等七项内容要求,并针对编创教学如何开展,提出了六项教学提示。内容要求明确了音乐教师带领学生学习掌握创编技巧之后,高中学生具备怎样的编创能力。在设计音乐编创探究性学习模式的实施方案时,也应依照这七点内容进行教学实施。通过以下教学设计我们可以了解到音乐教师如何运用探究性学习模式进行教学(见附录 6)。

1.3 编创教学中探究性学习模式的反思

1.3.1 在探究学习中避免出现消极学习倾向

高中编创课堂中多数学生没有艺术学习的经历,因此会出现多数学生趋于形式的探究性学习状态,在小组探究、个人探究、集体探究不同形式学习中暴露被动消极的状态,针对这样的局面,教师要给每一位学生具体分配探究的任务,把适当的展示机会留给他们,发现进步及时给予肯定和鼓励,逐步地激发他们主动参与的热情和勇气,避免个别艺术特长生表现突出的现象。

1.3.2 教学设计要符合学生的认知水平和身心特点

探究性学习过程强调信息的收集和处理,促使学生学会发现、探究、分析、交

流、提供信息,逐渐培养基本的信息素养;多角度多层次的进行编创教学设计更是提高学生认知水平的重要手段,对培养高中生的音乐学科素养尤为重要。与此同时善于抓住高中生的身心特点,在沟通中提高探究的深度和广度,实现展现自我、完善自我、提升自我的学习过程。

1.3.3 教师要及时指导学生的探究性学习

探究性学习重视学生的自主体验和探究,并不意味着放弃教师的指导。多数学生因知识准备不足和缺乏方法上的指导会遇到挫折和失败,教师就要及时纠正学生的探索误区,积极参与探究活动中拉近师生距离感,只有教给学生行之有效的探究性学习方法,才能确保研究性学习的顺利进行。

1.3.4 教师善于发挥信息手段优化教学过程

高中音乐教师应科学地把握编创教学内容的深度和难度,充分发挥现代化科学技术优化编创教学过程。借助现代科技成果丰富的音乐形式,不断充实音像教材、多媒体音乐软件和多种媒体组合的音响组合,鼓励和引导学生通过探究性的学习模式进行深度的研究和应用。有效的借助互联网平台参与教学评价方式,建立完善的平台评价机制,突破学习时空的限制,建构便捷性、互动性教学体系,引导学生进行研究性学习以适应信息时代的步伐。

2 音乐编创课堂教学策略

2.1 激发学生创作兴趣和意识

高中生对音乐创作过程的学习需要科学的引导,而创作兴趣的有效培养是编创教学顺利开展的重要环节。为了激发学生的创作意识,可以充分运用各种音乐材料,挖掘音乐教学中的创造性因素,培养和发展学生的编创能力。在教学过程中有的教师善于抓住高中生音乐学习心理特征,根据教学目标设定生动有趣的创造性活动的内容与形式,比如先从模仿中进行创作体会创作过程,还可以通过"不成熟"的即兴创作活动发展学生敏捷的思维,甚至对学生创作的作品进行有效的展示与评价,有效推动学生创作的热情,通过不同的教学情境培养学生的音乐想象力,体验着编创情趣。

2.2 设计创造性教学活动

2.2.1 结合创作方法引导编创学习

音乐创作有许多原则、规律及其方法。在教学中有意识地讲授一些简单的音乐创作方法并应用与实践,比如可以鼓励学生对熟悉的旋律进行改编,这样的方法可以有效拓展音乐思维能力,指导学生通过改变音乐表现要素使音乐主题得以变化发展。学生通过改变节拍节奏与速度、对旋律的加花与删减、节奏的扩展和紧缩等方法进行改编创作,对培养音乐编创思维的广阔性起到了促进作用,为编创教学奠定了基础。

2.2.2 鼓励即兴表演提升探索音乐的能力

即兴表演的教学特点是鼓励学生有目标的演奏或演唱实时创作的音乐。即兴表演在编创教学中可以发挥行之有效的教学效果,表演的方式很丰富,可以是歌唱、可以是演奏、一切可以发出音响的艺术表现形式。表演的内容可因高中学生在多元文化背景的引导下对目标主题进行即兴发挥:比如参照图片中的寓意编创一种声音;参照诗词蕴含的情感编创一首歌曲;参照一段视频后编创影视配乐。在课堂中逐步地探索人声和乐器特征,以及电子音源中丰富的音色、音高、节奏、旋律、和声等音乐要素的教学活动。学生即兴编创能力的培养需要教师给予正确的引导,即兴表演往往是编创入门教学最佳的方式之一。

2.2.3 开放式评价方法树立学习音乐的信心

普通高中音乐教学评价要突出"以人为本"的价值观,"以学生发展为中心"关注学生个体的差异性,侧重评价对象的主体取向,选择多样化的评价手段和方式建立公平的评价体系[10]。音乐编创教学中,首先要善于观察学生在课堂中对该课程的兴趣、学习态度、音乐审美能力及学习过程中的合作能力等等,科学量化每一位学生的形成性评价[13]。其次,可以采取问卷调查法,分析学生音乐文化视野,及对音乐教学内容深度和广度的建议与意见,综合学生的各种学习成果做出综合性评价,及时发现学生编创学习的优势和不足,组织形成小组合作学习降低组内学习差异性,帮助学生树立自信心。

2.2.4 利用信息化手段编创实践

在新版课标颁布后的《音乐编创》模块教材中,无论是是人音版还是花城版、湘版,都将 MIDI 音乐形式引入教学内容,这是信息技术手段与音乐学科有效整合的重要举措, 这种新生教学力量完全可以提高高中音乐编创课堂的教学质量,打破传统的教学模式,多媒体音频技术为主要教学手段呈现出显著的教学效果。众多音乐创作教学软件的开发和应用足以满足编创教学的需求, 丰富的音色库、强大的录音功能都可以准确记录学生的作品,真正实现视听完美的原创音乐。

2.3 编创学习要注重结合赏析经典

教师教会学生编创旋律的手法只是解决了创作的初始阶段,真正领会旋律的发展手法对于音乐创作的表现作用,还需要结合典范音乐的赏析才可以。典范作品所带给学生的审美体验,可以彰显编创手法的表现作用。学生通过典范作品中规范的组织结构可以拓展编创的思路,通过生动的表现形态可以加强对音乐基本知识运用的灵活性,通过充沛的情感意蕴可以唤起学生的情感共鸣,同时还可以,掌握旋律如何表情达意的创作手法,强烈的艺术感染力可以提高学生的审美能力和音乐文化水平。典范作品是学习创作的模板,将其作为参照,辅助我们编创教学顺利开展。

3 歌曲编创与课堂教学实施方案

纯音乐创作不仅是对主题旋律的创作,还需要运用复调、和声、配器、曲式等专业知识进行音乐的整体设计。通常意义上的音乐创作还包括对音乐作品的改编、即兴演奏演唱、单旋律歌曲创作等。根据高中生的学情和新课标的要求,则适宜从歌曲编创入手进行音乐创作的学习。

3.1 高中生以歌曲编创为主的创作优势

3.1.1 贴近生活

歌曲是高中生最为熟悉的音乐作品类型,日常学习生活中,可以通过多种渠道聆听自己心仪的作品,并具备歌曲演唱和通过歌曲表达思想感情的能力。

3.1.2 易于编创

歌曲相对其他音乐作品而言,结构短小,通常以单旋律形式出现,所包含的音乐内容相对较少,对音乐创作的要求相对较低。歌曲中的歌词容易理解,在进行编创时,可以从歌词中获得节奏、旋律、感情等方面的提示。

3.1.3 易于入门

歌曲编创可以从为旋律配词入手,相对于为歌词编曲更为简单。

3.2 歌曲编创主要包含的内容

为旋律配词、为歌词谱曲、为歌曲加写前奏、间奏、尾声,为歌曲配置简易伴奏。

3.3 旋律编创为主导的课堂教学模式实施策略

3.3.1 在生活实践中捕捉

音乐源于生活,学生们要从生活实践入手进行音乐创作的学习,教师辅助选择一些有效练习,帮助学生掌握音乐创作语言的表达方式,从而不断地提升自己的创作能力。比如,开展为歌曲编创的教学就是在原有旋律的基础上进行结构拓展,教学目标是在原有乐段的基础上扩充音乐结构,使之成为多声部作品。《春天在哪里》是一首深受藏族学生喜爱的歌曲,它以天真活泼的语气歌唱美丽的春天,抒发心中无限欢乐的感情。教师可以结合藏生音色和音域的特点,对作品的形式进行引导创作教学,可以利用多声部和声作为歌唱背景,单三部曲式描绘雪域高原的春天美景。教师首先可以引导学生在旋律骨干音基础上,采用和声进行编创,作品在明亮的色彩中拉开序幕,融入了柔和的协和音调,给人以明朗亲切之感,犹如藏民在讲述他们美好生活的一天。歌曲主旋律轻快愉悦的呈现着作品第一段,分声部后的中段,则采取声势,模仿藏民的生活之音:风、雨、雷、牛、羊和高亢的藏族名歌在春雨的草原上沁人心脾,完美地再现了天空湛蓝,云彩恬淡,举头似乎能透至根。再现部段落伴随藏族学生们的载歌载舞,采用模进的手法,变化重复音乐主题,既进一步渲染了春天的美好景象,又增强了歌曲的统一感。

这样的歌曲编创教学多呈现在合唱社团和校本课中,教师选择结构短小、朗朗上口的歌曲旋律作为单乐段,学生们结合生活实际,发挥想象力,在编创的过程中积极寻找与生活相关的创作元素,能有效地锻炼学生的音乐实践能力,激发创造力的发展,带领学生享受活力无限的音乐课堂。

3.3.2 掌握基本的音乐要素和旋律创作手法

学生需要对音乐要素和简单的创作手法进行有效地掌握,其中涉及的旋律、曲调、乐理等方面进行积极有效的学习。旋律是若干乐音经过艺术构思而形成的有组织的序列,是音乐的首要素。旋律中的音高、时值等要素都属于音乐基本构成材料,将这些材料有机的组织,可形成乐节、乐句和乐段,再按照一定的手法将之进行发展就构成了旋律。旋律的发展手法非常丰富:重复、模仿、模进、扩充、压缩、加花、对比等等。日常教学中可围绕这几种发展手法,对学生进行有效的引导。以下结合花城版《音乐编创》模块教材中有关旋律创作手法内容进行逐一解析。

3.3.2.1 重复类型的发展手法

重复是在进行旋律发展时,保持或基本保持原有的旋律形态,起到加深和强调旋律的作用。比如"完全重复"是最原始的旋律发展的手法,主要是加强印象,这种方法适合编创入门培养学生所采用的方法, 简单的重复培养学生学习的热情。其次是"变化重复",是指保留旋律的基本面貌,只改变个别、局部素材;改变或增减个别音调、节奏等,这种手法适合出现在改变结尾最普遍,学生在编创过程中始终以快乐体验的心理来学习,低难度的进行编创实践,是具有成效的。我们以歌曲《大鱼》为例,理解"变化重复"(见谱例1)。

谱例1 《大鱼》片段

谱例1中的旋律片段就是保留旋律的基本面貌,只改变个别、局部素材。还有是改变或增减个别音调、节奏等,这种手法适合出现在改变结尾最普遍,学生在编创过程中始终以快乐体验的心理来学习,低难度的进行编创实践,是具有成效的。当学生结合自己熟悉的歌曲进行分析对比,已经开始音乐编创的入门学习,后期教学结合基本乐理知识,采用深层次的创作手法进行教学引导。

根据新课标要求,可以尝试模进的手法进行教学实践。模进是在原旋律基础上将后续的旋律按一定的音程关系向上或向下做移位模仿[19]。模进手法具有强调主题、深化乐思、推动旋律进一步发展的作用。模进手法教学主要有三种:严格模进、自由模进、连续模进。这三种模进手法的教学前提,需要学生对音程的知识灵活的掌握,因为三种手法都是采用音程不同移位的方法进行编创。

比如严格模进手法要求所有旋律音都升高或降低相同的度数,且保持音程的原有性质(大、小、增、减)不变。旋律中采用所有单音平移的度数一致的方法。以歌曲《我的未来不是梦》为例:其中两句"我的未来不是梦",后一句是前一句的完全模进(上行二度模进)(见谱例2)。

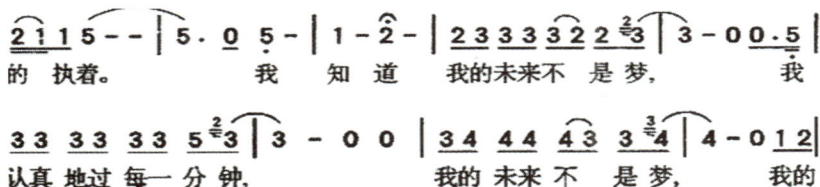

2 1 1 5 - - | 5 · 0 5 - | 1 - 2 - | 2 3 3 3 3 2 2 ²3 | 3 - 0 0 · 5 |
的 执着。　　　我 知 道　我的未来不是梦,　　　我

3 3 3 3 3 3 5 ²3 | 3 - 0 0 | 3 4 4 4 4 3 3 ³4 | 4 - 0 1 2 |
认真 地过 每 一 分 钟,　　　我的 未来 不 是梦,　　　我的

谱例 2 《我的未来不是梦》片段

而自由模进手法是按自然音阶中的音程关系上下移位,比严格模进手法灵活实用。歌曲《酒干倘卖无》中的自由模进运用地非常经典(见谱例3)。

5 5 3 3 | 2 - 2 3 4 5 4 5 6 7 1) | 2̇ 2̇ 2̇ 1̇ 1̇ 6 | 6 - - - |
　　　　　　　　　　　　　　酒 干那倘卖　　无!

1̇ 1̇ 1̇ 6 6 5 | 5 - - - | 6 6 6 5 5 3 | 3 - - - | 5 5 5 3 3 2 |
酒 干那倘卖 无!　　　　酒 干那倘卖 无!　　　　酒 干那倘卖

2 - 2 0 1 2 | 3 3 2 3 5 | 3 - - 2 3 | 5 5 3 5 6 · | 5 - - 3 5 |
无!　多 么 熟 悉的声 音,　陪我 多少年风和　雨,　从来

谱例 3 《酒干倘卖无》片段

连续模进手法即在旋律中出现两次以上的模进,在这种连续模进中,严格模进、自由模进甚至混合型的模进均可运用。

这些模进手法的教学要结合教材,教师选择模进手法突出的案例进行赏析,分析透彻后再进行实践编创练习。

3.3.2.2 变奏类型的发展手法

变奏是将一段音乐材料在保留原型主题基本旋律和结构的基础上,采用"快简慢繁"的原则,用节奏或旋律的加花或精简重复变形的写法进行编创,这样的手法包括严格变奏、自由变奏、扩展和压缩等。

变奏类型的创作手法在教学中需要教师加强学生基本乐理知识的掌握,同时了解各种变奏手法的运用:保持原型旋律的基础上,进行简或繁的变化。(包括增加装饰音,进行节奏变形等等)。以歌曲《江南》为例(见谱例4)。

谱例4　《江南》片段

严格变奏需要采用增添音乐的方式对旋律进行加花装饰,由此突出旋律的生动活泼。而自由变奏,是在旋律骨干音和旋律线的基础上,采用变化节奏、节拍、音调、调式的改变,以求旋律更丰富的变化效果。扩展和压缩是改变旋律语气的创作手法之一,需要对旋律走向发展的特点进行准确判断浓缩或展开的选择,这一手法需要学生具有对旋律精准分析的水平[18]。

经过分析学生了解不同变奏类型,参照《玛依拉变奏曲》编创以下旋律片段(见谱例5)。

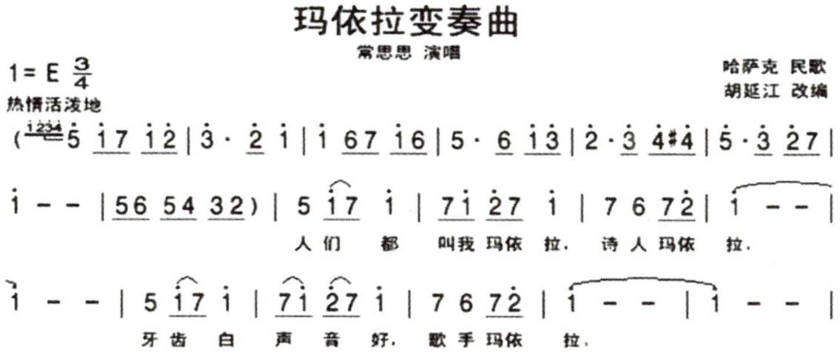

玛依拉变奏曲

常思思 演唱

哈萨克 民歌
胡延江 改编

1=E 3/4
热情活泼地

谱例5 《玛依拉变奏曲》片段

变奏后(见谱例6):

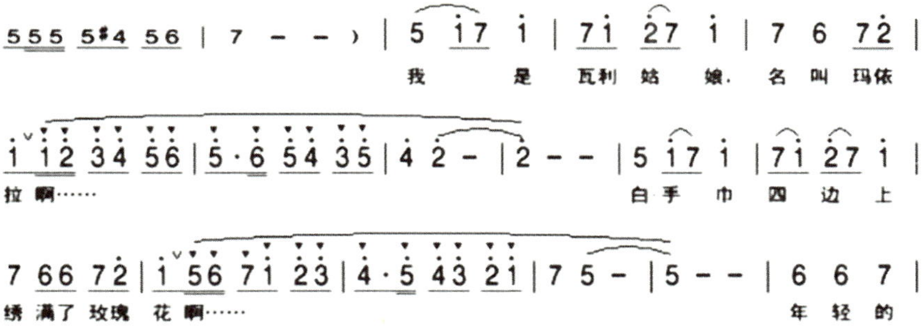

谱例6 变奏后《玛依拉变奏曲》片段

根据给出的这段旋律,采用变奏的手法,使其改编为另一种风格的作品。教师可以引导学生从音乐表现要素各环节进行编创。

3.3.2.3 对比类型的发展手法

对比类型的创作是在原有旋律的基础上,采用新的旋律进行对比,让旋律焕然一新。这样的教学需要学生具有一定的创作基础,教师可采用学生比较熟悉的音乐表现要素进行教学,比如对比节奏、节拍、调式和调性[20]。通过改变旋律的节奏节拍可以调整节奏重音,增加音乐的变化性。而改变旋律的调式和调性还可以使旋律的情绪发生转折,对比效果明显。

在歌曲创作中,常用的对比手法有:

表 12　在歌曲创作中常用的对比手法

音乐表现要素	方法	代表作品
节奏与节拍	利用不同节奏节拍使音乐产生对比	《踏歌起舞》
音区	利用不同音区使音乐产生对比,常用于句与句、段与段之间	《多瑙河之波》
单声部与多声部	这样对比常有着力量对比的强烈效果	《爱我中华》
调式与调性	利用不同调式变换,情感可以升华	《大地飞歌》
速度	利用不同速度,使音乐产生对比,常用于段与段之间	《唱支山歌给党听》

3.3.3　为歌词谱写歌曲

学会为歌词谱曲首先了解歌词与音乐的关系,我们可以通过教学案例"歌词与音乐的关系",体会课程开展过程中教师的引导和学生的课堂反馈效果(见附录5中的教学案例)。学生通过教师的引导,可以出色完成课后两首实践拓展练习《萤火虫》和《登鹳雀楼》(见谱例7)。

```
5  34534 | 5351675 | 6 44543 |
萤 火虫萤火虫   带着一盏小灯笼   光 闪闪亮晶晶

4254321 | 425432 | 1 - ‖
飞到东来飞到西   飞到东来飞到 西
```

谱例 7　《萤火虫》

《萤火虫》是由徐日东词,王子梁曲,选用 1=D 2/4 拍,这首歌曲旋律由两个乐句组成,根据歌词大意选择较活泼的节奏型,前两句运用了节奏重复,由于歌词较短因此补充了一句,从而使音乐更加丰富完整。根据歌词大意选择了大调,写旋律前根据调性来提前设计和声功能框架。

唐代诗人王之涣的《登鹳雀楼》词句规整,王子梁同学再次创作,将这首歌曲旋律由四个乐句组成,根据诗词意境、读诗的语句长短创作旋律;旋律为抒情歌曲,根据具体字和诗词大意设计旋律的上行或者下行;旋律根据调性提前设计了

和声框架,以体现完整的音乐效果。(见谱例8)

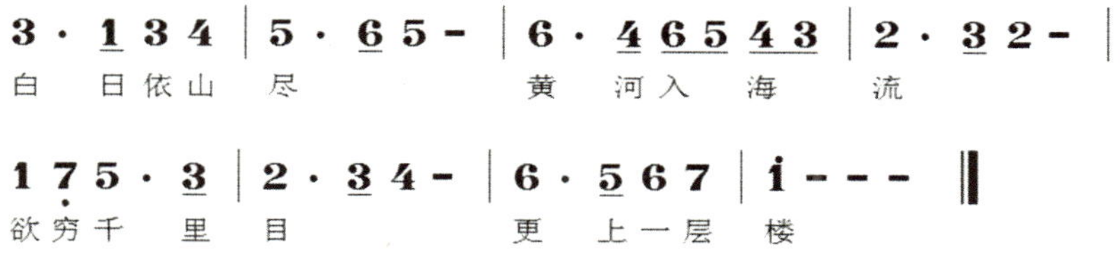

谱例8 《登鹳雀楼》

学生王子梁现在是音乐学院作曲系学生,师从作曲系宫晓霞教授,成绩突出,这两首作品成为了学弟学妹们学习的榜样。

3.3.4 掌握计算机作曲技术

计算机和作曲结合有三种方式:一种是计算机运用到音乐制作中,这种结合的产物就是 MIDI 制作。MIDI 制作和创作是有区别的,制作是将事先创作好的音乐成品凭计算机技术演奏出来。第二种是计算机运用到音频录音和制作中,也就是常说的音频制作。第三种是计算机运用到音乐创作中去,这种结合就是乐谱制作。在课堂中,可以参照创作—MIDI 制作—音频录音制作的顺序进行实践教学,这三种创作手段即相互独立又可共同协作,全面培养和开发学生的创作潜能。

3.3.5 编创学习要注重结合赏析经典

教师教会学生编创旋律的手法只是解决了创作的初始阶段,真正领会旋律的发展手法对于音乐创作的表现作用,还需要结合典范音乐的赏析才可以。典范作品所带给学生的审美体验,可以彰显编创手法的表现作用。学生通过典范作品中规范的组织结构可以拓展编创的思路,通过生动的表现形态进而加强对音乐基本知识运用的灵活性,通过充沛的情感意蕴可以唤起学生的情感共鸣,同时还可以,掌握旋律如何表情达意的创作手法,强烈的艺术感染力可以提高学生的审美能力和音乐文化水平。典范作品是学习创作的模板,将其作为参照,辅助我们编创教学顺利开展。

4 信息技术与编创课程整合的案例

4.1 翻转课堂在编创课程中的实践

所谓翻转,就是重构学习流程,翻转课堂作为一种先教后学的模式,在促进学生自主学习方面有着独特的优势,学生先通过教师制作的教学视频自学,回归课堂后再做一些实践性的练习学以所用。教师对个别学生进行针对性答疑的教学方式,即项目式学习,是今后编创课程应用的最佳手段。

4.1.1 将"理想课程"转化为"实际课程"

在翻转课堂模式下进行音乐编创教学,教师首先完成对每节课的教学目标、教学重难点以及教学内容的梳理与提炼,这个过程的工作需要教师非常细致的制定每一体个知识点的教学目标,并且确保知识点的连贯性,以便影响后期编创的整体效果。在此基础上,制作 5~8 分钟的微课,将知识点的核心内容完整的呈现出来,以便满足个性化的需求,实际上要求音乐教师基于课程内容的领会和把握基础上,超越对教材内容的知识传递,创造性地运用教材以生成丰富多样的教学内容。

4.1.2 完善课堂管理提高教学效果

有效的课堂教学是教师和学生和谐共处作用下的结果,借助视频使得课程讲授更为直观,摆脱了以往传统教学方式,带动了学生的学习热情,增添了趣味性。但是翻转课堂教学模式的管理包含时间和行为两方面,课前教学视频学习是处于由于学生自主学习状态,学习效果和效率存在不确定性,对学生的自觉性是极大的考验[13]。课中学习管理以学生协作学习、分享学习、探究学习方式为主,因此教师必须充分利用好课堂面对面的交流时段,解决学生在学习中的个性化需求,甚至可以采用分层教学,来引导学生积极参与小组讨论和协作探究的活动中,从而提高学习效率和翻转课堂的教学效果。

4.1.3 音乐编创课翻转课堂方案设计与实施

以《为歌曲编创伴奏风格》一课为例,介绍翻转课堂的教学实践。在传统的音乐编创课程中,教师会分层次分别介绍歌曲风格的种类、伴奏织体的组成、伴奏风格的编创技巧,以及用一台电脑操作音乐软件的流程。这样传统的讲授枯燥无味,知识含量很高,但学生不能高效地完成教学内容。若采用翻转课堂模式进行教学,以音画图文相结合的微视频呈现,更可以吸引学生的学习兴趣。

第一步　微视频呈现与学习反馈

将已做好的微视频上传至班级微信公众号或公共邮箱中,要求学生自行安排时间观看学习,并及时手记学生观看过程中的问题和感受,教师针对学生反馈的问题再次细化具体教学方案。

第二步　检验效果与补充讲解

为了检查学生对于本课内容的掌握情况,课上以回顾课前微视频内容为主体,随机邀请学生回答歌曲旋律特征,或者伴奏风格的类型等,对视频中遇到的问题进行讲解和示范。

第三步　讨论交流 内化知识

按照小组合作学习的方式,鼓励学生分享在视频中学到的知识,同时讨论以下问题:

(1)这段歌曲旋律呈现了哪些特点?属于哪种流派?适合哪种场合演奏?

(2)这段旋律在前奏、间奏和尾奏的编创中适合采用哪种风格?

(3)这段旋律适合哪种伴奏织体?伴奏声部的选择上要避免哪些音色的出现?

第四步　活动探究 巩固深化

为了进一步强化学习效果,邀请学生用音乐软件现场操作,对旋律编配伴奏的过程,全体学生通过现场展示环节,不仅对所学知识的巩固提高,也增强了学生的实践能力。

第五步　评价小结 延伸探究

以本节课所学知识和获得的感受为主题,要求学生回顾所学内容,并对学习效果进行个人评价、小组互评,教师在此基础上进行总结评价。对于学业有成的学生教师可以对其进行教学拓展指导,对于学困生教师可以在鼓励的基础上继续探究解决问题的方法,甚至可以作为教学难点在今后的翻转课堂中再次强调。

综上所述,翻转课堂编创教学实现了微视频与课堂交流互动,有效突破时间限制,教师充分给予了学生个性化的选择和指导,有效提升了学生自主学习能力。

4.2 电脑音乐教学实践案例

在这里推荐一款作曲入门软件,便于音乐教师较好的引导学生们完成编创学习内容,它就是"TT 作曲家"。这是由中音公司出品的集简谱编曲、自动伴奏和打印功能为一体的作曲软件。与其他软件不同之处在于,可以利用直观的简谱方式进行音乐编配,还可以选择内置的百种具有中国特色的伴奏风格,迅速制作出音乐成品。它的最佳功能是通过导入和导出 MIDI 格式文件后,便捷与其他音乐软件相互融合,将作品进行精细的再加工。同时该软件中智能的歌词输入功能,也让学生轻松制作和打印文本,体验初级编曲的成就感。

4.2.1 完整的乐谱制作

该软件可以进行完整的乐谱制作,从基本音符的输入、节拍、力度的调整、各种演奏记号的标注、歌词的输入以及最终歌谱打印前同 word 同样操作的输入技巧,都可以在该软件的界面上完成。

软件自身具有的大众性和普遍性,以及智能化的操作界面,决定了它非常适合于作为学校音乐教学的辅助工具,这对于中小学音乐教师无论是在备课、课堂教学应用、音乐试卷的设计,还是在校园合唱队、乐队中制作总谱、分谱等方面都十分的简单和实用。

4.2.2 编配音乐伴奏

该软件拥有上百种的节奏风格可以选择,其中包括古典音乐、流行音乐、民歌、游戏音乐、儿童音乐、摇滚乐、舞曲、颂歌等常用的伴奏音型;除此之外还提供了 128 种标配音色,可以任意更换主题旋律和伴奏织体旋律的音色,充分的发挥学生创作音乐的空间。而且在每一小节还有和弦的选择和输入,满足对旋律和声谐和度的要求。

4.2.3 以 MIDI 文件格式导出

该软件拥有以 MIDI 文件格式导出的文件类型设计,这种开放性的使用理念,可以给操作者任意发挥的空间。将制作好的音乐作品,输出到其他更加专业性的软件中进行提炼加工,比如 MW3 或 cakewalk 等,因为这些专业音乐软件的功能非常强大,可以帮助使用者实现多种创意,比如修改节奏风格中的某些声部,或者再增加一些旋律或伴奏声部、或制作音乐 CD 等等。

4.2.4 "TT 作曲家"在高中音乐编创教学的应用

4.2.4.1 学习乐理知识的有效平台

刚刚参加编创课程学习的学生,对乐理知识方面有待提高,学生经过教师系统的讲解使用过程后,都可以主动的、系统的针对自身乐理方面的不足,进行针对性的复习和练习。有效地培养了学习音乐基础知识的兴趣,不同程度地提高了音乐课堂的教学效果。比如东北民歌《茉莉花》的音乐片段,学生通过制谱分清了不同时值的音符在固定节拍中的变化, 以及乐句中一字多音演唱的技巧该如何表现,这些细腻并带有曲艺风格旋律的教学环节,在以往的课堂教学中是不可能让每一位学生亲身感受的。

4.2.4.2 培养视唱练耳快捷通道

视唱练耳是经常被音乐教师舍弃的教学内容之一,因为它的难度和深度都远远超越学生们的能力,自从使用该软件教学,在教师的引导下,学生学会了通过对伴奏织体的解析、音色的改变、音量的调节、和声的运用以及伴奏风格的选择,有效地提高了学生们的听辨能力。

4.2.4.3 培养初期创作的摇篮

音乐创作教学在高中音乐教学中可以激发学生的创新意识,使用该软件进行教学能够很好地发挥教师与学生的想象空间:教师在教学中能发挥自身的专业特点,有针对性的示范或范唱重点段落,对比音乐中各种音乐表现要素的变化特征。学会通过简单的操作程序,可以在上百种的不同音色和伴奏音型中选择自己心仪的乐章。

4.2.4.4 轻松制作伴奏带

现在网络中有很多好听的歌曲,但是很难寻觅免费的伴奏文件,该软件可以实现这个诉求。用键盘或鼠标输入歌曲的旋律,在软件中选择相应的伴奏音型,在音色、音量、速度、和声、间奏、尾声有效的织体编配后,歌曲伴奏就这样生成了。

4.2.4.5 提高学生学习的兴趣和效率

该软件在音乐教学中的应用改善了长期以来比较枯燥地、被动地传授音乐基础知识的方式,使用的直观性,使视觉与听觉完美的结合,降低了学生学习思维的难度,学习注意力相对提高。软件的最大优势在于,对乐谱进行快速的编辑,这不

仅优化了教学过程,还能充分调动学生的学习兴趣,鼓励学生积极联想、想象,感受和体验音乐之美。

4.2.4.6 体现了音乐课程标准的要求

"TT作曲家"在音乐编创教学中的运用,可以帮助学生更好地感受音乐、理解音乐,甚至还能够创造音乐。该软件在中小学音乐课堂教学中成功的运用,体现了《普通高中音乐课程标准(2017年版)》的课程理念。学生实现了在亲身参与软件操作学习活动过程中,获得对音乐的直接经验和丰富的情感体验。

总之,信息技术在教学中的应用,极大地丰富了高中音乐编创课堂教学内容,改变了长期处于口传身授枯燥单一的音乐教学状态,不同程度地激发着学生浓厚的音乐学习兴趣,将基本知识技能的学习与音乐的情感体验、审美体验有机的结合,在提升审美感知、文化理解的同时,增强艺术表现能力。多媒体教学改变了教与学的方式,促进学生音乐学科核心素养的培育、生成与发展,充分体现音乐学科对学生健康成长和终身发展的独特育人价值。

第5章 音乐编创与创新人才培养

1 多元音乐编创课程的体系建构

多元音乐编创课程需要在数字化音乐平台下进行音乐创作方式的变革,其目标是运用电脑音乐技术进行音乐创作。

1.1 电脑音乐创作的技术优势

1.1.1 一体化创作

以往的音乐创作需要作曲家的前期创作,演唱或演奏人员的二次创作,最终以录音或录像方式完成,其过程长、不定因素繁多、效果一般,这也是我国初期音乐创作领域的弊端所在。伴随电子技术的发展,得益于声传技术和磁盘存储技术地进步,创作一体化初见端倪。电子计算机成为人类第三次技术革命的代表,电脑音乐创作方式的出现后, 作曲家在音源中选择不同的声音进行不断的修改调试。这一过程作曲家是集作曲、演奏、录音为一体的音乐制作者。

1.1.2 完美的视听

传统音乐制作很难实现视觉直观的方式给予创作者。而操作性便捷的一些音频软件,可以以图形或者频谱的形式传递声音,并且具有同一时间处理多个音频文件的优势。制作者可以进行剪切、粘贴、合成等方法修整成自己理想的效果,这种有形的音响使创作者在构思音乐的同时,同步达到完美的视听效果。

1.1.3 无限的素材生成

对于创作者而言,音响是作品的灵魂,而音响是由众多音色合成,传统音乐创作依靠乐器演奏制造不同的音色,音响效果难免牵强。而通过电脑音乐不仅能效仿传统音色,还可以通过声音采集器,收录并生成大自然的一系列无法实现的音响效果,通过这样合理利用音乐合成器,可以快速转变创作者原有的思维模式,为音乐创作提供更加广阔的空间。

1.2 电脑音乐编创课程构建及实践应用

电脑音乐编创技术作为电脑音乐教学和音乐制作的重要方式,需要理论与实践紧密联系。电脑音乐技术操作性强,中学生在接受时虽然能掌握一定的使用方法,但缺少系统的理论知识与实践的指导,会在一定程度上影响成品质量。

1.2.1 加强电脑音乐编创技术的理论指导

电脑音乐编创技术会涉及诸多领域:音乐理论、音乐声学、电子乐器演奏、MIDI 与数字音频制作技术等,该技术的繁杂多样性,会直接影响到教生双方,建构音乐编创学习的知识结构。在中学对电脑音乐编创技术理论的学习中,会涉及MIDI 技术的产生与发展,以及特点和相关软件运用教学,这对于巩固和提高学生音乐制作水平有着积极的影响。

1.2.2 电脑音乐编创的教学应用

1.2.2.1 在和声教学中的应用

传统和声教学形式是教师采用板书和演奏相结合的方式,让学生感受音响效

果,传统的教学方式需要学生手记谱例,努力地听辨转瞬即逝的钢琴音色,而电脑音乐编创教学提供了更多的便利。教师预先在制谱软件中做好谱例,利用音源的多层次多角度的操作讲解,学生会很直观的在理解理论知识的基础上,学会多元化的应用,学生在感受和声美妙的同时,注重理论联系实际的重要性,不同程度的激发了学生学习热情,高效地提高了教学质量。

1.2.2.2 在配器法教学中的使用

配器法是研究多声部管弦乐音乐作品的方法。多轨声部模拟乐队的真实音响是电脑音乐的实践优势所在。因此给没有任何配器理论知识的中学生讲授配器应用,需要教师充分利用作曲软件,讲述不同乐器配置融合的过程,在这实践性很强的环节中,学生需要耐心的聆听,教师可以采用与鉴赏经典作品相结合的方法,同时进行实践模拟、升华调整、逐渐过渡到独立编创的教学过程。电脑音乐编创过程主要依据作曲、配器和电子模拟,努力掌握好配器技巧,有助于音乐编创的学习效果。

1.2.2.3 在曲式和作品分析中的运用

中学生学习音乐编创课程中的内容,会涉及曲式简易的变化和不同声部音乐表现的精进分析,学生要充分利用电脑音乐的回放功能,认真的分析谱例和作品中不同乐器的行进方式,不断的聆听比较,在反复调整中逐步提高创作技术水平,及创作出内心情感的音乐作品。

2 数字化音乐教学的应用策略

所谓数字音乐创作,是作曲家利用计算机系统,借助专门的音乐创作设计和软件来创作音乐, 是音乐创作发展史上的巨大飞跃。1982 年出现了第一代 MIDI 标准制定,CD 就是最早期计算机与音乐结合的产品。伴随计算机处理技术的提高,呈现出很多录音和音频编辑软件,当前音乐制作软件中的功能强大到同时可以对作品进行音频制作和编辑功能。

MIDI 是乐器的数字化接口的缩写,是电脑多媒体在音频领域中的又一应用,整个 MIDI 系统包括合成器、电脑音乐软件、音源、电脑、MIDI 连线、调音台,数码录音机等周边设备[27]。电脑可以将来源于键盘乐器的声音信息转化为数字信息存入电脑，因此 MIDI 系统实际是一个作曲、配器、电子模拟的演奏系统，从一个 MIDI 设备转动到另一个 MIDI 设备上去的数据就是 MIDI 信息。MIDI 数据不是数字的音频波形，而是音乐代码或电子乐谱，这种技术的产生与应用，大大降低了作曲的成本，节省了大量乐队演奏员和录音棚的活动时间，提高了工作效率。例如，一整台电视文艺晚会的作曲、配器、录音、只需要一位编导、移位录音师即可完成将编曲、配器、演奏、录音的全部工作。

2.1 音乐教学常用软件

音乐作为文化的一个载体反映着自身属性特征，因其多元化，音乐创作过程同样呈现多元性特征，电脑音乐软件为音乐内容形式和音乐创作的多元性创造了条件[26]。

MIDI 系统丰富多彩的软件为改变传统的音乐教学提供了强有力的支撑。根据软件功能的不同，MIDI 系统软件有计算机作曲软件、自动伴奏软件、乐谱打印软件、音序软件等，常见的音序软件有 cakewalk、DOP、cubase、Logic Audio，其中 cakewalk 最为常用。在我们实际教学中的多轨录音软件有：Sonar、cakewalk、Vegas Video、Cool Edit 均是录音软件的首选。教师可以将这些软件搭配组合，使 MIDI 音乐制作更加完美。简谱软件为教师开展数字化音乐教学活动提供了强有力的软件技术支持。合理的运用到音乐教学中，彻底改变传统的教学模式，充分调动学生学习兴趣与主观能动性，有效地提高教学质量。简谱软件具有音符输入功能、支持多声部输入处理，还可以支持歌词编辑，使排版更加自由，简谱软件还具有 MIDI 功能，可以对乐谱进行导入和导出操作，方便对文件进行高层次的再次编辑。目前简谱软件众多，根据各自功能的特点，有如下几种软件可以在教学中尝试应用：作曲之师、美得理、谱谱风、番茄简谱软件、TT 作曲家、跟我唱简谱软件等。五线谱编辑软件有 Encore、Finale、Sibelius。

2.2 信息技术与编创课程的整合

将信息技术合理的运用在编创课程中，会促进创作教学的发展与学习方式的完善和提高。同时，音乐教师伴随教学经验的增长，不断革新自我教学理念，将现代化信息技术在教学中应用的经验和成果必将推动音乐创作教学的步伐，如何有

效将信息技术与编创课程相整合,服务于普通高中音乐编创教学呢?

2.2.1 音乐教学中的信息技术

信息技术飞速发展的时代,学校音乐教育教学也出现了许多新手段、新方法其中 VCD、DVD、电脑、投影仪、立体音响等多媒体现代化教学设备,以及辅助音乐教学的多媒体教学软件,丰富的网络资源都走进了音乐教学课堂,这些信息技术资源为辅助音乐教学模式创设了形象生动的教学意境,丰富了教学内容,增加了知识信息容量,改变了传统教学中以教师主宰课堂、手段单一的教学模式,极大丰富了音乐教学方式,提高了音乐教学质量。

2.2.2 信息技术在编创课程的实施步骤

2.2.2.1 明确音乐编创教学方向

1.音乐编创教学范围

创作教学有利于发展学生的创造性思维,音乐编创教学的广度有待于音乐教师们根据学生的实际情况有效的开发与实践, 有的教师善于引用即兴弹唱教学,有的教师善于有意识的引导到学生对歌曲的节奏、旋律、歌词、配器等等要素进行编创,这些都在编创教学的范围之内。而编创教学的深度则需要教师根据学生的实际水平逐步培养音乐创作的基本常识。

2.编创教学的教学计划

为了科学的安排编创教学工作,顺利完成教学目标,教学计划是教师进行教学的重要依据。教师要在结合教材的基础上,制定学年教学计划、学期教学工作计划、单元教学计划、课时计划。计划由易到难按照学生的实际水平制定,保证学生在规定时间内掌握创作的基本技能。

3.教学内容范围的选择

教学内容范围的选择要依据教材提供的方向,可以在教材指导范围内,考虑学生个体差异,设定不同程度的教学内容。教师还可以借助专业创作指导书籍,在自我研修中寻找适合教学大纲、符合适合学生学习发展的教学内容和手段,丰富编创教学实施效果的教学途径。

2.2.2.2 指导学生做好编创学习准备

学习准备是指学生要具备一定的乐理知识,具有独立视唱和记谱能力,以及感受、理解和表现音乐的能力。学生还要具备可以熟练操作音乐作曲软件的能力,熟练的操作可以快速编曲的过程,给自己带来成就感,从而激发学生的学习热情。

2.2.2.3 对教师的要求

中小学音乐教师作为课堂编创教学的引导者,其自身的编创能力和经验,影响着教学效果。教师必须具备学科综合素养与整合能力,以及课堂教学的调控能力,一方面应重视教师编创能力的提高;另一方面更应积极学习和借鉴国内外优秀的编创教学体系和模式,学会熟练的操作使用电脑音乐软件进行教学,掌握不同软件的功能,才能更好地为教学设计创作情境,促使学生质疑问难,探索求解的创造性的学习,激发学生们自我创造性的探索精神,这也是编创教学取得成功的基本条件之一。

2.2.3 新科技拓展的音乐编创与实践

现代科学技术的进步推进音乐教育的发展,尤其是 AI 人工智能,全新的技术科学在音乐教育中应运而生,为教师提升了教学效率和质量,为学习者提供了丰富的音乐类资源。

2.2.3.1 人工智能应用音乐教学中的优势

1.有利于提高学生学习兴趣

中学生的思维具有形象性特点,他们对于鲜明的色彩和色调十分敏感,对于抽象的音乐知识概念难于理解,而人工智能系统会充分利用图文和声响等多种元素,生动形象地展现教学内容。将静态变为动态知识便于学生直观感受,既拓宽了教学内容,充分调动了学习积极性,又激发了学生学习音乐的兴趣和探索欲望。

2.有利于促进学生的互动性和参与性

人工智能系统,能够有效培养学生创新意识和发散思维,培养学生创新精神,极大推动学生创作音乐的想象力和创造力。人工系统以图像、声音等多种信息进行综合处理和管理,想学生提供大量的动态化知识,促使学生多种感官互动参与。编创过程中要对作品进行反复的修整调试,这一过程会调动学生主动参与学习的意识,有效培养学生主动学习的良好习惯。

3.有利于增强教学效果

人工智能系统因为有强大的集成性,针对音乐信息可以进行快速的综合处理

和交互,无形之中算短了教学时间,在将虚幻化为现实的过程中,充分调动学生主动性参与实践,这样的学习过程是传统音乐教学很难实现的效果。

2.2.3.2 人工智能化电子乐器在音乐教学中的运用

人工智能技术地日益发展,更多智能化的电子乐器相机面世。将这些先进的电子乐器带到音乐课堂中,为音乐教育提供了新的教学模式。学生在课堂上可以进行创作,将不同乐器音色编排在一起现场展示,完成了以往多人协作演奏的形式,这样高效的音乐实践提高了学习效果。目前有很多电子乐器应用在音乐教学中,比如智能钢琴、电子手风琴、电声乐队、特雷门琴等等,这些智能化的音乐功能代替了原有的手动模式,智能化的编程取代以往的传统操作方式,给音乐教学形式带来了无限的发展空间。

2.2.3.3 人工智能音乐软件在音乐教育中的运用

智能化音乐软件的使用功能非常强大,教师和学生因此也共同拥有了一个交流互动平台,教学方式发生了改变,学生可以随意地进行编辑、修改、录制和播放,实践过程对音乐教学的发展起着极大的推动作用。学生通过新兴的音乐系统亲身体会到每一个音符的魅力,对教师讲解的音乐元素可以在智能软件上演奏实践,增强对知识的巩固和吸收。教师也可以利用这种方式与学生合奏,倾听之余发现问题,及时纠正,提高效率。在编创教学中,采用师生互动的方式,如问答句的即兴练习、对片段音乐的重复或者再创作,在这样的交流过程中,可以让学生更好地体验音乐,由被动学习到主动参与,在创作实践中了解音乐特点,自我构建音乐元素的组成方式,这也是创作教学最初的体验。

2.2.3.4 人工智能技术促进音乐教育网络化学习

人工智能技术的优势在于促进课堂教学效率。在音乐编创教学中,像作曲、配器、分析作品等课程需要学生借助网络进行学习,在学习过程中可以更好的进行音乐体验,网络化学习的运用给教学带来重大的变化,即对音乐理念的强烈冲击,又改变了音乐信息的获取方式。互联网自身的特点让音乐教学走出校园,走向世界变为现实,广泛的信息量的获取方式,给教师和学生带来便捷,网络延伸到音乐课堂扩大了学生的视野,学生还可以将自己的音乐作品上传到网络空间,收到更多的评价,将自己融入世界音乐环境中不断学习,充实自身。

3 音乐编创教学中创新人才的培养策略

3.1 重视音乐基础理论知识的教学

音乐基础理论知识的学习是中小学音乐课堂教学顺利开展即兴编创活动的保障,只有对音乐基础理论知识具有一定的了解和积累,才有可能呈现出真正意义的创作。在教学中应注意教学内容的由浅入深、难易相当,教学形式的灵活多变,根据中学生不同年龄段的特点,将音乐基础理论知识教学结合学生的实际相结合,寓教于乐的过程中掌握高深的理论知识学习。

3.2 合理安排编创教学过程

中小学音乐课堂的编创内容和过程要具有计划性、目的性和实效性。

3.2.1 编创教学要循序渐进

编创教学一定要从学生的能力和水平出发,尽量减低创作难度。应根据学生的实际情况由易入难,先改编后创编,有计划、有步骤地进行教学实施,编创活动的设计一定要适合学生生理和心理发展水平,适应学生音乐学习的基础,使他们感到创作活动室一种轻松、愉快,力所能及的事情,使学生体验到成功的喜悦和满足。

每一部编创作品都应是教师经过认真备课、深思熟虑后的教学安排;每一部编创的作品,都要给予一定的编创范围,并不是漫无目的的随意创作。编创环节具有快速提高学习兴趣的特点,但切勿盲目追究潮流,迁就学生一时感性,要有规划的关注学生学习的效果,关心学生成长的需求。

3.2.2 编创教学要避免标准答案

音乐教学的各个领域都有发挥学生创造性的机遇。在编创教学中,善于发挥学生丰富的联想和想象能力,可以用各种与音乐相关的文化形式表达自己对音乐作品的创造性理解,要避免束缚学生的创造精神,采用教师的"标准答案",鼓励和引导学生自己去探索最佳的艺术表现形式。

3.2.3 日常教学多采用多样化的即兴编创

即兴编创活动又被称为临场发挥,由于没有事先的准备,难免会造成粗糙、不成熟的结果。但是,正是这种"不成熟"的即兴蕴含着真实的、丰富的创作精神和能力。而这种即兴性对于学生们又充满了好奇和热情。对于音乐教师要敢于实践和创新,充分利用现有的音乐元素(节奏、音乐情境、歌词、旋律等等)的基础上,给学生创造更多的音乐编创教学形式。

3.2.4 尊重个体差异做到因材施教

编创教学旨在培养学生的创造精神和实践能力。由于学生的年龄、知识、技能基础决定创作的成果,不可能达到完美的标准要求,不可以将成果水平的高低作为评价学业质量的依据。教师可以运用学生的"音乐成长记录册",以描述性评价为主,重点放在学生发展的纵向比较上,从不同阶段的回顾和比较中看到学生的进步,同时促进自我反思,有意识地加强需要改进之处。教师同样采取过程性学习的状态和发展变化加以评价,积极创造性的发挥作为评价编创教学是否获得成效的重要依据。

3.3 关注教师教学能力发展的培养

中小学音乐教师作为课堂编创教学的引导者,其自身的编创能力和经验,影响着教学效果。教师必须具备音乐学科核心素养:即音乐学科素养、音乐教学素养、学生理解素养、音乐教育情境创设素养。只有拥有夯实的音乐基础、多元化的音乐文化,才能在教学中推陈出新、游刃有余的发挥自身长处,以及课堂教学的调控能力,得到学生的喜爱和尊重。音乐教师一方面应重视编创能力的提高;另一方面更应积极学习和借鉴国内外优秀的编创教学体系和模式,坚持以学生为本,以学生的发展为目标,勇于探索,努力寻找适合高中音乐编创教学的新途径。

结 论

音乐教育作为发展学生创造潜能的重要途径,对创造思维和创新能力发掘在编创教学方面尤为突出。因此,对高中音乐编创教学进行研究是有现实意义和价值的。

本课题研究以培养自主学习为宗旨,以网络微课教学为途径,依托电钢琴校本内容,整合丰富的课程资源,开展丰富的音乐实践活动,促进学生音乐素养的提高,形成编创多元特色文化,构建师生学习共同体。这是基于提高人文素养的素质教育研究,着眼精神成长的生活教育研究,针对应试教育而倡导大教育研究,对学生成长、教师培养、学校发展均具有积极的作用。

本课题研究在中学开展是行之有效的,研究内容丰富了学生音乐文化视野,提升了音乐核心素养,为学生健康成长发挥了良好的引导功能。并为同类研究学校提供了案例性资源。在实践探索和理论研究的基础上,整理了一系列示范性案例或课例,为学校实施综合实践活动课程提供了借鉴作用,具有一定的实践价值。

本课题研究造就了一批科研骨干,为教师科研素养的提升搭建了广阔舞台,教师学习意识增强,整体业务水平稳步提升。从网络课程模块课程的实施过程上看,除了学生是直接受益者之外,教师就是最大的赢家。参与研究的教师们都获得了有效实施的基本经验,这些经验对于今后更好地开展教育科研,奠定了良好的基础。

本课题为模块课程的开展起到示范性作用,充分利用学校资源,积极发展学生的个性,将线下教学与线上教学结合,实现不同学段学生在线学习与线下课堂教学实质等效。课题研究内容务实创新,课题研究工作扎实细致高效,论证翔实,已经积极探索出编创网络微课模块课程,以及开展课程模块有效的教学策略,初步构建了编创微课教学模式的基本框架、学习途径、学习策略以及评价方案。对编创课程开展有一定实践推广价值。

参考文献

[1]董云.生态观视野下的音乐教育[D].南京师范大学,2012.

[2]沈勇.整体关联的音乐教学——生态学视野下音乐教学的学科综合[J].基础教育研究,2005(03):26-27.

[3]李烁.中小学信息技术与其他课程整合的教学模式[J].河北师范大学学报(教育科学社),2002(05):83-86.

[4]马颖峰,陶力源.信息技术环境中的个性化学习探索[J].中国教育信息化,2008(16):31-33.

[5]陈国华.高中与大学衔接的现状反思与改进路径[J].当代教育科学,2016(06):3-6.

[6]中华人民共和国教育部.普通高中音乐课程标准(2017年版)[S].北京:人民教育出版社,

2017.

[7]王安国.普通高中音乐课程标准(2017 年版)解读[M].北京:高等教育出版社,2018.

[8]袁丽蓉.基础乐理教程[M].天津:南开大学出版社,2010.

[9]靳琪慧.人工智能技术应用于音乐教育的可能性与发展趋势研究[J].湖北大学学报,2018,31(11):142-143.

[10]万秀君.提高农村中学教师信息技术素养的策略研究[J].新教育时代电子杂志(教师版),2017(33):104.

[11]陈晨.浅谈现代信息技术在音乐课堂教学中的运用[J].基础教育论坛,2016(09):45-47.

[12]谭强.浅谈系部教学管理规范化建设[J].现代职业教育,2017(14):148.

[13]孔军.中美高校体育教学的比较研究[D].湖北大学,2000.

[14]高博.高中音乐翻转课堂有效性的实践初探[J].北方音乐,2018,38(13):120-121.

[15]谢丹.翻转课堂中的形成性学习评价[J].教育现代化,2017,4(52):207-208.

[16]霍益萍.研究性学习实验与探索[M].南宁:广西教育出版社,2002.

[17]邓兰.应创设有"感觉"的音乐情境——音乐情境教学中一个值得关注的问题[J].教育科学研究,2005(02):50-52.

[18]林斌.如何创设音乐欣赏课的语言情境[J].中国教育现代化,2004(01):79.

[19]黄丽.高中音乐编创教学中的探究性学习模式研究[D].天水师范学院,2019.

[20]郭小南.谈高中音乐研究性学习的课题指导[J].黄河之声,2015(02):63.

[21]曾辉.生态课堂构建背景下高中音乐鉴赏的教学策略研究[J].音乐时空,2016(06):84-85.

[22]王君婷.让课堂的创造活动源源不绝中学音乐创造教学策略新尝试[J].北方音乐,2016,36(24):96-97.

[23]蒋长清.数字化平台下大学生音乐创作方式创新研究[J].音乐创作,2017(02):189-190.

[24]马鑫.浅论电脑音乐与传统作曲的区别[J].科学与财富,2015(10)252,251.

[25]富全伟.电脑音乐技术在普通高校音乐专业教学中的运用[J].佳木斯教育学院学报,2014(06):209+213.

[26]苏彤.数字音频文件格式[J].图书馆学刊,2006(04):137-138.

[27]陈兆国.MIDI 音乐发展的现状和趋势[J].大众文艺,2004(18):128.

[28]李春鹏.试论电脑音乐软件创作的优势[J].艺术评鉴,2018(09):58-59+108.

[29]盛鸿斌.常见音乐制作软件的分类与比较[J].甘肃科技,2009,25(11):180-182.

[30]王春明.数字音频效果器的应用研究[J].科技信息,2009(35):40+131.

[31]郑望春.音乐编创活动的探索与实践[J].大舞台,2012(03):83-84.

附 录

1.南开大学附属中学学生访谈记录

课程名称	电钢琴	任课教师	吴震	访谈人数	10人
地　　点	电钢琴教室	时间	2019 年 12 月 26 日		
访谈问题	1.你喜欢学习音乐编创课程吗？ 2.你希望在编创课中学习到哪些内容？ 3.你认为目前教师上课的教学方式有什么弊端？ 4.你认为用微课进行编创教学你能接受吗？				
谈话内容					

1.你喜欢学习音乐编创课程吗？

同学们一致认为喜欢学习该课程。

W 同学:老师,我特别喜欢编创,每天写完作业都会在电脑上通过音乐软件录下我自己唱的歌曲,再编辑伴奏后合成自己的音频文件,给同学们听,他们都特别羡慕我。

L 同学:我也非常喜欢创作,我从小就学过电子琴,后来因为学习紧张,没有坚持学习,现在学校有这个课程可以让我继续学习,我很珍惜学习机会。

Y 同学:生活中不能没有音乐,编创可以锻炼大脑,听说还可以学习很多音乐形式,我从小没有机会学习任何乐器,我希望在学校的这几年连续申报该课程,利用有效的时间把这门课程学好。

2.你希望在编创课中学习到哪些内容？

N 同学:我希望在课中学习考特长生的内容,以前没有系统地学过乐理知识和视唱练耳,希望在课中老师能详细的讲解,最好能模拟考试内容帮助我顺利通过特长生考试。

B 同学:我希望在课程中学习即兴伴奏,我有钢琴基础,但是在班会和平时娱乐的时候,有自己特别喜欢的歌曲只能弹右手旋律,左手不能编配和弦,更不能即兴在钢琴上按照主题情境演奏,只能演奏传统的钢琴作品不太实用。

C 同学:我希望在课中能学习电脑作曲,我们在吴老师课上学过鉴赏课,里面老师用电脑音乐模仿音乐作品,自己设计音色、节奏、旋律,觉得特别有意思,那些电脑音乐软件功能真的很强大,我喜欢计算机,更喜欢音乐,如果能在学校学习到有关编曲的技术,以后我想当个音响师。

3.你认为目前教师上课的教学方式有什么弊端？

E 同学:目前老师上课很认真,每节校本课都拖堂,每一位学生演奏的作品,老师都逐一讲解纠正,但是这样会浪费很多时间,第一个被指点完的学生没有事情做,无聊后就会看手机,学习效率提高的表较慢。

F 同学:老师每讲一首作品非常详细,讲作品创作背景、作品特点、演奏要领和示范视频都要聆听一遍,基本上前半节课学生都在听课,有的学生上一天课很累了,最后这节课还在听课,略显有些疲惫。而后半节课我们练琴的时间很短,一首曲子需要两三节课才能学完。

4.你认为用微课进行教学你能接受吗？

G 同学:微课是个很好的学习方式,我们语文、英语、物理、化学等学科老师都曾经给我们看过要学习的内容,如果编创学习能用微课形式,我想我们会有兴趣学习的。

N 同学:编创用微课学习,应该可以接受,因为在网络上有很多视频都是在传递音乐知识,能浏览很多相关学习视频,还有国外音乐家演奏都可以看到

2.北京师范大学天津附属中学对学生的问卷调查

高中音乐模块选择意向调查问卷

班级：　　　姓名：

1.高中音乐必修课的六个模块,如果可以任意选择,你选择哪个模块作为音乐必修课程？（最多选择 2 个,可以只选择 1 个）

A.音乐鉴赏　　B.歌唱　　C.演奏　　D.音乐编创　　E.音乐与舞蹈　　F.音乐与戏剧

2.高中音乐选择性必修课的六个模块,如果可以任意选择,你选择哪个模块作为音乐选修课程？（只能选择 1 个）

A.合唱　　B.合奏　　C.舞蹈表演　　D.戏剧表演　　E.音乐基础理论　　F.视唱练耳

（以下题目最多选 2 个,可以只选择 1 个,如没有相符答案,请在"其他"选项后,写下自己的理由）

3.你选择或不选择《音乐鉴赏》的理由？

A.课程内容相对容易,容易修得学分　　B.擅长音乐欣赏分析,希望了解欣赏更多的音乐作品

C.课程太过容易,没有挑战性　　D.对比欣赏音乐,有更喜欢或擅长的音乐模块

F.其他

4.你选择或不选择《歌唱》的理由？

A.有一定声乐基础,容易修得学分　　B.喜爱歌唱,愿意学习或提高自己的歌唱技巧

C.五音不全,无法挑战该课程　　D.懒得唱,不愿意参加歌唱表演训练

F.其他

5.你选择或不选择《演奏》的理由？

A.有一定乐器演奏基础,容易修得学分　　B.喜爱乐器演奏,愿意学习或提高自己的演奏技巧

C.没学过任何乐器,无法挑战该课程　　D.懒得练,不愿意参加乐器表演训练

F.其他

6.你选择或不选择《音乐编创》的理由？

A.有一定乐理基础,容易修得学分　　B.对音乐编创感兴趣,愿意学习如何创作音乐

C.乐理基础差,无法挑战该课程　　D.懒得写,不愿意进行音乐编创学习

F.其他

7.你选择或不选择《音乐与舞蹈》的理由？

A.有一定舞蹈基础,容易修得学分　　B.对舞蹈表演感兴趣,愿意学习或提高舞蹈表演技巧

C.肢体协调性差,无法挑战该课程　　D.懒得跳,不愿意进行舞蹈表演学习

F.其他

8.你选择或不选择《音乐与戏剧》的理由？

A.有一定戏剧表演基础,容易修得学分　　B.对戏剧表演感兴趣,愿意学习或提高戏剧表演技巧

C.表演能力差,无法挑战该课程　　D.懒得演,不愿意进行戏剧表演学习

F.其他

3.红光中学内地藏生音乐学习调查问卷

你好:

感谢你在百忙中抽出时间填写我们的音乐调查问卷,请认真思考并完成下列问题:

一、你的基本信息:

姓名:_____ 性别:男□ 女□ 年龄:_____ 班级:1□ 2□ 3□ 4□ 5□ 6□

二、你的音乐欣赏历程:

1.你喜爱音乐吗?

　　非常喜爱□ 喜爱□ 一般□ 不喜爱□

2.你开始欣赏音乐的时间(年龄):

　　7岁以前□ 7~9岁□ 10~12岁□ 13~15岁□ 16~18岁□

3.你主要欣赏的音乐类型(请在选项框中依顺序用1、2…表示):

　　国内:流行□ 摇滚□ 民乐□ 其他□

　　国外:流行□ 摇滚□ 古典□ 蓝调(R&B)□ 嘻哈(HIP-HOP)□ 乡村□ 布鲁斯□

　　其他□

4.你希望在音乐社团中学到什么?

　　音乐知识(常识)□ 作曲家的经历及作品的创作背景□ 识五线谱□ 其他□

5.你有什么音乐方面的特长?

　　唱歌□ 舞蹈□ 西洋乐器□ 民族乐器□ 其他□

6.你参加音乐社团吗?

　　合唱团□ 管乐团□ 其他□

7.你如何调节学习带来的压力?

　　暴饮暴食□ 运动□ 睡觉□ 听音乐□ 旅游□ 逛街□ 其他□

8.请写一条关于音乐的名言与我们共勉

_____

_____

_____

4.教学案例

音乐编创启始课

北京师范大学天津附属中学　张琳

一、设计理念

"了解音乐材料组织与发展的一般规律,学习音乐创作必须的基本理论知识,初步掌握音乐作品的常规结构及音乐编创的基本方法""依据歌曲、乐曲的主题材料及情绪,进行即兴唱、奏等编创活动"是《普通高中音乐课程标准》在《音乐编创》模块中的重要学习内容。

本课是音乐编创模块的第一单元第一课,是整个音乐编创模块的启始课。本课的主要目的就是通过探究音乐编创的基本方法,参与实践音乐编创,体验表现编创作品,引发学生对音乐编创的兴趣。

为了体现新课程标准"强调音乐实践,开发音乐潜能"的理念,本课在教学活动中,非常注重学生的实践过程,充分发挥学生的艺术创造意识,激发学生参与音乐实践活动的积极性,从而获得真正的审美体验,并为具有音乐特长、对音乐有特殊爱好的学生提供发展个性的可能和空间,满足不同学生的发展需要,充分调动学生学习愿望,不断唤起学生个体发展的需要,使学生能够积极、主动、愉悦地参与到音乐编创的学习中

二、设计思路

(一)确立主题

以"即兴音乐编创"为主题展开本课的教学活动,通过学生聆听、演唱、创造、讨论等多种形式参与、体验,调动学生主动参与音乐编创活动的积极性。根据高中音乐课程标准的要求,本课教学活动主要由"预设环节""导入环节""感受体验""拓展延伸""总结反馈"五个部分组成。

(二)教学内容的选择

本课选用了教材中的广东潮州弦诗乐《景春萝》和非洲鼓乐《绿色的非洲》,以及歌曲《送别》。通过《景春萝》的音乐主题和变奏的旋律对比分析,使学生理解旋律编创的基本方法"加花"和"简化"。通过非洲鼓乐《绿色的非洲》的节奏模仿,引导学生探究节奏疏密与情绪表现的关系。通过为歌曲《送别》编创二声部旋律以及声势律动节奏,使学生体验到音乐编创的乐趣。三个教学内容相辅相成,相互印证,缺一不可。

(三)课件运用

课件制作力求体现新课标的精神,体现多媒体辅助教学的优越性。在科学性方面,注意教学内容与教学逻辑的有机结合,教学步骤跳转灵活。在艺术性方面,课件中的图文声音等教学资源的选择上,尽量达到构图简单、色彩协调和风格统一。在技术性方面,根据各班学情

的不同,各级层次的进入、退出都安排得机动灵活,体现了多媒体的交互性。

(四)活动与探究

　　探究性学习是高中阶段倡导的一个新的教育理念,有利于培养学生创造性思维与创新精神。本节音乐编创启始课正是充分运用了探究性学习的模式,动员并鼓励全体学生共同参与音乐创编活动。依据学情,教师需提前制定符合学生能力的编创表演计划,让他们在课前搜集关于本课的音乐知识点资料,在课堂上做简单的交流;让全班同学一起合作进行音乐编创的初步尝试,培养合作精神,增强凝聚力与创新意识。

(五)学情分析

　　信息时代的学生已经具备一定的自学能力,完全有能力在网上搜索"阿卡贝拉和声势律动"的相关资料在课上进行讲解演示。高中一年级的学生经过初中三年音乐课的学习,已经具备了一些音乐鉴赏经验和音乐理论基础,认知和分析能力都有所增强,所以对比聆听音乐主题与变奏后,进行一些音乐要素的分析,归纳总结出"编创旋律及节奏的基本方法"完全可以做到。所以,在课程内容安排上,本课充分体现"教师为主导、学生为主体"的教育模式,积极引导学生进行音乐编创的探究和实践,激发学生自主学习的意识

三、教学目标:

　　1.感受并分析《景春萝》的旋律变奏手法和《绿色的非洲》的即兴节奏规律。

　　2.能使用旋律、节奏两种音乐要素进行简单的音乐编创实践,能即兴的参与他人的音乐编创活动。

　　3.理解不同节奏和旋律的改编对音乐作品情绪表现的影响

四、重点与难点

　　1.重点:了解编创旋律和节奏的基本方法。

　　2.难点:学生为《送别》进行旋律和节奏的编创

五、教学准备

　　1.提前做音乐,要求学生课前搜集有阿卡贝拉和声势律动的有关信息。

　　2.教师准备图片、音响、音像等有关的资料,制成课件使学生更直观地了解教学内容

六、教学过程

教学环节	教师活动	学生活动	创设意图与效果
导入	1.课前预热 播放歌曲《送别》。 2.正式上课： (1)师生演唱改编版《送别》。老师邀请一位学生共同演唱。 (2)思考：老师刚刚演唱的歌曲是一首原创作品，还是改编作品？你如何理解创作与编创的区别？ 3.引入课题	学生随着伴奏一起熟悉旋律、演唱歌曲。 学生唱原曲，老师唱改编后的二声部并加入声势律动。 (改编作品。创作是从无到有，编创是从有到优)	设计意图： 为后面的音乐编创实践活动做好铺垫，让学生熟悉歌曲《送别》旋律，在演唱过程中亲身体验音乐情绪，迅速进入音乐学习状态。 教学效果： 通过教师的改编歌曲范唱，引发学生对"创作"和"改编"区别的思考，从而引出本课主题"音乐编创"，理解"音乐编创"是在原曲基础上的改编，解除学生对"音乐编创"就是音乐创作的误解，减轻学生对"音乐编创"的畏惧感
新授	1.讨论：改编版《送别》是如何运用音乐要素进行音乐编创的？ 2.由学生介绍课前预习的阿卡贝拉和声势律动定义 3.节奏创编的基本方法 (1)欣赏《绿色的非洲》，体会它的音乐特征？ (2)体验非洲鼓乐节奏 思考：你能否记住其中的某个节奏？这段鼓乐节奏属于密集的节奏，还是宽舒的节奏	旋律：多声部的阿卡贝拉 节奏：复杂多变的声势律动 阿卡贝拉即无伴奏合唱。声势律动是以人体的各种肢体动作(如：拍手、踩脚)为媒介表现音乐的节奏感。 乐器种类：丰富多样；节奏特征：自由多变；情绪表现：热情欢快。 学生随着《绿色的非洲》音乐打击自己记住的固定节奏，体验非洲鼓乐的节奏。这段鼓乐节奏属于即兴多变的密集节奏	设计意图： 通过欣赏分析《景春萝》和《绿色的非洲》，让学生探究旋律和节奏编创的基本方法，再通过歌曲《送别》的旋律、节奏改编实践活动，来让学生掌握音乐编创的基本方法，体验音乐编创的乐趣。 教学效果： 当学生们在老师在指导下改编《送别》的节奏和旋律时，掌声与笑声一阵阵的出现，掌声是对改编音乐作品的肯定，笑声则是对音乐编创的喜爱。可以看到，学生从完全不懂得音乐编创，已经走进了音乐编创，并在学习的过程中逐渐产生了兴趣

教学环节	教师活动	学生活动	创设意图与效果
	(3)思考：非洲鼓乐的节奏虽然大部分是即兴节奏，但它的节奏编创也是有规律的。节奏与情绪有什么联系？怎样通过节奏表现音乐情绪？ (4)体验欢快热烈的即兴节奏编创接龙。 4.用"密集节奏"和"宽舒节奏"的方式改编歌曲《送别》的节奏 5.旋律创编的基本方法 (1)对比《景春萝》音乐主题与两个变奏，找出旋律编创的基本方法？ (2)两段变奏的旋律主干音,分别是增加了，还是减少了？ (3)增加旋律主干音的编创方法叫作"加花"，减少旋律主干音的编创方法叫作"简化"。 6.用"简化"和"加花"的方式改编歌曲《送别》的旋律 (1)用"简化"的方式改编《送别》的第一乐句 师生小结：每小节的节奏重音，更适合作为简化后的旋律主干音，因为它更贴近原曲的音乐旋律风格。 (2)用"加花"的方式改编《送别》的第二乐句 问："加花"加在乐句的哪个地方最容易？ 问：加什么样的音更合适？"级进连接"和"跳进连接"哪个更适合乐句加花？ 师生小结："加花"选择在句尾延长音上最容易，使用"级进连接"可以使乐句加花旋律更顺畅自然。 (3)指导学生分声部演唱刚改编的二声部《送别》旋律	学生小结：密集的节奏适合表现欢快热烈的情绪，宽舒的节奏适合表现抒情沉静的情绪。 要求每位学生编创的节奏和声势律动都不相同 (1)分组讨论并设计《送别》的节奏型和声势律动。 (2)用节奏接龙的方式来展示各组编创的节奏和声势律动。 (3)配合《送别》音乐表演声势律动，体验声势律动的音乐魅力。 认真聆听，仔细思考 (变奏一减少了，变奏二增加了。) 将每小节旋律简化成两个主干音 (句尾，因为句尾一般有延长音，在延长音部分加花最容易，且更贴近原曲音乐风格) (级进连接。因为级进连接能够使旋律更加顺畅自然) 体验多声部阿卡贝拉音乐魅力	

教学环节	教师活动	学生活动	创设意图与效果
拓展	1.问卷分析 课前本班进行了一个调查问卷,据问卷显示:愿意在高中音乐3个学分中,选择音乐编创作为其中一个必修学分的同学仅占17.6%,远远低于选择"歌唱"(50%)、"音乐鉴赏"(44%)、"音乐与戏剧"(29.4%),与"音乐与舞蹈(17.6%)"和"演奏"(14.7%)差不多。而不愿意选择"音乐编创"的原因,70.5的同学表示因为"乐理基础差,无法挑战该课程"。通过问卷数据分析,我们可以看出,大部分同学更加喜爱歌唱与音乐鉴赏模块,选择音乐编创模块的人非常少,而不选择"音乐编创模块的"理由则是觉得音乐编创太难了,不敢选择学习。那么,音乐编创模块课程究竟是否是高不可攀呢? 2.讨论: 通过本课的学习,你对音乐编创有没有什么新的认识	(学生:上课以前以为音乐编创就是创作音乐,觉得特别难,根本没有勇气挑战这样的课程。但上完这节音乐课,发现音乐编创并不难,而且还很有意思,希望以后可以深入学习编创,早日写出自己的音乐作品)	设计意图: 通过课前的调查问卷分析,让学生反思自己不喜欢音乐编创的原因,再通过课堂讨论引发学生思考对"音乐编创"的认识,引导学生正确认识音乐编创模块,激发学生学习的动力与热情。 效果分析: 学生们纷纷表示通过这节课的学习理解了什么是"音乐编创",打消了对"音乐编创"太难没法学的误解,并在学习实践中体验到了改编歌曲的乐趣。本课极大地提高了学生的学习热情,教学目标全部达成

教学环节	教师活动	学生活动	创设意图与效果
小结	1.课堂回顾 我们今天了解了音乐编创与创作的区别、体验了旋律节奏的编创基本方法，还一起编创了《送别》的二声部旋律和声势律动节奏。初步体验了音乐编创课，感受了改编音乐作品的魅力。其实，我们还只是初步了解了音乐编创，音乐编创的方法还有很多，每一个音乐要素的改编都可以影响音乐形象的改变。如果大家感兴趣，可以今后选择音乐编创模块继续深入学习。 2.延伸思考 欣赏声势律动歌曲 Caps，并思考：音乐编创的灵感来源于哪里？如何积累音乐编创的素材？ 3.课堂小结 热爱生活、热爱音乐、善于观察、勇于创造，就是音乐编创者的特质。音乐编创，让你们在青春中留下独一无二的音乐印记	与老师一起回顾总结。 音乐是发自内心并源于生活的艺术。把生活素材结合自己的感受用音乐的形式记录下来，就是音乐编创	设计意图： 通过课堂小结回顾本课的学习内容，加深学生对本课知识点的印象，再通过欣赏声势律动歌曲 Caps，引发学生对音乐编创素材来源的思考，引导学生树立热爱生活、观察生活、善于观察、勇于创造的良好品质，为今后的音乐编创教学打下扎实的基础。 效果分析： 音乐教育不只是要在第一节课点亮学生学习的兴趣，还需要一步一个脚印，扎扎实实地把它延伸下去，让它从一颗音乐种子，最终长成热爱生活的人生旋律，结出"真善美"的音乐果实

七、教学反思

本课采用"一个主题、两条主线、三个亮点"的教学设计思路，梳理出本课的教学主线，使教学环节环环紧扣，引人入胜。

（一）一个主题——音乐编创

（二）两条主线

明线——歌曲《送别》的旋律、节奏编创实践

暗线——旋律、节奏的基本编创方法

(三)三个亮点

1.导入与实践相结合

导入和实践环节都采用了《送别》这首歌曲,在反复聆听中加深学生对歌曲的印象与了解。前后照应的音乐也使学生能更快的熟悉《送别》的旋律和节奏,使后面音乐编创实践更容易达成。

2.重点与难点双突破

"了解旋律和节奏编创的基本方法"是本课的教学重点。"为《送别》进行旋律和节奏的编创"是本课的教学难点。本课采用"先探究总结方法,再实践印证方法"的形式,完美突破教学重难点。使学生在自主探究中寻找编创方法,又在实践创编中加以运用印证,最终掌握编创方法的同时,又收获了音乐编创作品,感受到创作的喜悦,提高了对音乐编创的兴趣。

3.创编与体验相结合

本课编创出的旋律和节奏,学生最后都通过阿卡贝拉和声势律动的形式来体验了。这样的安排,使学生不但可以增加音乐创造能力,同时在表演编创作品时更深入的体验音乐,使创作与体验融合在一起,引发学生学习兴趣,提高学生音乐感悟力

5.教学案例

歌词与音乐的关系

天津市崇化中学　郭雨佳

一、课题:歌词与音乐的关系

课时:1 课时

二、学情分析

本课是音乐编创模块的第三单元,教学对象是普通高中学生。之前一、二单元的学习已经让学生对音乐创作有了一般性认识,同时也掌握了一定的乐理知识。但以往的学习都注重培养学生的鉴赏能力,缺乏音乐编创的实践,且学生能力参差不齐,故本节课将从最基本的创作活动开始,引导学生创作出简单的旋律。

三、教学方法

演示法、讨论法、讲授法、练习法、启发式教学法。

四、教学目标

1.知识与技能

能正确把握歌词与音乐的关系,从分析歌词着手进行简单的旋律创作。

2.过程与方法

通过欣赏相关音乐作品,深入体会歌词与音乐的关系;通过创作实践,培养学生为歌词谱曲的能力。

3.情感态度价值观

提高学生对音乐编创的兴趣,使学生积极自信地进行音乐创作。

五、教学重难点

教学重点:学生能准确把握歌词对音乐的情绪、风格、演唱形式等多方面影响,学会分析歌词的意境、节奏、韵律等要素。

教学难点:能根据歌词意境、节奏韵律等要素谱写出合适的曲调。

六、教学手段

钢琴、音响、多媒体设备、课件、西贝柳斯打谱软件。

七、教学过程

教学环节	教师活动	学生活动	设计意图
导入	播放经典咏流传《保卫黄河》视频片段,介绍《黄河大合唱》创作背景。 提问:有人说《黄河大合唱》是诗与曲的完美结合,你认为歌词和音乐存在怎样的关系呢	观看视频,同时思考并回答歌词和音乐存在怎样的关系	通过观看优秀民族音乐作品并提出开放性的问题引起学生对探究音乐与歌词之间关系的兴趣,引出本课内容

续表

教学环节	教师活动	学生活动	设计意图
感受新知	1.歌词决定音乐的风格、情绪 (1)为学生有感情地朗诵王维的《送元二使安西》。 (2)提问:听下面三段音乐(《光明行》《战台风》《阳关三叠》)你觉得哪个是为这首古诗词而创作的?并说出你的理由。 (3)教师总结:点评学生答案,解释《阳关三叠》的情绪内涵,让学生分组讨论:通过刚刚的音乐,可以看出歌词对音乐有怎样的影响呢? (4)教师讲解:歌词是怎样影响音乐的风格、情绪,并举例论证(见教材例3.2-2《思念》)	1.歌词决定音乐的风格、情绪 (1)聆听诗朗诵,并体会其表达的思想情感。 (2)思考并回答。(能答出《阳关三叠》是为《送元二使安西》而作,并可以准确描述三段音乐各自的情绪内涵) (3)分组讨论,派代表发言	1.歌词决定音乐的风格、情绪 通过为歌词选曲的活动体会歌词对于音乐风格、情绪的影响
	2.当歌词内容具有戏剧性时,演唱形式也会随之多样化 (1)播放例3.2-3《好美的一个秋》,提问:猜一猜下面这首歌曲的歌名?为什么? (2)再次播放音乐开头部分提问:"好美的一个秋"这句歌词重复了几遍?以哪几演唱形式出现?各有怎样的特点? (3)教师总结:当歌词内容具有戏剧性时,曲作者需要吃透歌词,运用多样化的演唱形式,配以丰富的曲调突出歌词内容,表现主题,升华主题	2.当歌词内容具有戏剧性时,演唱形式也会随之多样化 (1)聆听并回答(答案:好美的一个秋) (2)回答:共四次,演唱形式为女声独唱辅以男声伴唱。女声独唱部分是很慢的散板,声音火辣爽利,音域跨度高。男声伴唱节奏紧凑,且对衬词做了下滑音处理,凸显了湖南民歌的风格特色	2.当歌词内容具有戏剧性时,演唱形式也会随之多样化 通过分析作品让学生感受到丰富演唱形式可以增加歌词内容的戏剧性

续表

教学环节	教师活动	学生活动	设计意图
分析领会	词曲句法结构的同步与异步 1.词曲句法同步 (1)趣味节奏训练 A.老师提问,要求学生模仿老师的节奏韵律回答。如: 师问:同学,你今年几岁? $\frac{2}{4}$ ᴠᴠ.｜ᴠᴠᴠ｜ᴠᴠ.‖ 生答:老师,我今年××岁。 $\frac{2}{4}$ ᴠᴠ.｜ᴠᴠᴠ｜ᴠᴠ.‖ B.请几位同学分别有节奏韵律地朗读古诗,其他同学记下听到的节奏。 (2)教师总结 歌词蕴含丰富的节奏,而每个人对歌词意境的理解不同也会使歌曲的节奏编排发生变化。有时歌曲的节奏是建立在歌词的基础上的。很多歌曲会采用词曲句法同步的手法,用旋律表现出语言中的韵律、声调、节奏。 (3)播放例3.2-4《杭州之恋》,例3.2-1《送别》,为学生举例论证词曲同步的句法关系	1.词曲句法同步 (1)趣味节奏训练 A.在老师带领下,感受语言的节奏韵律。 B.听写别的同学朗诵的古诗词节奏,如: $\frac{2}{4}$ ᴠᴠ｜ᴠᴠᴠ｜ 白日　依山尽, ᴠᴠ｜ᴠᴠᴠ｜ 黄河　入海流。 ᴠᴠ｜ᴠᴠᴠ｜ 欲穷　千里目, ᴠᴠ｜ᴠᴠᴠ‖ 更上　一层楼。 $\frac{2}{4}$ ᴠ.ᴠ　ᴠᴠ｜ᴠ-｜ 白日　依山　尽, ᴠ.ᴠ　ᴠᴠ｜ᴠ-｜ 黄河　入海　流。 ᴠ.ᴠ　ᴠᴠ｜ᴠ-｜ 欲穷　千里　目, ᴠ.ᴠ　ᴠᴠ｜ᴠ-‖ 更上　一层　楼。	1.词曲句法同步 通过趣味节奏训练,使学生感受语言中的节奏韵律,为自主谱曲做铺垫

续表

教学环节	教师活动	学生活动	设计意图
分析领会	2.词曲句法异步关系 (1)短词配长曲 A.教师讲解:有时歌词语言节奏比朗诵的更加夸张,为了突破歌词节奏,创作出更有特色的作品,作曲家会把歌词的强弱、长短做进一步的夸张处理。请学生看谱例聆听《江河万古流》和《牡丹之歌》片段。 B.提问:两首歌曲的词曲关系上有什么共同点?(对"黄河流","啊,牡丹"两句着重范唱提示) C.教师讲解:这两首歌曲都有短词配长曲的特点,采用了一字多音的方式,打破歌词本身节奏,把歌词拉开,使情感表达得更加突出。 (2)长词配短曲 A.播放《打起手鼓唱起歌》《想家的时候》片段,让学生观察谱例并分组讨论这两首歌的词曲关系上的共同点。 B.教师讲解:两首歌曲都有词长曲短的特点。以《打起手鼓唱起歌》为例,如果按照词曲同步法,A乐段中八句歌词需要用一个较长的篇幅或拆分成两个乐段完成。曲作者为精简音乐结构,把两句歌词写进一句旋律,扩大了乐段的容量。 (3)歌词可重复 播放例3.2-7《英雄赞歌》,解释作者如何利用重复的手法,加强歌词的内容,深化情感。 (4)歌词中加入衬词 播放例3.2-8《哈里啰》,为学生讲解在歌词中加入衬词,既可以扩大乐句,又可以更好地烘托气氛。如歌词前半句"跟着音乐唱歌哈哩啰"并不能酣畅淋漓表现出人物内心的愉悦,在后半句加入了衬词使情感表达得更充分	2.词曲句法异步关系 (1)短词配长曲 A.认真观察谱例,聆听教师播放的歌曲片段。 B.思考并回答教师提问(答案:两句歌词都运用了一字多音的创作手法) (2)长词配短曲 A.聆听并分组讨论(答案:这两首歌曲都有长词配短曲的特点) (3)歌词可重复 聆听并感受歌词重复手法对音乐情感表达的作用。 (4)歌中加入衬词 聆听并感受衬词在歌曲中起到的烘托情感作用	2.词曲句法异步关系 通过聆听不同音乐素材,引导学生学习和体验不同句法关系,并通过这些音乐素材为学生之后的自主创编提供灵感

续表

教学环节	教师活动	学生活动	设计意图
练习巩固	1.让学生根据"实践与编创"提供的两句歌词,使用句法同步和句法异步的方式为歌词谱曲。(要求谱曲要符合歌词的节奏韵律,和意境) 2.以小组为单位,请学生代表展示自己的作品 3.教师点评,并为学生的谱曲润色,编配伴奏	根据课本中"实践与编创"提供的两句歌词进行创作,分组展示	通过创作实践,使学生能够将本课所学知识内容应用到实际当中,培养学生为歌词谱曲的兴趣和能力

关于创建高中音乐学科
(传统艺术——鼓曲)选修课程的研究

天津市红桥区教师发展中心　刘泽

1 课题提出的背景

1.1 核心概念的界定

曲艺是中华民族各种"说唱艺术"的统称,它是由民间口头文学和歌唱艺术经过长期发展演变形成的一种独特的艺术形式。鼓曲是曲艺中数以百计"唱故事曲种"的总称。中国的鼓曲艺术历史悠久,唱腔丰富、种类繁多,它是中华文化中最通俗的表现形式,其中"京韵大鼓""天津时调""梅花大鼓""西河大鼓"等天津特色的地方曲种,已被列为国家级非物质文化遗产。

1.2 选题的意义

中国民族音乐文化历史悠久,博大精深,积淀丰厚,是中华民族值得世代珍惜和传承的文化瑰宝。鼓曲艺术作为中华优秀传统文化,更需要得到保护和传承。

高中时期是学生人生观、世界观、审美换形成的重要时期,在其精神发展关键期,应该深化和拓展中国民族音乐的教学内容,使其熟悉并热爱祖国的音乐文化,接受传统音乐文化熏陶,树立传承优秀民族音乐文化的意识,增强民族文化自信,培养爱国主义情操。在高中音乐课中,结合天津人文地理环境和地域文化传统,开发具有天津地方特色的音乐课程资源——天津地方鼓曲选修课程。结合天津鼓曲的艺术特点,在教学内容上大力创新,与时俱进,引导学生在教学中进行曲艺作品的编创活动,在唱词和表现形式上创新发展,不但可以为中国曲艺文化繁荣做出贡献,更能使学生坚定中华民族的文化自信。

1.3 研究价值

开展"创建高中音乐学科(传统艺术——鼓曲)选修课程"的研究,是探索落实"曲艺进课堂"的重要途径。中国传统文化博大精深,曲艺更是其中的瑰宝。天津是有名的曲艺之乡,曲艺在天津有良好的群众基础。为了不让中国的文化湮没于西方的文化中,弘扬国粹的重任,义不容辞地落在了艺术教育的肩上。但随着信息化时代的发展,传统音乐演出大大减少,学生能够接触到传统音乐的途径大大减少,传统音乐的传承与发展遇到了前所未有的困境。作为热爱传统艺术的音乐教育人,我们愿意将鼓曲这门传统文化的精髓进行更加具体深入的学习研究,更愿意把它传播给学生,让更多年轻人能够关注它、欣赏它、接受它。本课题通过引导学生系统学习京韵大鼓、天津时调等天津特色鼓曲艺术,发挥中华优秀传统文化和津沽文化的浸润作用,将中华优秀文化艺术传承落到实处,用艺术修心,用文化铸魂,为学生终身发展奠基。

2 课题研究的目标和创新点

2.1 课题研究的目标

通过高中音乐必修模块、选修模块、艺术社团的曲艺教育实践(天津鼓曲),形成了一个兼顾"普及"与"提高",兼顾"面向全体"与"关注个体"的传统音乐教育

链。大力倡导"唱出中国腔,彰显民族魂",使学生真正成为拥有文化底蕴、适应社会发展的新时代的接班人。

2.2 课题研究的创新点

现行高中音乐教育中关于曲艺内容的教学,多以音乐鉴赏为主,体验为辅,实践学唱几乎没有,还停留在"浏览"层次,离"了解""热爱"等层次相差甚远。人对于艺术的喜爱程度与自身的艺术表现技能是成正比的。只有深入的体验鼓曲艺术,真正学会演唱鼓曲,才能使其产生"共鸣"与"热爱"。所以,曲艺艺术的传承必然离不于"学唱"这个环节。

本课题的最大创新点就是在高中阶段通过"学唱""学演""学奏"等实践学习,开展全方位的曲艺传承教育,建立一个全方面系统的传统音乐教育链。为学生在高中阶段,落实"文化自信",树立社会主义核心价值观起到积极作用。

本课题紧紧围绕把天津地方曲艺融入高中音乐课的教学,学习紧跟时代步伐的一些鼓曲,了解各种鼓曲特点,尤其是对天津地方曲种天津时调、京韵大鼓、梅花大鼓、西河大鼓的学习了解,学生通过曲艺新作品《只留清气满乾坤》这样紧跟时代脚步的、讴歌十九大精神的鼓曲联唱,不仅对各种鼓曲唱腔有了了解,也对新时代的中国特色有了更新的认识。

3 课题国内外相关研究现状述评

目前,国外没有关于中国曲艺教育的研究性文献,国内曲艺教育类的研究一般分为三个层面。

3.1 曲艺专业学科的教育研究

例如:吴文科(中国艺术研究院曲艺研究所)所写的《健全曲艺教育体系 确立曲艺学科地位》,以及柯琳(中央民族大学)所写的《"互联网+"和高校曲艺专业教育对曲艺传承的影响》等。

3.2 高校曲艺文化建设的探索与研究

例如:宋辉(鞍山师范学院)所写的《高校曲艺文化建设的必要性研究》,以及李刚所写的《试论高校曲艺教育与曲艺的传承和创新——以南开大学为例》等。

3.3 普教系统对曲艺文化传承的探索与研究

例如:习姣、范杨所写的《与曲艺艺术"同行、同悟"——记彭州市天彭镇西郊小学曲艺教育实践》,以及范杨所写的《"要树立少儿曲艺在孩子艺术培训中应有的地位"——四川省小牡丹艺术团副团长范杨访谈记》。

本课题应该属于第三层面的研究范畴,是普教系统中高中阶段对曲艺文化传承的探索与研究。从前人的研究成果上来说,普教系统对曲艺文化传承发展的研究很少,仅有的几篇文章还是关于少儿阶段曲艺传承的研究,高中阶段的曲艺文化传承研究几乎没有。所以,本课题的研究内容是非常具有创新性和前瞻性的。

4 课题的研究方法

4.1 文献法

指通过阅读、分析、整理有关文献材料,全面、正确地研究某一问题的方法。在介绍鼓曲发展史阶段,实验对象遇到的、提出的问题,经过专家、名师引导,使其能认识鼓曲唱腔、在赏析过程中感受鼓曲带来的艺术享受。激发学习、探究。

4.2 调查法

目的是全面把握当前的状况,对研究对象实践情况、关注实践内容在多大程度上激发其兴趣,以及持久度有更加具体的掌握。对计划阶段性目标,达成预期的效果非常必要。

4.3 个案研究法

指对某一个体、某一群体或某一组织在较长时间里连续进行调查,从而研究

其行为发展变化的全过程。主要针对研究对象个体、群体实践过程中的进度、掌握唱腔的准确度为目的,制定出研究对象能接受的最佳深度、广度;呈现出的最佳表现状态。

5 课题研究的内容

5.1 在高中音乐必修模块,进行天津地方鼓曲内容的教学实践策略

随着 2017 年新一轮的高中课程改革,在 2017 版新课标高中选修课程开设模块中指出,学校可根据当地社会音乐文化特点、特色资源和学校办学理念自主开设部分选修课内容。这样就极大地为我们传承天津地方曲艺课程提供了空间。新课标将"弘扬民族音乐"纳入基本理念中,"高中音乐课程应深化和拓展民族音乐的教学内容。通过学习,学生熟悉并热爱祖国的音乐文化,增强民族文化自信,培养爱国主义情操。"在新课标的指导思想下,我们的传统文化进入课堂教学又被再一次的重视提升起来,作为音乐教师,我们更要及时的充电,以便于将更多的优秀艺术作品传递给学生。

5.1.1 引进专业指导,保障教学顺利进行

天津曲艺团"春雨计划"的送教进校园为我们的鼓曲课程发展提供了强有力的保障。现阶段我们通过音乐教研的方式,培养青年教师。由青年教师辅助完成鼓曲课程的学习。曲艺团的青年艺术家对音乐教师们进行鼓曲知识的培训,教师们经过几次培训后初步掌握鼓曲特点,唱腔上还有待于不断摸索。

在新课程的实施中,笔者与天津市曲艺团优秀的青年艺术家们一起制定了鼓曲课程实施方案。由天津市曲艺团的青年艺术家与高中音乐教师共同执教。将传统的教学模式与新环境下的教学方式进行碰撞。

5.1.2 转变教学模式,强化"体验"式教学

在大力发扬传统文化进校园的背景下,很多学校的音乐课堂,还停留在放点视频,简单地讲讲曲艺史和鼓曲的特点,介绍名家名段,学生们看一看的阶段中。有一种观点认为我们培养的是鼓曲艺术的观众,至于深入的研究应该交给曲艺学

校的专业学生,或者曲艺团的演员们去学习就可以了。这是很有代表性的一种观点。任何一种艺术行为都要通过体验去感知,也许我们唱的、做的和专业演员还有很大差距,但是我们可以通过体验获得更深的理解,可以从简单的欣赏变为喜欢,再由喜欢变为热爱。有了热爱的动力,就会激发学生深入学习的愿望,才能打开学生从业余走向专业化发展的大门。

天津市第五中学的高一年级学生通过"选课"模式进入鼓曲班学习。学生们都是没有任何声乐基础的"白嗓",有的只是对鼓曲艺术的好奇,并不了解曲式,唱腔等。我们的音乐教师大多是音乐教育专业毕业,有着很多年的声乐基础,但对鼓曲的演唱方法存在着一定的"不适应"改变原有的发声"习惯"确实存在着一定的困难。需要专业教师的口传心授。经过曲艺团老师每周一次的现场传授、音乐教师每周一次的跟进式训练,学生们每天的视频反馈,一个学期的共同努力后,师生对天津曲艺团原创作品《只留清气满乾坤》基本掌握。此曲中包含着"天津时调""单弦牌子曲""京东大鼓"这三种曲艺当中的重要曲种,此曲的唱词紧跟时代步伐歌颂十九大精神,通俗易懂,非常容易上口。通过每节课的视频反馈我们发现,学生比教师唱得更"带劲儿",他们的"白嗓"对唱这种地方曲种适应得更快,掌握得更出色。

"普通高中"的学生量要远远超过曲艺院校的学生量,从中我们也可以挖掘更多的优秀的艺术人才,也为曲艺院校输送更多、更优秀的艺术生。这样,我们的鼓曲传承的舞台才会扩大。

5.1.3 创造条件,为学生搭设学习交流平台

吸纳和传承优秀的传统文化,通过艺术实践提高艺术表现,增进对家乡文化的深度理解,促进学生的内涵建设。不断完善高中音乐学科核心素养的培养目标。

课程引入前请到了天津市曲艺团国家一级演员、曲艺音乐教育家、创作家韩宝利老先生为全体师生做了曲艺知识的专业讲座。韩老先生引经据典、风趣幽默,时而语重心长、时而亲自示范。让与会师生既丰富了曲艺知识又对即将开启的鼓曲课程充满了兴趣。本次活动不仅仅有韩老先生的专家讲座,天津曲艺团青年演员们还为师生们奉献了精彩的现场展示,著名天津时调演员刘渤扬老师带来了天津时调《秋景》的精彩唱段,天津市曲艺团的青年演员们还带来了曾获得中国曲艺界最高奖项牡丹奖的鼓曲联唱。艺术家们的精湛表演,赢得台下阵阵掌声。此项活

动为鼓曲课程的开展起到了引擎作用。创设学生们每学期的校园展示,每学年与艺术家们的同台演出展示,为学生搭设展示交流的平台,提升学生的学习热情,促进鼓曲课程的发展。

通过我们构建的鼓曲音乐教学,改变了学生们对原有传统文化的认知,学生们对鼓曲的热爱在他们的一言一行中渐渐展露出来。鼓曲艺术进入高中音乐课堂还需要通过几年乃至更长的时间去检验,现阶段还是在试行中摸索前行,还有很多不够成熟的地方,需新老教学法融合推进,不断地总结反思。我们有理由相信,只要我们努力创设"条件",鼓曲艺术的发展"空间"会越来越广阔,鼓曲艺术的传承才更有希望。

5.2 在高中音乐选修模块,进行《天津地方鼓曲》音乐课程开发

5.2.1 传统音乐综述

曲艺是各种说唱艺术的总称。"曲艺"一词,源自西汉《礼记》"文王世子"篇,至20世纪初,仅指"什样杂耍",到1949年全国第一次文学艺术工作者代表大会期间成立的"中华全国曲艺改进会",才正式定名为"曲艺"。

中国曲艺可溯之源长,可循之史短。本集所述只是根据近年来的情况,仅供参考。

曲艺音乐是指曲艺中的唱腔与伴奏部分,它有两种表现方式:一是有说有唱;一是只唱不说。常由一人演唱,多则三五人。演出形式简便灵活,以第三人称的叙事为主,第一人称的代言为辅,具有"一人多角"(一个演员模拟多种角色)的特点并自兼乐器,略带表演动作来演述故事、塑造人物、表达思想感情。

丰富多彩、精湛独特的中国曲艺音乐,在其形成和发展的漫长岁月中,始终与人民保持着密切的联系,通过娓娓动听的唱腔与伴奏,细致入微地把人民的思想感情和生活场景描绘得惟妙惟肖。它所创造的艺术形式简要明了,蕴含着民族的美学特征;它所用的表现方式,深入浅出,生动地体现出中国人民用自己的美学理想来演绎生活。正由于它所具有的强烈的民族性和浓郁的乡土气,因而在瑰丽多姿的世界艺术长廊中独树一帜,受到广大听众的热忱欢迎。

曲艺的主要艺术表现手段——说唱,是体现在异彩缤纷的地方语音上。因地而异的地方语音,是构成各个曲种不同风格的基因。地方语音既有生活美,又有韵律美,它那沁透泥土芳香的语音声词,给人以无限亲切的美感。这种美感,是千百

年来社会生活在历史进程中熔铸于人们的心灵,它能唤起人们心灵上美的共鸣。

中国曲艺现有二百几十个曲种,各个曲种的音乐风格各不相同,但在音乐表现方式上则有不少共同之处。因此,先将曲艺艺术的若干共性问题在前面加以概述,然后再选择在音乐风格及艺术表现上有典型性和代表性的曲种,各有侧重面地予以剖析,试图介绍曲艺音乐的总体特点,从而使读者了解中国传统音乐的概貌。

5.2.1.1 历史概况

曲艺演述内容的显著特点,是用说与唱结合的方式。这在历代留下的曲本上就可看出,即用散文(说)与韵文(唱)相间组成的文本形式。这种形式历史悠久,远在战国(前 475—前 221)和汉代(前 206—前 220)的文学作品中已有,如当时的赋。赋就是用散韵结合来写物叙事,具有一定的故事性,如宋玉的《神女赋》等。到了汉魏六朝,民间又产生了杰出的长篇叙事诗,如《孔雀东南飞》《木兰诗》等。这种诗体,在抒情中叙事,还表现一个完整的故事,在故事中塑造具有鲜明个性的人物形象。故有人称其为"有声的文学""表演的文学"。这种说唱结合、有声有色的艺术形式,对后来曲艺说唱艺术的发展具有深刻的影响。

唐朝(618—907)佛教兴盛,和尚为宣传教义而作的"俗讲"即变文,有许多篇章也是用散韵结合的文体。所谓的"变",是变易、改变的意思,就是将深奥精微的印度佛经变成通俗易懂、有说有唱的"变文"来演绎经义。中唐以后,变文的内容不局限于佛教故事,题材有所扩大,有描写中国古代著名历史故事的,如《伍子胥变文》《王昭君变文》等;也有叙唱当时英雄事迹的,如《张义潮变文》《张怀深变文》等;还有更多的民间传说,如《孟姜女变文》《秋胡戏妻变文》《董永变文》等。说唱者除了和尚之外,民间还有许多专业性的说唱艺人,且又有专业性的女艺人说唱故事。变文这种散韵相间的文体结构,南北方曲艺中是常用的,而且有些特殊形式历来还保留着,例如变文中的"押座文",是俗讲开始时用短小的篇幅,叙唱交代正文所要表达的内容,同时起着压住场子、镇定听众的作用。这种形式,在宋朝(960—1279)的曲本中称为"入话",现今的弹词中则称"开篇"。可见艺术形式是有延续性的。

宋元(1279—1368)时期,工商业日益发达,城市繁荣。曲艺音乐成为城镇市民所喜闻乐见的艺术形式而进入瓦肆(或称瓦子)勾栏。瓦肆勾栏在北宋时已有,《东京梦华录》中记有:"街南桑家瓦子,近北则中瓦,次里瓦,其中大小勾栏十余座。"

到了南宋的首都杭州,瓦肆"城内外合计有十七处"之多。真是热闹非凡。这里说的勾栏,是曲艺杂耍的演出场所,与后世专指妓院是不同的。宋元时最为突出的,也是对后来曲艺音乐影响较大的是鼓子词、诸宫调、陶真等。

鼓子词因用小圆皮鼓作主奏乐器而得名。曲本也是散韵相间的文体。它可说是上承唐朝的变文形式,下开民间鼓词的先河。现存的鼓子词有北宋赵德璘所作的《元微之崔莺莺商调蝶恋花鼓子词》,取材于唐元稹的《莺莺传》,写的是张生与崔莺莺的恋爱故事。韵文部分是用一首《蝶恋花》曲牌随着情节的发展,反复歌唱十二次。它的总体结构是:开始第一首是引发性的序文,末尾一首是总结性的评论,中间十首则是完整的故事叙唱。这种布局方式,一直延续到现在的京韵大鼓曲本写法,如《丑末寅初》。鼓子词是由一人讲唱,自兼击鼓,另设伴奏者若干人。这种演出形式,也延续到现在所有的鼓词类曲种。

在中国曲艺史上颇有影响的诸宫调,是北宋瓦肆勾栏中卖技艺人孔三传首创。宋人王灼在《碧鸡漫志》中说:"熙丰元祐间(1068—1093),泽州孔三传者首创诸宫调左,士大夫皆能通之。"又有南宋吴自牧在《梦粱录》卷十二《妓乐》中说叙唱诸宫调的汴京孔三传外,今杭城有女流熊保保及后辈女童皆效此。"可见诸宫调在宋元时期还有不少专业女艺人在演唱。

诸宫调留下的曲本很少,连残缺不全的在内,也只有三种:无名氏的《刘智远诸宫调》、王伯成的《天宝遗事诸宫调》、董解元的《西厢记诸宫调》(简称《董西厢》)。前期的诸宫调伴奏乐器是用鼓、板和笛三种,后来加了锣、界方及丝弦。诸宫调在元末以后已无人能按谱演唱了,但它的音乐被后来的许多曲种所吸收。曾有人把诸宫调称为"弹唱词话""掐弹词",因为弹词也曾用小鼓、拍板伴唱。臧懋循在《负苞堂文集》卷三《弹词小记》中说:"若有弹词多瞽者以小鼓、拍板,说唱于九衢三市,亦有妇人以被弦索,盖变之最下者也。"

诸宫调曲牌的套曲方式,一直延续到明清时的子曲类曲种,如北方的单弦牌子曲、河南的曲子,南方的四川清音、广西文场、扬州清曲等。它们的套曲特点是:曲头+若干牌子+曲尾。(见四川清音谱例19、20,北京单弦谱例40及其文字介绍)。当然,诸宫调所用的音乐是宋元时代流行的曲牌,后来兴起的曲种除了部分保留宋元时的古曲外,大量是用明清的小曲。

陶真是一种通俗易晓的说唱艺术,用七言词格:"太祖太宗真皇帝,四祖仁宗有道君。""太平之时嫌官小,离乱之时怕出征。"宋元时流行于农村,曾有"听陶真尽是村人"的记载。陶真是用琵琶伴奏,清李调元《童山全集》卷三十八《弄谱百咏》之十三:"曾向钱塘听琵琶,陶真一曲日初斜。"从其演出形式来看,陶真确是弹词的前身,是一物异名而已。所以陶真的名称在清朝中叶还有人提及,后来也许被弹词所替代了。

宋元的鼓子词、诸宫调、陶真等说唱技艺,与明清的说唱艺术有着千丝万缕的关系,有的是一脉相承,这在中国近代曲种中可以看出。虽然这些曲种不能概全中国现在所有的曲艺,但通过文字、曲谱的介绍,对中国曲艺的发展概况及音乐特点有个基本了解。

5.2.1.2 曲种分类

中国曲艺有二百几十个曲种。各曲种都有不同的艺术风格。根据主要乐器、历史渊源、音乐风格以及演奏、演唱等特点,大致可归纳为:弹词、鼓词、道情、琴书牌子曲等几大类。

中国曲艺历来有"南弹北鼓"之说,就是南方的弹词和北方的鼓词流传较广影响较大。于此,本书亦以此为序,精选若干曲种分别予以介绍。

(1)弹词类:流行于中国南方。演唱者自弹自唱,主奏乐器是书弦(一种有堂音的小三弦),或琵琶。有时为了增强气氛,还加入二胡、阮、筝等。

弹词演员的表演艺术有"说、噱、弹、唱"。说,要语言生动,引人入胜;要诙谐诙默,恰如其分;弹,要纯熟自如,托唱熨帖;唱,要音色优美,以声传情。

弹词类曲种大致有:苏州弹词、扬州弹词、扬州弦词、山东弹词、评曲(江苏)沪书、盲词、苏州文书、台州词调、启海评弹、临海词调、湖书、武书、走书、宁波文书、绍兴平湖调、犁铧文书、福州弹词、温州弹词、长沙弹词等。郑振铎在《中国俗文学史》中把广东的木鱼书也归在弹词一类里。

(2)鼓词类:主要流行于中国北方。指演唱者自己用鼓、板做伴奏的若干曲种。这些曲种所用的鼓,大都是一种径不盈尺、高约一寸的皮鼓,俗称大鼓。所以通常也把鼓词类曲艺称为大鼓。

鼓词的演唱形式,有独唱、对唱。但多数是以一人自兼鼓、板伴奏的独唱,另设伴奏组若干人,常用乐器是大三弦、四胡、琵琶、扬琴等。

鼓词的曲调来源,虽与古代的词牌音乐有关,但更多的是来源于民间音乐,如

始于明朝的温州鼓词由"由横阳里巷之曲与词曲合成"。北方的许多大鼓,其腔调大多是在当地民歌或集镇卖货声的基础上发展而成。

鼓词类曲种大致有:京韵大鼓、梅花大鼓、京东大鼓、河间大鼓、西河大鼓、乐亭大鼓、唐山大鼓、上党大鼓、太原大鼓、河洛大鼓、豫东大鼓、犁铧大鼓、胶东大鼓、东路大鼓、木板大鼓(河北)、东北大鼓、陕北大鼓、青海大鼓、苏北大鼓、温州鼓词、广西大鼓、安徽大鼓、湖北大鼓、长沙大鼓、江西大鼓、潞安鼓书、鼓儿词、鼓儿哼等。

(3)道情类:凡用渔鼓和简板为主要伴奏乐器的曲种均属此类。道情原为道士传道和募化时所唱歌曲,故名。初为徒歌,南宋以来出现了渔鼓伴奏。因此也称渔鼓或渔鼓道情。

道情以唱为主,以说为轴,也有只唱不说的。音乐各地不同,但大多仅有一支上下句或四乐句的基本曲调,反复演唱;节奏自由,带吟诵性。有的曲种音乐渐渐向板腔体发展,出现了散板、四拍子、二拍子等不同板式,有的大量采用当地其他曲种声腔,如四川西部竹琴唱腔多来自四川扬琴;有的则与其他曲种合流,音乐发展较大,并取消了渔鼓,如道情与莺歌柳相结合,成为如今的河南坠子。

过去,道情演唱为一人,左手斜抱渔鼓并执简板;近几十年新渐引入其他乐器伴奏,并运用不同音高的渔鼓伴奏,演唱人数有时也有增加。

道情类曲种大致有:河南坠子、河北渔鼓、神地道情、渔鼓坠、常州道情、温州龙船、渔鼓(安徽)、东路子渔鼓、江西道情、晋北道情、右玉道情、简板书、陕北道情、渔鼓(江苏)、宣卷(浙江)、龙舟(福建)、湖北渔鼓、沔阳渔鼓、宣卷(四川)、晋南道情、洪赵道情、院东道情、宣卷(江苏)、晋中道情、龙舟(广东)、洪湖渔鼓、四川竹琴、莲花、山东渔鼓、青海道情、道情(浙江)、木鱼、天门渔鼓、湖南渔鼓、广西渔鼓等。

(4)琴书类:因主奏乐器为扬琴而得名。

各种"琴书"的起源不一,其音乐大多由当地的戏曲、民歌演变而来。有些相邻地区的不同琴书曲种,主要唱腔基本相似。但由于各地的民间音乐、语音唱法润腔及伴奏特色的不同而形成了各自的风格。如山东琴书的〔凤阳歌〕(也叫四平调),具有浓郁的地方特色,而在安徽琴书中运用,由于渗入了尾音上挑,并用假声的唱法,赋予了特有的安徽风格。

琴书的表演形式深受南词、簧的影响。演出者不仅自兼乐器,并在唱腔唱法上还分角拆唱,即分行当、起角色,近似不化装的戏曲清唱。但演出过程中视需要,仍用曲艺特有的表现方法即以说书人的口吻来表述情节、描绘人物的内心活动。

琴书类曲种大致有:四川扬琴、山东琴书、柳琴、徐州琴书、云南扬琴、武乡琴书、打琴书、犁簧、翼城琴书、北京琴书、湖北琴书、豫北琴书、府谷琴书、常德丝弦等等。

(5)牌子曲类:是指拥有同宫或不同宫的若干曲牌,并主要以曲牌的连缀来完成音乐的表现形式。

牌子曲是继承宋元时期"唱赚""诸宫调"及明清以来兴起的"小曲"基础上发展起来的。牌子曲类各曲种所用的曲牌,许多名称相同。其中有的曲调基本一致,甚至表现同一内容,唱词也相仿,仅因唱法上不同而有风格上的差异;有的相去较远,不过仍从曲式结构、旋法等方面寻找出共同的渊源:有的则名同而实异。

牌子曲的演唱者或执手鼓,或持檀板,伴奏乐器也因地而异,一般北方以大三弦为主,南方以琵琶、二胡为主。牌子曲曲种大致有:北京单弦、洛阳曲子、聊城八角鼓、关中曲子、青海赋子马头调、大调曲子、西宁曲子、扬州清曲、四川清音、兰州鼓子等。

(6)走唱类:表演者边唱边舞,有大动作的走场,并且各曲种都有独特的表演技巧,如二人转的耍手绢和扇子、荡调的打莲厢(花棍)、三棒鼓的丢棒打鼓等。这些舞蹈动作都配合着唱的节奏,有的还加用锣鼓伴奏,生动活泼、热烈明快。

走唱类曲种大致有:二人转、莲花落、商锥花鼓、凤阳花鼓、三棒鼓、贵州花灯、荡调、丰县花鼓、来风花鼓、太平鼓、云南花灯、花鼓丁香、黄岩花鼓、天沔花鼓、湖南花鼓、四川车灯、蓬莱花鼓、襄阳花鼓、贵州花鼓、泗州花鼓、四川盘子、莲筲等。

(7)快书、快板类:大多只有一人自击竹板或木板伴奏,是一种有板无眼的长篇吟诵。这类曲种歌唱性虽然不强,但在表现中国语言的节奏、韵律方面却具有特殊的生动性。快书、快板类曲种大致有:快板、山东快书、翻身板、竹板书、毛竹快板、荷叶、太平歌词、白局、金钱板、木板快书(河南)、三才板等。

此外,中国少数民族的曲艺也很丰富,如维吾尔族的热瓦甫弹唱,藏族的析尕,蒙古族的好来宝(亦作"好力宝"),傣族的赞哈,白族的大本曲,壮族的唱师、蜂鼓、莫伦,哈萨克族的冬不拉弹唱,瑶族的铃鼓,苗族的果哈,彝族的四弦弹唱,傣

族的芒锣弹唱,侗族的琵琶歌,哈尼族的哈尼哈巴,朝鲜族的三老人等等。

5.2.1.3 唱腔体式

曲艺的唱腔体式与戏曲相似,有曲牌体、板腔体,以及曲牌与板腔兼用的综合体,但在具体应用上却另有特点。

(1)曲牌体:就是由音乐风格接近而格式不一的若干曲牌,在一个唱段中有机地联缀运用。

曲艺中用的曲牌来源有两个方面:一是从古代流传下来的,如宋朝的词调、金元时的北曲及清时的小曲。运用这类曲牌的曲种有北京的单弦,河南的坠子、山东的聊城八角鼓等;二是直接吸收运用各地民间流传的时调小曲,如天津时调、扬州清调、福州锦歌等;有些曲种则是上述两类曲牌兼用的,如单弦牌子曲等。

有些曲牌,吸收到曲艺里,由于长期运用,都赋予不同曲种的独特风味,而且还具有说唱化的特点,如运用说唱结合等表现手法。

曲艺中曲牌连缀体式,经常是这样的:一个曲种,大多有一个曲牌或数个曲牌作为该曲种的主调,并可将某个主调曲牌一折为二,用于唱段的头、尾,中间插入其他若干曲牌,构成一个套曲形式。例如四川清音《尼姑下山》,就是将〔月调〕一折为二,作〔月头〕和〔月尾〕,中间插入〔夺子〕等曲牌。这种套曲形式,仅限于传统曲目,现代创作曲目并不拘泥于此。

曲牌体在曲艺中也有单曲变化重复构成的段式,即用一个曲牌或一首民歌,变化反复演唱多段唱词,与分节歌形式相仿。

曲牌体的音乐,变化较多,音乐的对比性强,各个曲牌在一个唱段中运用、衔接得好,听来既统一又有变化,音乐色彩性也比较丰富。但曲牌选得不当,衔接不妥,也会产生凌乱和缺乏逻辑性等弊病。

(2)板腔体:就是在一个基本曲调(上下句或四句)基础上,通过速度快慢、节拍与节奏的紧宽、调性及旋律的变化来表现各种不同的感情色彩。所谓"板",是指各种不同速度的板式;"腔",是指旋律变化的腔调。板腔体式的唱词格式,以七字句为主,偶句押韵,平仄不那么严格,其他句式可说是七字句的变化句式。曲艺中的板腔体,经常运用各种垛句和说唱结合的形式,因此在文学与音乐的配合上更为自然生动,说唱性尤为强烈。属于板腔体的曲种很多,但所用的板腔名称并不一致。以京韵大鼓为例,其板式有慢板、紧板、垛板等,腔调有挑腔、平腔、起伏腔、预备腔、长腔、悲腔、甩腔、落腔等,根据唱词内容灵活运用。

板腔体曲艺的唱段布局大体如下:

①引奏:在大型唱段前,有个篇幅较长的器乐段作为引奏,其作用是定场静心,陈述意境。

②成块分段:大型唱段,根据唱词段落,常用成块分段的结构布局。各段大多用"起平落"的形式即由起腔—平腔—落腔组成(或省略起腔)。起腔是上句,音调上扬,具有不稳定的功能;落腔是下句,音调下行,具有相对的稳定性,平腔的旋律性不甚强而节奏变化多,尤其鼓词类曲种的操句,表现力比较突出。

③趋紧结束:在唱段结束前,速度逐渐趋紧,到一定高潮时戛然而止,尾奏篇幅短小,或者不用。

从板腔体的艺术经验来看,一个曲种的唱腔如果板式较少,那它的表现范围必定较窄,局限性大;反之,如果板式多样,则适应范围较广,局限性小,因为板式越丰富,唱腔旋法变化就越多,可使唱段布局更有层次,逻辑性强,音乐形象丰满。

(3)综合体:弹词类曲种多属此类,以苏州弹词为例,它以板腔体的基本书调(各种流派唱腔)为主,同时根据需要,还采用苏南一带的山歌小调,如〔费家调〕〔来富山歌〕〔乱鸡啼〕〔湘江浪〕〔金组丝〕〔银组丝〕以及从昆曲里吸收过来的〔点绛唇〕等,作为插用性的材料使用。

无论板腔体或曲牌体的唱腔音调,总是在唱词所规定的感情语势及句式结构基础上产生的,但由于音乐具有独特的抒情功能,能把唱词的内涵意义通过音乐的强调、渲染,更深刻更充分地表现出来,从而使听者获得生动美好的艺术感受。

5.2.1.4 艺术特点

曲艺是采用一人多角的表演方式,用写意的方法,以说和唱来表达故事情节塑造人物形象。曲艺中的说与唱往往是有机结合,说唱难分。苏州弹词老艺人说"说是没有音乐的唱,唱是加上音乐的说。"可见曲艺音乐既是音乐,也是语言的艺术。其表现特点大致有以下几点。

(1)说唱结合:说唱结合的"说",是有一定节奏的念通,或带有音调的吟诵。因此,说与唱结合起来非常自然。说唱结合有如下几种手法:

①半说半唱:在一句唱词中有说有唱,说唱难分。例如京韵大鼓《击鼓骂曹》。

例1.

1=F 4/4　　　　　　　　　　　　　　　　　京韵大鼓《击鼓骂曹》

X　XX ｜(5 5) 4 3 ｜X　X(4 3 6 1 2 ｜3　5 6)7　6 ｜
见　曹操　　　端然　正在　　　　　　　中　厅

3 - 5 1 2 ｜2 3 5 0 6 6 ｜6　X　X(0 3 ｜2 3)1 3 2 1 ｜7 ｜1 ……
坐. 那一种　　威严　煞气　　　　迥　不　同。

②说唱交替:说+唱+说+唱……交替进行。这种手法,常用于生动的叙述,如京韵大鼓《大西厢》中一段,描述俏皮活泼的红娘见到书生张生时的情景。其中的说,强调了语言的语调声情,唱则是自然语调的美化、夸张。因而听来说与唱是浑然一体的。

例2.

1=A (1/4)　　　　　　　　　　　　　　　　京韵大鼓《大西厢》

0 X　XX　X(3 2 1)X　XX　X ｜X X　XXX X　2 3 5 2 3　2 3 5 2
红娘闻听,　往里就走,　见张生　坐在床上,　趔里趔 当、 晃里晃

3　3 3 1 2　3 2 3 2 3 2 3 2 5 3 5 2 3　1　2 3　2 3 2 1 6 1　1(3 2 ｜
当、摇头晃脑、得不得不得不不好像　一碗汤,　哎,是一个人在念文章。

1)5　1 5　1　X X　X X X X　X　X X X X 0 X ｜
小红　娘　没气 假带着三分气, 这个意得　吧!

X X X　XXX XXX XXX XXX 2 5 2 3 2 5　5 ……
你看她　拧着眉、瞪着眼、发着狠、咬着牙、鼓着她的小腮 帮。

③似说似唱:这是运用地方语音的特点,根据感情需要,在字调、语气上加以润色,在节奏上加以变化,听来既是说,又是唱,方言特色体现得惟妙惟肖,而曲种特色也能充分体现。如下面两例,均用四川方言,前者是四川清音风格,后者则是四川金钱板的特色。例如:

例3.

1=E $\frac{2}{4}$

四川清音《尼姑下山》

5 53 | 0 35 | 5371 | 2 0 | 5. 6 | 5 5 | 1 2 | 2 0 |
(哎 呀 呀) 你 看 他, 聪 敏 伶 俐 顶 呱 呱。

例4.

1=♭B $\frac{2}{4}$

四川金钱板《秀才过沟》

5 61 5 | 1 (6) | 5 23 1 (6) | 3 36 3 | 1 1 2 |
有 一 个 秀 才 本 姓 吴, 外 号 人 称 死 啃 书。

5 16 3 | 35 66 1 | 3 3 1 1 63 1 | 613 1 6 | ……
诸 子 百 家 全 读 过,那 本《康 熙 字 典)他 也 背 得 熟。

曲艺是凭借语言来叙述故事的,故曲艺演员对字音声调及感情语气的处理极为重视。

中国汉语的每个字都有一定声调,如普通话语系的阴、阳、上、去四声,又因感情因素而引起的异音读法(语音学上称为"变调"),因此字音本身就含有音乐性。例如京韵大鼓骆玉笙(艺名小彩舞)唱的《林冲发配》中"使林冲……别"一段字调四声唱得很准。

例5.

1=F $\frac{2}{4}$ ♪=96

(似说)

5 1 | 5 (1 0) | 3 3 21 | 1 1 30 | 0 1 | 2 3 4 |
使 林 冲, 充 军 发 配, 手 拉 娇

稍渐慢

60 656 656 63 | 30 16 2 2 76 | 56 762 (72 72 5672) | 6) 6 2 4 5 |
妻, 就 在 那 十 里 亭 上 勃 别, 空 洒

6 1 54 2 | 321 15 51 | 1 3 5 23 2 2 1. | (6 5) 7. 2 6. 532 | 1 |
英 雄 泪 飘 零! (呵)

但接下去"空洒英雄泪飘零"一句的旋律进行,却未被字调所束缚,而是根据感情语气放宽腔幅,并在音调组合上有较大的波折,利用字调来美化音乐,用音乐来深化字义,将字调、音调、感情辩证地统一起来。

(2)节奏变化:说唱性唱腔,常将既定的词格节奏通过音乐节奏的变化来加强其生动性。主要有两种情形:

①节奏的紧松变化:如评弹《李双双》中"喜旺他定神对着双双看"这句唱词,就是在生活语言节奏上通过音乐节奏的紧松变化,将书中人喜旺当时既悔恨又不好意思的复杂心情形象地表露出来。

例6.

1=D 2/4 ♩=84

2 3 3 2 | 2 — | 1/4 2 | 2/4 (1. 3 23) | 3232 12 | 3 36 | 1 — | 3/4 1 — | 1/4 20 ……

喜旺他 定 神 对 着 双 双 看.

②节奏的闪让变化:所谓闪让,就是相对强拍上运用休止而成为强拍弱唱的意思。如下例第二、第三小节中的闪让变化。

例7.

1=G 2/4 ♩=80

6 2 1 1丶 | 0 3 16 0 1 | 1165 3 5 5 3 | 3 5 2 | |

我与你们 今生 今 世 可 不 能 再 见.

运用闪让节奏变化,能使词意表现得活泼明快,富于生活气息。

(3)声音造型:曲艺与戏剧的表现方法不同,戏剧演员是直接扮演角色来表演故事,曲艺演员则既可以以第一人称即书中人的身份来说唱故事,也可以以第三人称却说书人的身份间接地来描述情节、剖析人物。因此,曲艺演员在刻画不同人物时主要是通过不同声音的造型来表现的。比如苏州弹词演员蒋月泉唱的《战长沙》,一个开篇中出现两个人物——关公和黄忠,关公的威严厚重、黄忠的勇猛老成,就是用不同声音的造型来体现的。而在唱《莺莺操琴》时,又与《战长沙》中的人物不同,莺莺是个闺阁千金,妩媚纤细,蒋月泉运用柔美委婉的唱调,把莺莺思念张生而无限惆怅的复杂心情细腻地唱了出来。

有时在一个唱段中,为了体现两个截然不同的人物,在唱腔、唱法上不必受种流派唱腔的限制,比如弹词演员徐丽仙唱的《黛玉焚稿》,全篇是描述"好花枝冷落在大观园"的林黛玉,但其中出现了傻大姐。由于人物性格变异,故采用了不同的唱腔,并在声调语气、唱法润腔及速度方面都做了相应的变化,使傻大姐的形象得以充分展现。

不过曲艺音乐这种表现手法,又与戏曲完全进入角色——人物性格化的唱腔不同,曲艺音乐只是在统一的基调上有所区分即可。

(4)伴奏功用:曲艺的另一个显著特点,就是演员手不离乐器,分担伴奏的任务。比如南方的弹词,无论一人演出,还是两三人同台演出,各人都要兼带乐器,很少另设伴奏组。虽然北方的鼓曲、坠子等曲种专设伴奏组,但演员仍要掌握一两样节奏的乐器,如鼓、板等。由于演唱者自己掌握乐器,尤其是打击乐器,因而在唱歌时的节奏、速度变化就更灵活,感情的抒发也就充分自如。

所用乐器以弹拨乐和拉弦乐为主,偶尔也可以加些吹管乐,如笛等。用弦乐器音色柔和、音量适中,容易与说唱性的歌唱相合。

曲艺的伴奏人员虽然不多,也要负担制造气氛、烘托感情等任务。伴奏托得好,对唱腔的内容体现及演唱韵味能起绿叶衬红花的作用;托得不好,则会影响唱腔的表现力。因此,伴奏者与演员务必默契一致,心气相通。

从伴奏与唱腔的配合关系来看,常见的有如下几种:

①唱简伴繁:即伴奏在唱腔旋律基础上加繁伴托。如苏州弹词名家张鉴庭所唱的《芦苇青青·望芦苇》中一段,就是运用琵琶的加繁伴托,来增强唱腔的表现力:

例8.

②唱繁伴简：即唱腔旋律较繁，伴奏则是简化的方法，使唱腔和伴奏都听得清楚。如河南坠子乔清秀唱《马前泼水》中一段，就是用这种方法。

例9.

运用唱繁伴简的手法，能使说唱性的唱腔更能凸显出来。由于有简化的伴奏装点着唱腔，使唱腔具有一定的滋润性。

③垫补空当：就是在唱腔不间断的延伸处，根据情绪需要，伴奏做适当的垫补，以增强唱腔的连贯性。垫补空当的手法，可用在句中，也可用在句末，有时虽然只一个短小的音型，或者只用一个单音，便能起到"画龙点睛"的作用。如上面例子的《林冲发配》中第二小节第二拍的一音，颇具戏剧性，增强了词意的感情色彩。垫补空当的手法，还常用于腔尾拖长腔的地方，以增加活泼欢快等情趣，并能使音乐富有弹性感。

曲艺的伴奏乐器虽然不多，但以少胜多，充分发挥各自的独特性能。而且，伴奏与唱腔之间，或因感情需要，或因人声与乐器的特性不同而形成了丰富多样的复调组合。如上述唱简伴繁、唱繁伴简及垫补空当等都是。

关于简谱高低音的记法，只是用相对调高的高低而记。具体要用何调，可由读看自定。曲艺音乐的艺术特点十分丰富，以上概述了几个方面做参考。

5.2.2 京韵大鼓

京韵大鼓，中国曲艺曲种之一。由河北省沧州、河间一带流行的木板大鼓发展而来，形成于京津两地。河北木板大鼓传入天津、北京后，刘宝全改以北京的语音声调来吐字发音，吸收石韵书、马头调和京剧的一些唱法，创制新腔，专唱短篇曲目，称京韵大鼓，属于鼓词类曲艺音乐。中华人民共和国成立后，20世纪50年代初，在北京建立的中央广播说唱团、北京曲艺团等专业曲艺表演团体，先后在京韵大鼓推陈出新方面取得了比较显著的成绩。2008年，京韵大鼓入选第二批国家级非物质文化遗产名录。骆派京韵大鼓的优秀传人陆倚琴、刘春爱被认定为该遗产的传承人。

京韵大鼓主要流行于包括北京、天津在内的华北及东北地区,是中国北方说唱音乐中艺术成就较高的曲种,同时在全国的说唱音乐曲种中也占有相当重要的地位。

5.2.2.1 京韵概况

大鼓是中国土生土长的民间文艺,在北方广为流传。由于它的表演形式简便,叙唱的内容丰富,又加之语言生动,音乐优美,因而具有较强的生命力。20 世纪 30 年代始,有许多文学史家对它进行研究,并在史学专著中给予了应有的地位。1931 年,在陆侃如、冯沅君合著的《中国诗史》中把大鼓的唱篇《秋声赋》《风雨归舟》等引入了中国文学史,与唐诗、宋词、元曲并列。1933 年,李家瑞著的《北平俗曲》在国立中央研究院历史语言研究所出版,把民间的俗曲(大鼓)正式在国立学术机构做细致的学术研讨;1935 年,在郑振铎编的《世界文库》中,又将清乾隆年间的鼓词作为罗松窗的《西调选》和清嘉庆、道光年间(也有说是同治、光绪年间)韩小窗的《东调选》列入其中。从此,中国的民间鼓词作家与果戈理、巴尔扎克、托尔斯泰等世界著名作家并列齐名。之后,其他国家也有不少学者对大鼓进行探索研究,如日本的长泽规矩也先生、加拿大的石清照(取的中国名字)女士等。

现在,中国有不少艺术院校对大鼓音乐进行广泛的研究,这个土生土长的民间艺术已步入高等学府,登上了大雅之堂。

关于大鼓的起源众说纷纭。有人认为:大鼓书的出现"至多不过二十几年"(胡怀琛《中国民歌研究》)。这一说法可能是依据 1906 年刘鹗写的《老残游记》中所提到的梨花大鼓推测而来。因为大鼓的正式立名约在清朝中叶。清同治年间的《都门纪略》中有"弹弦打鼓走街坊,小唱闲书急口章"的记述。说明那时的"弹弦打鼓还处于"走街坊""急口章"的阶段。至于京韵大鼓实乃是清末的产物,原称京音大鼓,是在木板大鼓基础上发展起来的。原来的木板大鼓是河北省河间府的贫苦农民打板击鼓,农闲时在乡村庙会里说说唱唱,以此来求得微薄的生活来源。

清末,木板大鼓艺人陆续进入天津、北京、保定等城市演出,因当时的艺人说唱带有河间的土音怯味,故又被称为"怯大鼓"。在天津演出时得到发展,又曾称为"卫调"。清末民初,正式定名为京韵大鼓。

在天津、北京等大城市演出,有机会多方交流,不断吸收清音子弟书、京戏唱腔、梆子腔和其他说唱艺术,木板大鼓艺人胡十、宋五、霍明亮等对它进行改革,后又有刘宝全(1869—1942)、白云鹏(1874—1952)、张小轩(1876—1945)等唱家和名弦师韩永禄、白风岩、霍连仲等做了较大的发展:改用北京语音说唱;除了三弦外又增加了四胡伴奏;创编了若干新的曲目……于是形成一种新颖独特的曲艺艺术——京韵大鼓。后来演唱上又产生了刘(宝全)派、白(云鹏)派、张(小轩),刘派的流传最广,刘宝全被誉为"鼓界大王",其弟子白凤鸣又发展出"少白派",宗刘派的骆玉笙(小彩舞)则发展成当代著名的"骆派京韵"。

京韵大鼓的唱腔音乐不仅在中国流传,现在在国际文艺舞台上也经常演出。如京韵大鼓表演艺术家孙书筠于 1984 年到美国访问演出,获得了国际友人的热烈欢迎;1985 年又到加拿大多伦多大学东亚系讲学,向国外学者系统地讲授了中国的鼓曲艺术,得到了高度的评价,使中国的鼓曲音乐在许多国家产生了深远的影响。

5.2.2.2 自由诗体

京韵大鼓的词格虽近似上下句式的诗体,但因它说唱性强,因而词格的变化更为灵活,但非散文,却有韵律,即有规则的自由诗体,这点比苏州弹词更为灵活。常用的正格句式有二、二、三结构的七字句式。如:

大雪　纷飞　严冬天,
朔风　呼啸　撼山川。

(《逼上梁山》)

四字结构的八字句式,如:

未曾开言　珠泪双流,
岳父容我　细说分明。

(《林冲发配》)

在上述两种句式基础上加以变化,如

(只怕是)今生不能(与)令媛团聚,
(我有意)立纸(啊)休书莫误(她)前程。

上例是四、四句式,(只怕是)(我有意)是句前"加帽",(与)(啊)(她)是句间的衬字。

　　京韵大鼓还用句间加垛。京韵大鼓的句间加垛方式多样,且显得灵活生动,例如《逼上梁山》中:

第一句　有一人　冒风雪　步蹒跚　戴毡笠　红缨颤　枪挑葫芦　腰悬剑

第二句　豹头环眼　怒气冲满　眉宇间

第三句　他就是　遭屈被害　满腔仇冤　充军发配　沧州关

第四句　豹子头林冲　来到山神庙前

　　以上四句,第一句是三字加垛,第二句是四字加垛,第三句也是四字加垛("他就是"是句前"加帽"),第四句是由前五字和后六字组成。可见京韵大鼓的句式变化是十分多样的,其唱腔的节奏抑扬顿挫、灵活多变。

　　京韵大鼓词格的多样性,在曲艺音乐中可以说是首屈一指的。它的文学唱词与说唱性唱腔的有机结合,有其独到的妙处。

　　下面再列举刘宝全演唱的《大西厢》中一段近似散文而押韵的长短句式,听来音节多变,流畅明快,将机灵俏皮的红娘形象表现得栩栩如生。现将这段唱词摘录如下:

　　我低言巧语(呀)可又把我的红娘叫,小丫鬟就答应了一声走进了绣房。哟!我说我的姑娘您老人家是喝酒吧?再不然可是用饭?您要不爱吃烙饼(啊)我给您老做上一碗汤。您要爱吃酸的给您多多地加上点子醋,要好吃辣的咱们多切姜。(哎哟)我的姑娘,您要嫌咱们家的厨师傅他做的饭不大怎么得味,小丫鬟我(呀)就挽挽袖子带上个围裙我下趟厨房。我给姑娘(啊)您老做一碗甜滋滋、淡不唧儿辣丝丝、又不咸得儿又不淡八宝一碗油苏菜,端在了绣房(哎呀)我的姑(哎)娘您尝尝……

　　另外,在词的写作中还常用游戏性的写法,也颇有情趣。例如用顶真格、重句格、嵌字格的写法。

　　顶真格:就是将唱词前句的末字与后句的首字用相同的字,有时也可借用音同字不同的字。如:

　　山藏青云云照山,山藏古洞洞靠庵。庵观紧对藏仙洞,洞旁松柏甚可观,观音堂盖在山中间,润下水响雷一般。般般果品树上长,长在树上甚是新鲜。仙人摘果树下走,走进修仙洞里边,边山一带好景致,雉鸡鸟飞遮满天,天边俊鸟来回串,穿花蕊的蝴蝶蛱玉兰……

(《层层见喜》)

129

重句格:就是每句唱词用重句词。如:

"绣鞋儿一面藏一面露,纤手儿一只儿舒放一只儿横。小枕儿一边儿垫起边儿靠,书本儿一卷儿抛西一卷儿抛东。乌云儿一半儿蓬松一半儿绕,孤拐儿一个白来一个儿红。"

(《贾宝玉问病》)

嵌字格:就是每句中都嵌一个相同的字。例如《八爱》这个唱篇,总共只有八句,而每句中都嵌一"爱"字:

"花明柳媚爱春光,月朗风清爱秋凉,红粉的佳人爱才子,白发双亲爱儿郎,行善之人爱节烈,英雄到处爱豪强。爱人海长流水,虎爱高山涧峡藏。"

这些诙谐取乐、颂山歌水等游戏性的唱词写法,对形成幽默明快、说唱结合的京韵大鼓唱腔起着直接的作用。

从上述可见,唱词的写法与唱腔的格调是相互影响,互相配合的。

下面谈谈押韵问题。

北方曲艺大多是用北方语系的十三个韵部。北方话凡是韵母的主要成分相同或相近(包括韵尾相同)的字,都成为一个韵部。如《剑阁闻铃》第二句末字的"名"(ming),第四句末字的"情"(qing),第六句末字的"铃"(ing)。

一个唱段常是一韵到底,如果为了感情转折需要,中间也可换韵。

中国地方语言十分复杂,韵类归纳很难一致。但用于艺术,可划分为两大类型,即吴、闽、粤等南方一类,北方语言一类。用北方语言的地区占全国百分之七十以上。因此,这里就借用北京语音的京韵大鼓为例,说明曲艺中用韵的一般规律。

5.2.2.3 音乐结构

京韵大鼓的唱腔是以上下句变化反复所组成。这变化之中是有其规律可循的,有的腔调还定格取名;又有〔慢板〕〔紧板〕〔垛板〕之分;在总体布局上是采用起平落的结构。概括地说:京韵大鼓唱腔六腔、三板、起平落结构。

六腔:

①平腔——平腔是在生活语调基础上予以夸大,音乐化,它是叙述性的唱腔,因而旋律跨度不大,一般在八度左右。平腔是京韵大鼓唱腔的基础,其他唱腔是从它那里衍化出来的。

②挑腔挑腔有上句和下句。大的挑腔上句常用于全段的第一句,用来发挥演

唱的技巧和提携全曲、惊住听众的作用。挑腔下句常用于唱段中间情节激动之处，如《林冲发配》的"统治压迫罪难容"就是下句挑腔。

③长腔——顾名思义是因它的拖腔很长而得名，为上句。长腔一般用于沉思、柔情之处，因此所用音区较低，行腔缠绵委婉。

④甩腔——也称甩板，是下句腔，用于唱段中间的大段落处，也可用在整个唱段的结束处。甩腔所用音区广阔，有时跨度可达二十度上下。它的旋律进行跳动大，变化多，其显著特点是尾腔部分直往下行到最低音。

⑤预备腔——又名拉腔。所谓"预备"，就是落在很不稳定音上，预备紧接甩腔。当然，在用腔前也不一定都要用预备腔。预备腔与用腔的紧接，是音乐上一种不稳定的衔接方式。

⑥落腔——是下句腔，用于唱段中间的小段落处。它的拖腔虽然也往下行，但篇幅不大，与甩腔有别。

上述六种腔调，除平腔外，都用在〔慢板〕之中。

三板：

①〔慢板〕——是4/4节拍，称为一板三眼。字位节奏是"眼起板落"，就是唱词的第一字在第三拍或第四拍(眼)上起，句末一字则在第一拍(板)上唱出。

〔慢板〕的旋律变化多，善于抒情，在表情达意上具有特殊的功能。由于速度慢，又能插用各种腔调，所以〔慢板〕的表现性能是很强的，而且富有韵律美。

②〔紧板〕——是1/4节拍，称为有板无眼。字位节奏是闪板起正板落，就是唱词第一个字在后半拍起，句末一字在强拍上唱。紧板的节奏紧凑，富于戏剧性。由于速度快而只宜唱叙述性的内容。

③〔垛板〕——是2/4节拍，称为一板一眼。〔垛板〕实际上是与垛句结合起来的。垛句是一种句式短小(常是三字、四字或五字)、并列排比、连续出现若干句的唱词格式，其唱腔是种口语化较强的叙述性腔调。例如《林冲发配》中"施毒计用奸谋、使林冲、充军发配"就是垛句所构成的〔垛板〕，〔垛板〕不能独立成段它必须附插在〔慢板〕或〔紧板〕之中。

起平落：

个唱段根据唱词内容需要，可选择各种腔调或不同板式，然后运用起平落的合理布局，使平面的文学唱词成为有严密逻辑性与善变灵活性相结合的立体化歌唱艺术。这样,能使听者随着唱腔的层层进行,逐段细致地聆听唱词的内容。京韵大鼓的唱段一般比较长,于是经常采用局部分段的方式,使丰富复杂的内容有段落有层次地展开。这种要求是运用起平落的布局来达到的。

　　京韵大鼓演唱的内容取材面广,有表现古代金戈铁马的战争题材,如《水浒传》《三国演义》等;也有演唱柔情缠绵的爱情故事,如《长生殿》中唐明皇与杨贵妃、《红楼梦》中贾宝玉与林黛玉的爱情生活;还有描述山水景致、生活场景的如《丑末寅初》《百山图》等。20 世纪 50 年代起创作了不少现代题材的曲目,如《黄继光》《向秀丽》《重整河山待后生》等,把传统艺术的美与今天时代的美结合起来,使京韵大鼓得到新的发展。

　　5.2.2.4 名段学唱《丑末寅初》

5.2.2.5 名段学唱《重整河山待后生》

44. 重整河山待后生

电视剧《四世同堂》主题歌

林　汝　为 词
雷振邦、温中甲、雷蕾 曲
骆　玉　笙 演唱

1=G $\frac{4}{4}$
稍慢　高亢、悲壮自由地

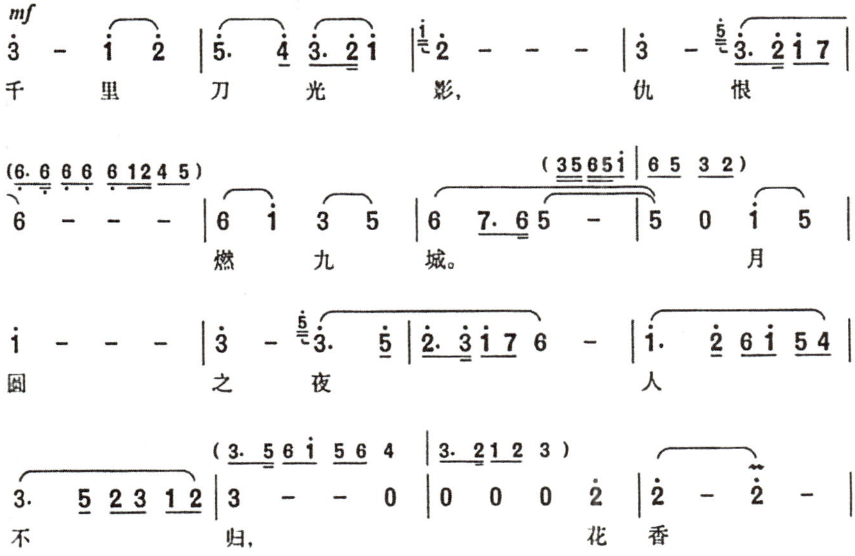

5.2.3 京东大鼓

京东大鼓是一种采用京东方音说唱表演的曲艺鼓书、鼓曲形式。主要流行于河北廊坊、承德、保定、唐山、北京怀柔和天津宝坻一带。

京东大鼓约形成于清代中叶，在不同时期和不同地方有过不同的称谓，如京东怯大鼓、乐亭调、平谷调大鼓、平谷调等。表演时一人站唱，左手敲板，右手击鼓为节，旁有乐师伴奏。京东大鼓经典剧目主要有《王婆骂鸡》《耗子告猫》《大八义》《送女上大学》等。

京东大鼓是中国北方京东一带人民喜闻乐见、颇受喜爱的曲艺形式，无论天

涯海角,一听到它的旋律,必然会勾起无尽的情思乡亲,是京东地区人民的文化载体。2006 年 5 月 20 日,河北省廊坊市,天津市宝坻区申报的京东大鼓经国务院批准列入第一批国家级非物质文化遗产名录。

名段学唱《长征》

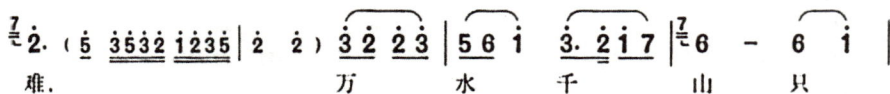

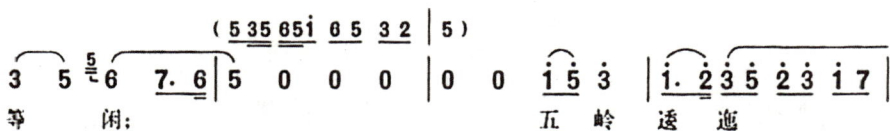

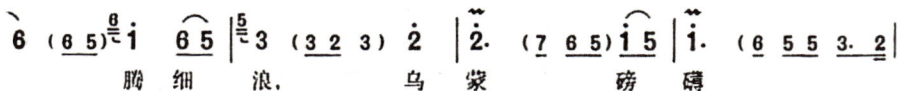

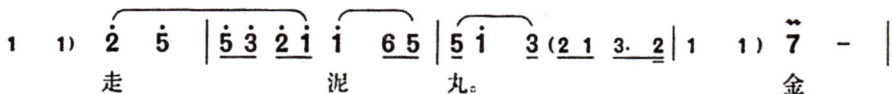

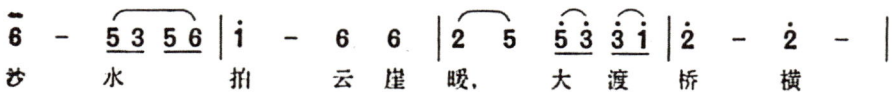

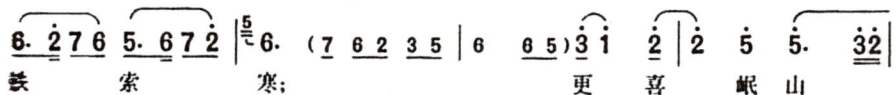

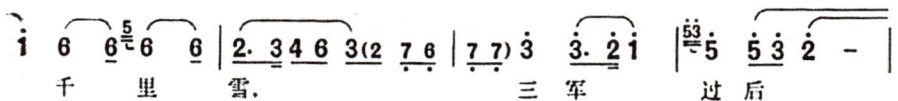

5.2.4 天津时调

天津时调是中国天津曲艺中最有代表性的传统曲种之一,它用天津地方语的字音演唱,内容通俗易懂,腔调高亢爽朗,具有浓郁的天津乡土气息。其表演形式为一人或二人执节子板站唱,另有人操大三弦和四胡等伴奏。除少数曲目二人对唱外,多为一人独唱,伴奏乐器为大三弦、四胡、节子板。唱腔有靠山调、老鸳鸯调、喇哈调、落尺时调等。句式以 7 字句为主,有长短句相间;板式有慢板、中板、二六板和垛子板等。初为船夫、搬运工人、人力车夫等人的业余演唱,其曲调非常丰富,包含许多天津地方民歌小调和外地流入天津的曲调。

2006 年 5 月 20 日,该曲种经国务院批准列入第一批国家级非物质文化遗产名录。

5.2.4.1 历史溯源

清末民初以来,流传于天津(主要在船夫、搬运工人、手工业者、人力车夫中传唱)。它渊源于明清以来天津时调的时调小曲,又和很多地区的民间小调有密切关系。天津时调除《要婆婆》等少数二人对唱节目外,大多是一人独唱,伴奏乐器是大三弦以及四胡、节子板。它的腔调有"靠山调""老鸳鸯调""新鸳鸯调""喇哈调""落尺时调""落五时调"等。另有外地传来的"探清水河""怯五更""下盘棋"等小调。天津时调唱词句式有以七字句为主的,有长短句相间的;板式有慢板、中板、二六板和近于数唱的"垛子板"、如"靠山调"中的"大数子"等。它的语音声调有浓厚的乡土气息。天津时调的传统曲目反映了天津人民的生活风貌。其中有欢快的《踢毽儿》《放风筝》;也有悲凉的《光棍哭妻》《后娘打孩子》;还有相当多的反映妓女悲惨遭遇的《秦楼悲秋》等。它最初只是人们劳动之余的演唱活动,20 世纪 20 年代以来有了职业歌手,有的在地摊、茶棚中演唱,常唱一些反映时事的曲目,如《民国六年闹大水》《直奉战》等。最早登台演唱时调的是兼演京韵大鼓的女演员赵宝翠,其后有高五姑、秦翠红、赵小福、姜二顺等著名演员。中华人民共和国成立后,天津演员王毓宝与弦师祁凤鸣等人一起对"靠山调"进行了艺术革新,丰富了唱腔旋律,增添了笙、扬琴等伴奏乐器,创作和改编了《摔西瓜》《红岩颂》《春来了》等新曲目。

20 世纪初,随着曲艺在茶园、茶楼演出的兴盛,逐渐出现了一些专业或半专业的时调女艺人。如赵宝翠(又名大宝翠)、高五姑和外号"棒子面"的秦翠红等。其

中高五姑,出身娼妓,赎身后以演唱为业秦翠红。她演唱的时调,20年代就已誉满津门,许多新老茶园都争相聘请她去演唱。她根据自身嗓音条件,创出一种"疙瘩腔",如《放风筝》《光棍哭妻》《青楼悲秋》等。

在20世纪50年代前,享誉盛名的时调女演员还有姜二顺和赵小福。常在茶园演出的女演员还有王银宝、杜顺喜、刘翠英、张少卿、尹凤兰、周翠兰、赵双喜、王毓宝、魏毓环、二毓宝等。

天津时调为一人或二人执节子板站唱,另有人操大三弦和四胡等伴奏。曲调丰富,包含许多天津地方民歌小调和外地流入天津的曲调,具有浓郁的乡土气息。

5.2.4.2 艺术特色

天津时调是天津土生土长的一种传统曲种。其原名叫"时调",源于下层社会流行的民歌、小调。如有来自手工业者自编自唱的"靠山调";有来自于青楼妓院的"鸳鸯调"(俗称"窑调");有胶皮车(人力车)的车夫们,在劳累之余,坐在自己的车簸箕上哼唱的一种"胶皮调"和来自民间生活的"喇哈调"等。靠山调,大约生于清同治末年或光绪初年,绱鞋作坊里的工匠每当日落时,坐着小马扎(用木条或木棍交叉组成支架,坐处用帆布带绷扎而成),背靠房山自编自唱的一种曲调。内容多是抒发内心的感慨与忧愁。这种小调,被人们称之为"靠山调"。后经演唱者不断完善,创造出新的曲牌,如"悲秋调""解忧调""怯五更调""小五更调""反正对花调"等,这种所谓"九腔十八调",成为"靠山调"的基本调式。喇哈调("喇哈"为天津土语,指做事不认真),是由流行在河北和天津一带的民歌小调"糊涂调""撒大泼"等演变而成。此调的旋律以天津方言为基础。因字行腔、拍节也是一板一眼,常以对唱的形式出现。像《要婆婆》《要女婿》等都是传统的名唱段。这些小调先后流传到妓院,经过青楼妓女们的哼唱,又被称之为"窑调"。后来经过文人和歌妓们的改编革新,形成了时调。

时调在词句、腔调和板式等方面都与其他曲种有别。它在词句上,全篇最多不过五六十句,甚至只二三十句,就能把整个内容表达出来;唱腔上,周而复始地反复唱定型的曲谱;板式上,只有慢板、二六和快板三种。词句的规律是四句为一番,每番第三或第四句后面加一衬腔,即"哎哎哟"。唱词有七字句或五字名,可以加"三字头"或衬字,句尾多押平声,以阳平为合格(因天津话多为阳平)人这种格调多用于靠山调。时调的"数子"不分头尾,都可用五言句,且也不限于四句为一番。

可根据情节分成几段。喇哈调则不受句、番数的束缚。在节奏方面，靠山调是慢板，数子是快板，喇哈调是二六板。在演唱上，靠山调是唱，数子是说，喇哈调是半唱半说。艺人多是从事搬运及手工业的工人和车夫、轿夫、瓦木油漆工匠以及绱鞋、剃头行业的劳动人民，被称为时调的"票友"。每年农历七月十三日的罗祖诞辰和七月十五日的盂兰盆会，都是时调票友们大显身手的时机。

总之，天津时调的腔调豪放，演唱时爽朗泼辣，不拘谨滞涩，很能表达天津人的性格和情感。

5.2.4.3 发展历程

旧时，时调被认为是不能登大雅之堂的俚曲，仅在民间的街头巷尾流传，每当端午节前后开始，直到重阳。

清末民初，时调已在天津四个地区盛行，并出了不少擅长时调的民间艺人。这四个地区是：俗称"北溜儿"的宜兴埠和丁字沽一带；河东的沈庄子和郭庄子一带；西头的西城根和西北角一带；城里一带。其中以城里最为兴盛，持久不衰。

罗祖是理发行业的祖师爷，为了庆祝罗祖诞辰，理发师们都要放假半天，吃捞面，还要邀请票友们演唱时调。这一天，全城大小的剃头房和剃头棚，到处都可以听到时调的演唱声。农历七月十五，津俗谓之"鬼节"，是日要举行盂兰盆会。晚上放河灯的同时，还有由时调票友们轮番登场演唱时调，成为群众演唱时调的盛会。

中华人民共和国成立后天津时调做了革新，丰富了唱腔旋律，增添了笙、扬琴等伴奏乐器，创作改编了《摔西瓜》《红岩颂》等新曲目。天津广播曲艺团邀请曲艺工作者对时调的历史渊源和艺术特色进行了研讨，并正式定名为"天津时调"。在时调改革和演唱过程中，著名曲艺表演艺术家王毓宝做出了重要贡献。她对传统唱词、唱段及唱腔进行了净化、筛选，清除了糟粕，净化了舞台；搬走了过去舞台上千篇一律又妨碍演员表演的长方桌；在乐器伴奏上，除原有三弦、四胡外，又增加了扬琴和笙等吹打乐，使曲调显得既欢快，又和谐，烘托了气氛；改变了伴奏方法。过去演员出场，走到台口的桌子后面，三弦才开始起奏。改革后的乐队，随着演员的出场，即开始伴奏。当演员走到台口时，前奏已达到尾声，制造了一种较好的舞台音乐气氛；此外，还根据演唱内容的分段、间隙，增加了间奏。以上一系列的改革，一直沿用至今。

国家非常重视非物质文化遗产的保护，2006年5月20日，该曲艺经国务院

批准列入第一批国家级非物质文化遗产名录。

5.2.4.4 名段学唱《秋景》

王毓宝 演唱
东 安 记谱
中国唱片：M-110乙面

1=E $\frac{2}{4}$ $\frac{4}{4}$

♩=64

（乐谱）

天 啊 凉 了. 寒 哪

虫

6 课题的研究过程

1.加强学习理论知识,提高认识水平。

2.组建课题组,确定实施步骤。

前期调研—收集资料—课题论证—课程实施—汇报演出—反思调适—总结分析—汇报演出—形成报告—课程实施。

3.开展研究工作,注重课题研究的实效性。

4.凝练研究成果,使课题成果在今后教育教学中有效转化。

通过研究,能够使鼓曲艺术真正融入学生当中,教师能够在课堂中有效开展传统音乐教育,组织开展互动内容、延伸内容、扩展内容,实现文化融合、精神建构,富于研究性和创造性,促使教师把研究看作是专业发展的有效途径,全面体现教师就是教育研究的主体,以此为音乐教学的发展服务。

7 课题的实施步骤

整个课题研究分为前、中、后三期。

1.前期研究的主要内容

(1)分析课题,细化目标。

(2)有请天津曲艺团的艺术家们介绍鼓曲艺术、表演经典唱段。

(3)调查问卷、收集、阅读、研究相关材料。

(4)撰写开题报告。

2.中期研究的主要内容

(1)渗透鼓曲艺术到各校音乐课堂,设计不同的教学设计并与平行班进行对比。

(2)查找问题,整改推进。

(3)把修改后的教学方法应用于课堂教学,进行进一步的试验。

3.后期研究的主要内容

(1)整理研究材料,撰写论文。

(2)推广经验,演出形式展示成果。

(3)邀请专家,评估课题。

总结,对研究的成果进行汇总,并逐步推广成功案例,为高中传统曲艺——鼓曲进课堂提供借鉴。

8 课题的研究效果

《浅谈将传统音乐文化融入高中音乐课程》获市级"创新论文"三等奖。

《地方特色课程"鼓曲艺术"的实践与思考》获天津教研工作创新主题教研年会论文评选三等奖。

《鼓曲传承在高中音乐教学中的实践与思考》获天津市中小学第十七届教研

教改成果市三等奖。

学生视频《十字西厢》在津门曲会开幕式上展示。

学生视频《丑末寅初》在第一届全国戏曲展演开幕式上展示。

学生作品《丑末寅初》《雷锋精神代代传》在中华大剧院演出参加第一届"中外人文交流小使者"戏曲展示活动。

9 课题研究的结论

和其他姊妹表演艺术形式相比,曲艺有自身的独特性,也有自身的局限性。与戏剧相比,戏曲表演包括"唱、念、做、打"多种表现形式。京剧作为国粹,其唱腔是多种戏曲曲调的融合,艺术价值高,传播范围广。再加上电视媒体广泛传播,国家支持的力度,京剧专业教育也遍地开花,缺点是对演员和听众要求高,学习难度大。传统剧目占演出的绝大部分,听众的年龄层普遍偏大,京剧的演出市场没有相声二人转评弹火爆,说明其普及的可能性和可行性都是比较低的。地方戏有广大农村的演出作为支撑,唱腔唱词通俗易懂,容易学好上口,传播速度快。但受方言的影响,传播面窄,地位较低。话剧从"小剧场"改革争取观众,现在又朝着大众喜剧的路线狂奔,收到一定成效,而且话剧从来不缺乏教育,其高等教育是发达的。但是它与影视的相近性导致技艺的区分度很小,话剧属于舶来品缺少传统文化色彩也使它的传播没有那么受关注。

9.1 曲艺传播的优势

1.演出场所多样化,演出形式简便灵活

汉代的宫廷、广场,唐代的府邸、寺庙、路歧、宋代的勾栏瓦舍,明清的撂地、茶楼、戏园、堂会以及后来的书场、电影院、歌舞厅、夜总会等等各种名目,听众随意自在,身心放松,不受拘束。曲艺或有说有唱,或只唱不说,一人多角,演出形式简便灵活。说唱台词多用白话,通俗易懂又蕴含传统韵味,或余音绕梁或回味深长。当下遍地开花的茶馆和新兴娱乐场所说明,曲艺具有顽强的生命力和极强的适应能力,是最泛群众化的且容易传播的一种传统艺术。

2.曲艺是"活体"艺术

相对于戏曲艺术的"旧",曲艺是常新的。这是因为戏曲曲牌、板式变化多,创作难度较大。相比之下,曲艺因其有相对固定的曲调,可以根据需要实时创编唱词,更新速度快,更加顺应时代需要。相对于戏曲艺术的夕阳性质和受保护状态,曲艺潜伏着许多主动创新发展的条件;相对于戏曲受众的老龄化,曲艺受众则是日益的年轻化。对天津相声茶馆的调查文章显示,茶馆中听相声的20~40岁年轻人群占有越来越多的比例,保守的估计也超过半数以上。这种情况相对于二三十年前变化很大,而戏曲观众的年龄层则没有这种变化。其原因之一是曲艺的题材和表演形式能与时俱进,贴近观众的生活,能够引起共鸣,现场互动积极,气氛热烈,使曲艺艺术的传播带有现代艺术提倡"分享"的"鲜活"的特点。

3.曲艺门类的选择

曲艺的门类繁多,我们在选择过程中考虑到:①有地方特色,适合课堂教学的;②有一定品味和艺术性的;③易学易懂,收效快便于展示的。

从这几点出发,我们选择了大鼓作为尝试项目。鼓曲是北方曲艺的代表门类,京韵大鼓和京东大鼓是津京地区主要流行曲种。京东大鼓活泼俏皮,四句一甩板简洁潇洒容易掌握,唱词贴近生活语言幽默诙谐。表演时亲切自然,像是在和听众拉家常,感染力强,学生学习可以在短时间内见成效。而京韵大鼓唱腔在木板大鼓唱腔上发展而来,融入了京剧的表演程式和身段,唱词雅致,演唱时讲究语气和韵味。流行多年来,京韵大鼓形成多个流派,唱腔各有所长,满足学生深入学习的需要。

无论是京东大鼓或是京韵大鼓,学生并不陌生,在生活中或多或少都有过接触。相对戏曲而言,教学准备不复杂,对场地、伴奏等要求较少。唱词或轻松活泼,或细腻雅致,题材大都是写景抒情、讲述历史为主,与其他曲艺门类比较,选择面广,更能与文史类学科相通,促进学校学科之间的融合,寓教于乐。

9.2 曲艺教育普及的优势

在曲艺、京剧、各地方戏、杂技等传统艺术形式中,曲艺是学习门槛最低的,这样说并没有贬低曲艺的意思,而是说明为什么曲艺是产生最早、范围最广、最有群众基础、最易于普及的民间艺术。

第一,它对基本功要求相对随意,不像戏曲那样受到年龄和嗓音条件乃至形

体条件的极大限制。有的人学了多年,在京剧或地方戏只能做票友,而在曲艺完全可以进场子演出。

在曲艺进校园活动中,我区将天津市第五中学作为曲艺传播试点。高三的王榕彬同学就是我们从鼓曲课程中发现的京韵大鼓好苗子。经过两年多的学习,王榕彬同学多次登上市区级的舞台,并在2019年天津市第二届青少年中华优秀传统文化艺术展演中获青少组曲艺杂技类一等奖。2020年,他又参与了天津市曲艺团五一特别节目《春正好》的录制。现在王榕彬同学已确定了将鼓曲艺术作为今后专业发展的方向,也可以说,鼓曲的学习为他打开了通往艺术之路的大门。

第二,从投入产出比来看,戏曲的投入是很高的,除演员和伴奏以外,编剧、调度、灯光、服装、舞美、龙套、道具缺一不可,可谓辎重部队,学习难度高,学习周期长。而曲艺是轻骑兵,形式短小精悍,机动灵活,投入的财力和人力都比较经济。而且学习周期短、成效快。正因为这一点,相声、快板、快书等曲种在中小学和部队里得到普及且收效甚好。

第三,曲艺表演形式多变,百人百种演法,创新是常态,可以根据不同人群、不同环境进行即兴创编,容易引起共鸣,达到很好的演出效果。相比创编难度高、表演艺术性高的戏剧来说,曲艺更容易在非专业场所普及。这也说明曲艺作为传统艺术的一种在普及教育方面上有着自身的优势。

9.3 曲艺教育普及的人群主体应该以高中生为主

随着传统文化进校园的热潮,曲艺、京剧、昆曲进校园活动一直被关注,但只是传播的层面、非遗宣传的层面,而不是普及的层面、教育的层面。

说到普及曲艺的主体,早先的提法是从娃娃抓起,而且也有曲艺人尝试着坚持着做着,将曲艺引入高中音乐课堂,以课程的方式开展。高中阶段是成人前最为活跃的时期,心理上逐渐走向独立,对新鲜事物接受能力强。在高中阶段推广曲艺艺术,有以下几点考虑:其一,高中年龄段学生思想活跃,容易受外界影响,传统艺术感染力可以引导学生感受传统文化之美,提高学生审美情趣;其二,艺术可以调节情绪,高中阶段面临高考压力,利用课余学习传统艺术能够通过表演表达自己的情感,宣泄不良情绪;其三,学习期间同学们可以互相切磋增进同学们之间的友谊,增强自信心。

有的人可能会担心高中生,正处于青春期,对外来文化的喜爱更强烈,会瞧不上曲艺。通过实际调查情况却是相反的,其中一个较大的区别是他们在宽松的文化环境中成长起来,对艺术没有过去那种"俗"的"不登大雅之堂"的偏见,相反的现在的高中生非常热爱草根文化,推崇大众文化和娱乐精神。所以如果在高中生中开展曲艺教育和普及曲艺,也会影响到全社会对曲艺的认识。

虽然传统艺术渐行渐远,但是在文化软实力日益强大起来的今天,传统艺术的价值观重新被认识,高中生们对传统艺术的热情正在慢慢燃起,了解曲艺,渴望传承和学习曲艺的要求正在与日俱增。

10 课题研究中反思和后续工作

10.1 开课需求和条件

鼓曲作为传统文化中重要的门类,随着中国特色社会主义进入新时代,如果能结合期自身艺术特点,不忘初心,根植群众,与时俱进,在唱词和表现形式上创新发展,定能在高中音乐教育普及上取得长足发展,对传统文化的繁荣兴盛起到一定作用,让年轻人通过学习坚定中华民族的文化自信。

现阶段,我市高中又迎来了新一轮的课程改革。在2017版普通高中音乐课程标准中,对高中音乐选修课程有了新的方案,学校可根据自身办学理念和学生兴趣爱好、学业发展、生涯规划及当地特色文化资源、民间艺术传承等,由学校确定开设课程。我区音乐教研员与天津市曲艺团特聘教师们一起制定了针对高中学生的鼓曲选修课程内容。通过创建高中音乐学科(传统艺术——鼓曲)选修课程,我们想做一种尝试,不但要传唱经典,还要推陈出新,使鼓曲与学生日常相结合,使曲词与新时代相呼应,用艺术树立学生的文化自信。

为完成此课题,我们要提升老师的教学方法,提升学生的认知水平,寻找鼓曲艺术的活力,从而传承和发展鼓曲艺术。

10.2 鼓曲课程构想

构想中作为素质教育的曲艺课程,要有第一课堂和第二课堂。

1.第一课堂

以高中地方特色课程进行开展学习。

有两种课型,先要有对曲艺知识全面介绍的大课,即曲艺基本知识(理论)课,主讲可以是对曲艺有所研究的音乐教师,但是要聘请专业或者一线的演员到课堂授课,而且要占到相当大的比例,让同学们感受到什么是真正的曲艺。然后聘请专业人士为有兴趣的学生开设专业技能课的课型。曲曲技能课教学目标是教会学生几段曲艺曲种的唱段。通过一学期的授课,能够形成节目进行表演。

2.第二课堂

曲艺演出进校园。

把曲艺专业学生请进来为第一课堂的学生表演,座谈和互动交流,促进课外学习。学校可以作为曲艺专业学生的实习基地,对曲艺专业教育也有促进作用。

3.搞好调研和制定规划

鼓曲课程的开展作为长远目标,如果投入实施前一定先要搞好调研,学生的意愿、需求和兴趣点,教师的来源和意愿,学校各部门的态度,资金的数额及分配等都需要有从实际中来符合实际发展的调研数据,进行项目可行性和持续性发展的论证,为中国曲协和国家有关上级部门提供发展曲艺素质教育的计划。

我们要抓住历史的机遇,多元化发展曲艺传播和教育,让高等曲艺教育(包括素质教育和专业教育)结出硕果,桃李满天下!

参考文献

[1]鑫鑫,邱思文.传统曲艺融入高校人文素质教育体系的策略探析——以沈阳大学为例[J].科教文汇(上旬刊),2015(02):182-183.

[2]吴文科.曲艺教育:历史尴尬与现实对策[J].艺术教育,1998(02):23-25.

[3] 张鑫,汪娜.首届全国高等院校曲艺教育论坛召开[J].中国高校社会科学,2015(05):158.

[4]中国曲艺家协会.曲艺:自觉与自信——2013 年第三届中国曲艺高峰(柯桥)论坛专辑[M].北京:中国文联出版社,2014.

高中音乐课中戏曲教学的实践研究

天津市武清区杨村第四中学　高慧颖

摘　要: 把戏曲引入音乐课堂上来,是民族传统艺术正式迈向校园的第一步,也是传统文化艺术走入基础教育的重要一步。戏曲作为中国的国粹,其中深层次的文化价值是很值得挖掘的。传统艺术走入课堂,一方面能够将戏曲艺术以多种方式传承下去;另一方面也是构建中小学基础教育、素质教育的重要一环。但当下把戏曲教学引入高中的音乐课堂还存在诸多的困难,教师的不专业、教材内容难易程度的把握、学生的零基础等等。本课题通过边实践边研究边总结的办法,找到解决戏曲教学存在的解决诸多问题的方法和对策,丰富戏曲教学的模式和方法,让戏曲这门博大精深的艺术之花在当代高中音乐的课堂上绽放光彩。

关键字: 高中音乐　戏曲教学　实践研究

中国传统文化为中华民族的突出优势,我们必须大力弘扬中华优秀传统文化。戏曲是集舞美、音乐、表演、文学于一身的、有着中华文化几千年沉淀的古老艺术。戏曲舞台上人物的表演、唱腔、身段、舞美经过千百年的锤炼,更是发展到了登峰造极的境界。它在肩负着我国千年来文化的传承的同时更是中华民族的艺术之瑰宝。通过对高中生戏曲的教学,能够引发学生对传统文化的兴趣并有效地帮助

学生在学习中提升艺术素养、审美能力和文化自信。在重视传承和弘扬传统文化的今天,戏曲走入高中的音乐课堂,必能有效地帮助学生全面发展。然而在当下,高中音乐课中的戏曲教学存在着诸多的问题。从学生层面来看,占领中学生视听主导地位的是外来的新兴文化,与传统文化完全不同流行的电影、音乐、动画,抓住了大多数青年人迎合潮流的心理,也让大多思想还处于发育阶段的中学生参与到这一流行风潮当中,外来文化的影响随着学生的成长在不断增加。同时这些外来新兴文化对中国传统艺术也产生了冲击,西方的直接表现区别于中国含蓄的表现特点,对外来潮流文化一味追求,让许多中国的传统艺术被逐渐淡忘,久而久之学生对传统文化的艺术审美体认也逐渐弱化。从教师层面来看,戏曲教学在整个音乐学科中就像是刚刚出生的婴儿没有系统的教材,也没有规范的教学标准。因此,教师自身所彰显出的教学水平以及知识存储能力将会直接决定学生的学习效果。然而大部分高中音乐老师都出自音乐专科院校,没有系统的学习过戏曲艺术,对戏曲知识储备不足,缺乏戏曲表演技能、更是对戏曲的认识也只是流于表面。这些都将极大地影响在高中课堂上戏曲教学的效果。从学校层面看,在注重应试教育的当下,很多艺术课程的课时常常无法保证,学校与家长的关注点更集中在学生的学习成绩上,常常出现艺术课被其他学科"借用"的情况,这种现状十分不利于高中学生的成长和发展。基于此,本课题通过对目前高中音乐中的戏曲教学进行深入实践研究总结出在音乐课中进行戏曲教学的一系列行而有效的方法和理论,为戏曲教学在高中音乐课中的进一步发展带来捷径。

1 绪 论

1.1 研究的目的与意义

1.1.1 研究目的

(1) 通过调查研究找到阻碍在高中音乐课中戏曲教学进一步发展的诸多问题,在戏曲教学实践研究中找到对策。

(2)丰富戏曲教学的模式和方法,加快戏曲教学在高中音课中的发展。

1.1.2 研究的意义

(1)对学生能力的提升方面,戏曲教学的优势是得天独厚的。首先戏曲是集多种艺术形式、服饰、舞美、化妆、舞蹈、歌唱、杂技等,综合各种艺术于一体,具备极高的审美价值。高中学生学习戏曲艺术的过程也是学习各种艺术的过程在提升审美能力的同时也在提升表现力、创新能力、与他人的合作能力等等。

(2)在文化传承方面,戏曲是我国非物质文化遗产,也是我国优秀传统艺术的代表。对学生进行戏曲教学能够提升学生自身的文化修养、规范道德准则,提升文化自信。在学习中培养学生认识美、爱好美和创造美的能力。在对传统文化理解的基础上,增强民族自信心、民族认同感和民族自豪感。

(3)通过对高中戏曲教学的实践与研究总结出在音乐课中进行戏曲教学的一系列行而有效理论体系,为戏曲教学在高中音乐课中的推广开辟出一条捷径。

1.2 研究的主要内容

研究的主要内容包括:①高中音乐课堂引入戏曲教学的意义。②高中学生戏曲体认和兴趣偏好。③如何在高中音乐课堂有效实施戏曲教学。其中重点研究内容是如何在高中音乐课堂有效实施戏曲教学。

1.3 研究方法

1.3.1 文献分析法

运用文献研究的方法,通过检索、搜集和整理文献资料,对"戏曲在高中音乐课堂的教学实践研究"的相关理论与实践知识进行了归纳与总结,为本课题寻找理论支撑。

1.3.2 个案研究法

以本课题在武清区中的六所普通高中校中,每校选出两个班级为教学实践研究对象,课题组的六名成员作为研究的设计者、参与者、实践者,通过切身经历,在课堂教学中对"戏曲在高中音乐课堂中的教学实践"进行研究与探索。

1.3.3 行动研究法

行动研究方法,强调理论运用与实践反思相结合,是将行动与研究相结合的一种研究方法。通过对"评剧在高中音乐课堂中的教学"进行实践研究,试探索行之有效的"戏曲进课堂"教学模式和方法。

1.3.4 问卷调查法

通过调查问卷对全区三所高中的部分学生进行调研,并将调查结果作为课题研究的第一手资料,为课题的研究提供事实依据和相关研究数据。

1.3.5 访谈法

为了解戏曲教学师资情况、课堂上戏曲教学现状,对全武清区高中音乐教师进行访谈,找到阻碍戏曲教学发展的诸多问题,为接下来的课题研究提供针对方向。

1.3.6 总结归纳法

对"戏曲在高中音乐课堂中的教学实践研究"进行归纳,总结现实意义、理论意义。

1.4 研究的思路与步骤

1.4.1 研究的思路

先是对高中生对戏曲的体认和学习愿望的现状做全面了解,确定要学习的内容、方法、步骤。再组织本课题组教师根据学习的内容、方法先对学生对戏曲的了解、兴趣、步骤,开展一系列应用实践活动。通过应用实践总结出在音乐课中进行戏曲教学的一系列行而有效理论体系,为戏曲教学在高中音乐课中的推广带来捷径。

1.4.2 研究的步骤

1.准备阶段

课题的初期实验阶段,并进行理论学习。对戏曲引入课堂的作用、方法和原则进行认识。进一步细化课题方案明确各阶段的研究目标进行音乐课堂引入戏曲先期调查。搜集课题相关资料。形成方案,确立研究计划。

2.实施阶段

（1）在确立研究对象之后，坚持边学习、边实践、边研究，按照既定的研究内容、目标围绕戏曲教学中的方法、途径、价值、原则、影响因素等进行大量、细致地基础性实践与研究。并在具体教学案例积累的基础上思考戏曲在音乐课中的积极作用，形成中期报告。

（2）全体课题组成员积极实践、及时总结，记录过程中的点滴收获，并对研究目标、内容、任务等进行必要的调整、完善、创新。

（3）总结与成果阶段

对研究工作进行认真分析，调整资料，总结经验，形成研究论文，撰写课题报告。进行可以成果汇报（主要有案例集、论文、研究课）并对课题实验工作总结和成果进行鉴定和推广。

2 高中音乐课中戏曲教学现状的调查分析

2.1 问卷调查分析

2.1.1 学生戏曲基础和体认的研究

当今世界是一个全球化、信息化的时代，快节奏的生活方式使现代的艺术形式和传播媒介等都发生着翻天覆地的变化与革新，这对戏曲艺术产生什么样的影响呢？我们的学生到底有没有戏曲基础？高中生对戏曲艺术的体会和认识到达什么样的程度？我们老师应该如何应对？为了掌握这些信息，我们设计了一份调查表，对学生进行了调查以得到真实的第一手资料，为以后戏曲教学的目标、内容、教学方法的制定，提供了数据。

1.调查对象、时间及实施人

调查对象及方式：本次调查主要是对黄花店中学、城关中学、杨村第四中学的部分学生进行随机抽查的方式进行的问卷调查。

调查时间：黄花店中学 2020 年 6 月，城关中学 2020 年 9 月，杨村第四中学2020 年 9 月。

2.调查的内容

本次调查内容主要是有关"戏曲"方面的几个普遍的常识性的问题。如：你认为戏曲指什么？你听过哪些戏曲名段？你认为学习戏曲对自身有哪些帮助？

3.调查结果

我们在三所学校的部分班级共发放调查问卷 300 份，回收有效答卷 300 份。数据统计结果如下：

参与调查的学生来自城区重点中学、农村重点中学和农村普通中学，被调查的生源结构合理，既有城区学生又有农村学生，全部为高中一年级学生，具有代表性。调查内容是与戏曲有关的几个简单的问题：被调查的学生男生占 50%，女生占 50%。从统计数据可以看出，我们的高中生对戏曲知识的了解及喜爱程度不容乐观。

4.问卷调查数据分析

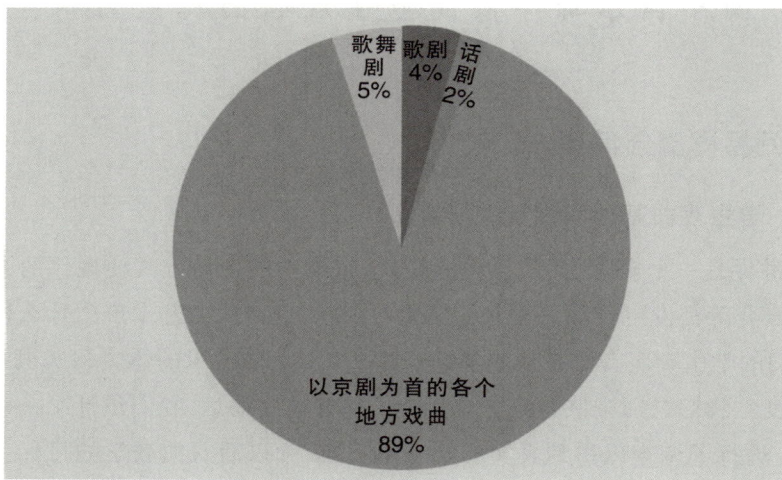

图 4-1　您认为戏曲是指什么

根据饼状图表分析表明，大部分高中生了解什么是戏曲艺术，89%的学生对戏曲的认识是正确的，但应有 11%的学生把歌剧、话剧、歌舞剧归集为戏曲。

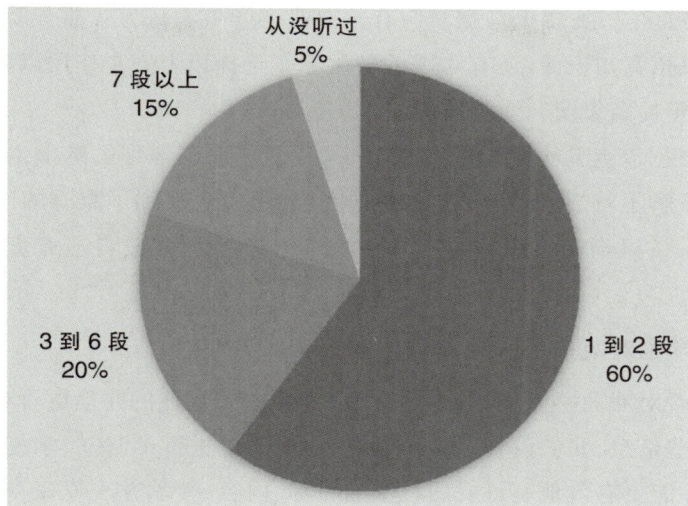

图 4-2　听过多少戏曲唱段

根据饼状图表分析表明,60%高中生听过 1~2 段戏曲唱段,大部分高中学生对戏曲的接触并不多,甚至有一小部分高中学生没有接触过戏曲艺术。

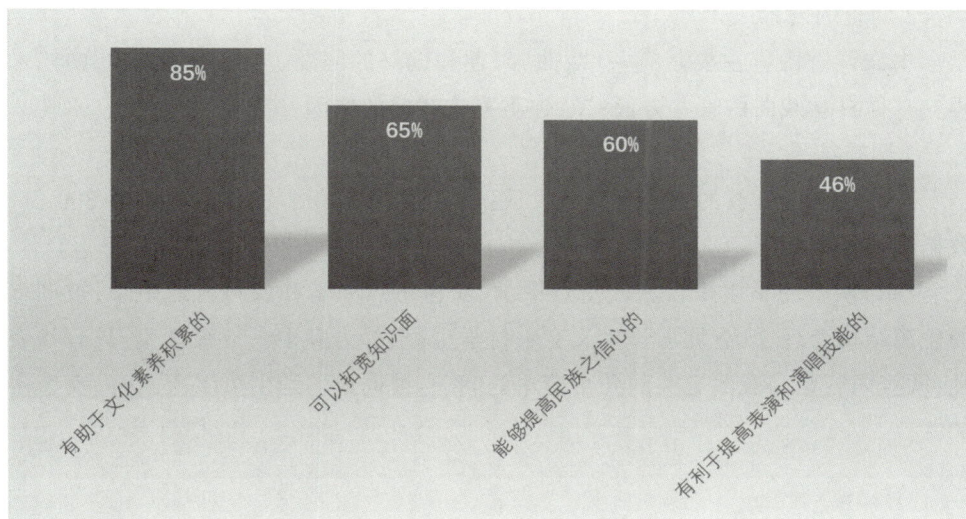

图 4-3　你认为学习戏曲艺术对自身有哪些帮助

这是一道多选题,以上数据表明有 60%高中学生人认为戏曲有助于文化素养的积累、可以拓宽知识面。还有 46%的学生除了选择以上三个作用以外,还认为学习戏曲有利于提高表演和演唱技能。

结论:根据以上几个问题的数据分析,我们可以了解到虽然学生们对戏曲的接触不多、了解不够,但基于一定的文化底蕴,学生也嗅到了梨园的气息,品到了梨园的芳香,认识到戏曲艺术是我国优秀传统文化的代表,自己有责任对传统文化进行传承。

2.1.2 学生对戏曲的兴趣和偏好的研究

学生是否对戏曲感兴趣?原因是什么?对戏曲感兴趣的同学更喜欢哪些方面?为了掌握这些信息,我们设计了一份调查表,对学生进行了调查。掌握好真实的第一手资料,才能更有效地制订戏曲教学的目标、内容、教学方法等等。

1.调查对象、时间及实施人

调查对象及方式:本次调查主要是对黄花店中学、城关中学、杨村第四中学的部分学生进行随机抽查的方式进行的问卷调查。

调查时间:黄花店中学 2020 年 6 月,城关中学 2020 年 9 月,杨村第四中学 2020 年 9 月。

2.调查的内容

本次调查内容主要是有关"戏曲"兴趣和偏好的问题。如:"你喜欢戏曲艺术吗?""你喜欢戏曲的哪些方面?""你不喜欢戏曲的原因?"等问题。

3.调查结果

我们在三所学校的部分班级共发放调查问卷 300 份,回收有效答卷 300 份。数据统计结果如下:

参与调查的学生来自城区重点中学、农村重点中学和农村普通中学,被调查的生源结构合理,既有城区学生又有农村学生,全部为高中一年级学生,具有代表性;调查内容是与戏曲有关的几个简单的问题:被调查的学生男生占 50%,女生占 50%。

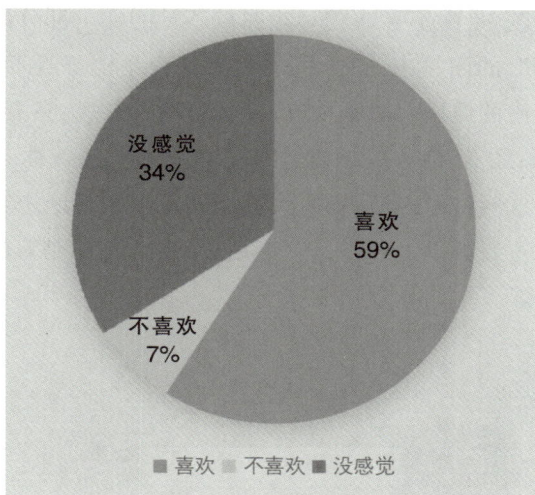

图 4-4 你喜欢戏曲艺术吗？

根据饼状图表分析表明高中生在对"你喜欢戏曲艺术吗？"的回答中,喜欢中国戏曲艺术的比例最高,为 59%;不喜欢的比例为 7%;填写没感觉的比例也占到了 34%。这说明大部分高中学生还是喜欢戏曲艺术的。

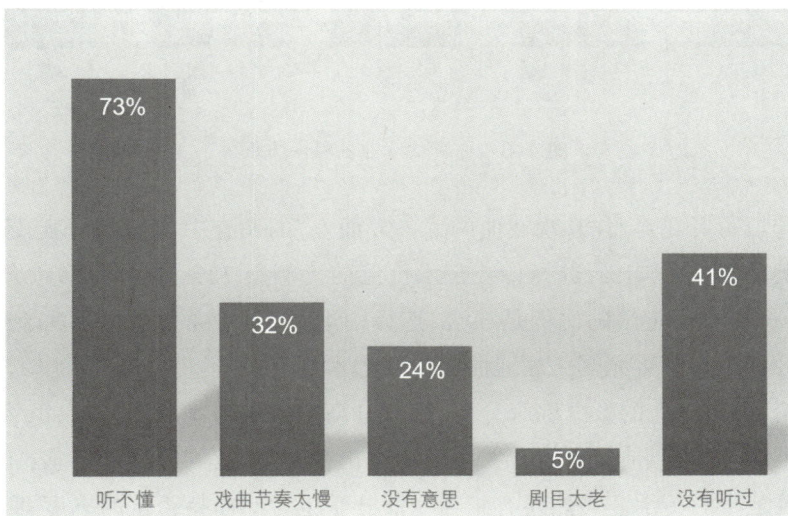

图 4-5 你不喜欢戏曲艺术的原因

这是一道多选题,是由不喜欢或对戏曲没感觉的那一部分填写者回答。在"你不喜欢戏曲的原因"的回答中,73%的填写者认为是由于听不懂;32%的填写者认为是戏曲节奏太慢的原因;24%的填写者认为没有意思;只有5%的填写者认为是剧目太老的原因;还有41%的调查者选了没有欣赏过戏曲。其中"听不懂"和"没有欣赏过戏曲"这两种原因所占的比例较高,可以初步断定导致多数高中学生不喜欢戏曲的原因主要为以上两种。当然戏曲节奏太慢也是影响高中生对戏曲喜爱程度的原因之一。

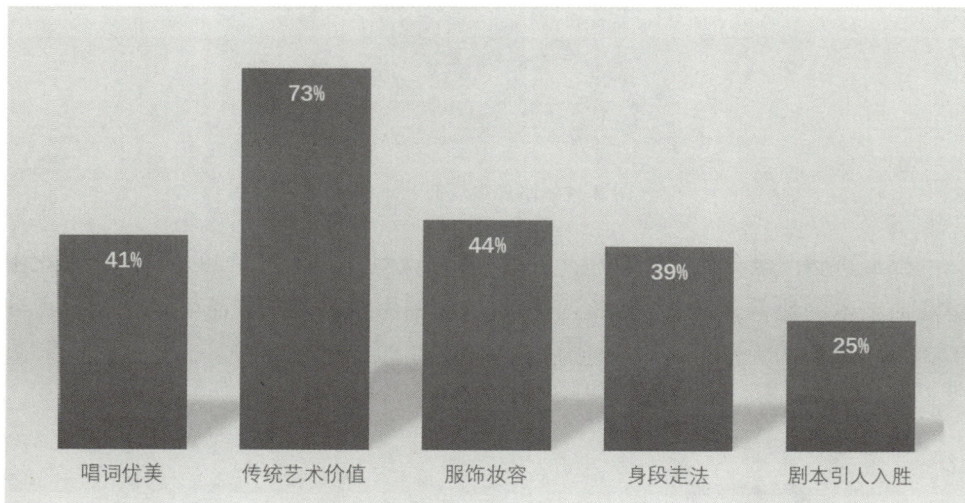

图4-6　你喜欢戏曲的哪一方面?

问卷填写者在对"你喜欢戏曲的哪一方面?"的调查中(本题为多选题),选择唱词优美的比例是41%;选择传统艺术价值的比例是72%;选择服饰妆容的比例是44%;选择身段走法的比例是39%;选择剧本引人入胜的比例只占25%。从以上数据分析出高中生尤其关注戏曲的传统艺术价值。

结论:根据以上的数据综合分析,大部分高中学生喜欢戏曲艺术,虽然他们对戏曲的了解不多,但他们本身有着一定的文化基础、一定的民族责任感,尤其关注中国传统艺术的传承。当然还有相当一部分学生对戏曲持否定的态度,究其主要原因之一是以京剧为代表的戏曲多数唱段节奏过于缓慢、唱词晦涩难懂;另一个原因是,随着互联网络的高速发展,人们娱乐方式发生了改变,人们在家中就可以通过手机、电视等平台上看到电影、电视剧、小视频等,进剧场观看表演艺术人数日渐减少。大部分高中学生没有进剧场直观感受真正的戏曲艺术。

2.2 访谈分析

要想在高中音乐上完成戏曲教学,除了高中学生这一主体以外,高中的音乐老师也是不可少的,他们在戏曲教学中起着主导地位,引导学生参与到戏曲艺术的学习中来。本课题组为了了解戏曲教学在高中音乐课堂中的现状对全区 11 所高中的 31 位音乐老师进行访谈,分别从师资力量、课程设置、教学模式等方面进行提问。

2.2.1 师资力量

通过访谈了解到大部分高中音乐教师都是从各大音乐专业院校毕业的本科生或研究生。其中音乐教育专业毕业的教师占多数,其次是声乐专业和舞蹈专业的老师,占人数最少的是乐器专业的老师。在所有的高中音乐老师中无专业为戏曲的教师。虽然无一人是戏曲专业,但有少部分音乐老师参加天津市教育委员会和北方教育集团开设的师资戏曲培训班。

2.2.2 课程设置

全区只有一所私立高中学校开设了戏曲选修课程,聘请校外的戏曲专业老师来进行授课。其他几所普通高中都是音乐老师教授音乐教材中的戏曲这一课,没有形成课程体系。

2.2.3 教学模式

以欣赏戏曲视频为主的单一的教学模式。学生感到枯燥,很难对戏曲感兴趣,会出现课上写其他学科作业情况。

3 高中音乐课中戏曲教学现状存在的问题

戏曲是一种古老的艺术,受年代的影响高中音乐课中的戏曲教学也遇到了诸多的困难,本课题通过多渠道了解、分析,从学生和教师两个方面进行了问题的

梳理。

3.1 学生出现的问题

3.1.1 大部分学生对戏曲学习兴趣不高

原因之一是在当代人们的娱乐习惯发生了改变，在家中就可以通过手机、电视等平台上看到电影、电视剧、小视频等等。戏曲毕竟是一门舞台艺术，需要观众去戏院当场感受戏曲舞台的美轮美奂，以及台上人物的嬉笑怒骂。前期调查发现学生很少去戏院接触真正的戏曲艺术也就感受不到戏曲的独特魅力。再加上以京剧为代表的戏曲多数唱段节奏过于缓慢、唱词晦涩难懂，这就更是加大了高中学生和戏曲的间隔。

3.1.2 大部分学生的基础为"零"

古代的戏曲是以歌舞来演绎故事，所以需要表演者既要会歌唱，也要会跳舞，还要会表演。然而为了追求更高的学习成绩，小学、初中阶段音乐课被占课现象严重，大多数高中学生除了对戏曲了解甚少以外，他们的歌唱能力参差不齐，舞蹈能力除了个别有艺术特长的学生之外，大部分学生的舞蹈基础为"零"，这就加大了学习戏曲艺术的难度。

3.2 教师出现的问题

3.2.1 师资问题

戏曲教学需要教师具有一定的戏曲表演技能和知识储备，然而通过前期的访谈调研发现，大部分高中音乐教师是音乐院校毕业，非戏曲表演专业。虽然有一部分音乐教师参加了戏曲培训班，但拥有一定戏曲表演技能的教师人员不足，涵盖的学生范围有限。戏曲是一门博大精深的艺术，包含的内容繁多，虽然经过戏曲培训，教师的专业能力不足，不够全面。

3.2.2 教学方法问题

教学方法过于单一，现有的以欣赏戏曲片段视频为主的教学模式，或是单纯的模仿戏曲片段，都会让学生感到枯燥，不能引起学生的学习兴趣，不能满足高中生的多样化的学习要求。

4 高中音乐课中引入戏曲教学的积极作用

4.1 促进戏曲文化的传承

随着经济与文化的高速发展,人们在生活和工作中追求高效率,文化的发展也根据人们的审美需求而改变,为满足人们的"高效率"的审美需要,艺术作品逐渐趋近于"快餐化"。戏曲这种"缓慢"的艺术,渐渐被人们所遗忘。同时,由于互联网的高速发展,在当代人们的娱乐习惯发生了改变,人们在家中就可以通过手机、电视等平台上看到电影、电视剧、小视频等等。这种娱乐习惯直接导致剧场的上座率变的惨淡,原本就小众的国粹戏曲更是如此。戏曲仿佛被贴上了旧时代的标签,大量优秀的传统剧目濒临失传,许多稀缺地方剧种逐渐消亡,各剧院团即使排演了新戏,剧场的上座率却依然不容乐观,放眼望去尽是白发苍苍的老人。缺少受众群体,尤其是缺少年轻一代受众群体的戏曲艺术在渐渐失去舞台,更谈不上传承和发展。高中学生正属于年轻一代受众群体。把戏曲教学引入高中,可以帮助学生了解戏曲艺术,让学生感受到戏曲艺术的独特魅力并喜欢喜欢上它,成为戏曲艺术的受众群体。这样,戏曲艺术才能像一个棵永不枯萎的大树,永远的长青下去,戏曲文化才能源远流长。

4.2 提高学生的传统文化素养

在当下,占领学生视听主导地位的是外来的新兴文化,与传统文化完全不同流行的电影、音乐、动画,抓住了大多数青年人迎合潮流的心理,也让大多思想还处于发育阶段的中学生参与到这一流行风潮当中。西方文化的影响随着学生的成长在不断增加,同时这些外来新兴文化对中国传统艺术也产生了冲击,西方的直接表现区别于中国含蓄的表现特点,对外来潮流文化一味追求,让许多中国的传统艺术被逐渐淡忘,久而久之学生的传统文化素养逐渐弱化。接触优质的艺术是对学生进行美育的重要途径,能够启发学生的想象力和创造力,促进学生的全面发展。戏曲作为优秀的传统艺术走进校园,对学生的发展和成长有很大帮助,戏曲故事中的忠、孝、礼、仪、信等优秀道德品质能够丰富学生的思想,从而规范学生的

行为,鉴赏优秀的传统艺术作品,能让学生了解国粹艺术,体会故事中的优秀道德思想,从而提高传统文化素养。

4.3 增添高中音乐教育软实力

在《普通高中音乐课程标准(2017年版2020年修订)》中指出普通高中音乐课程是面向全体学生的一门必修课,是学校实施美育的重要途径。音乐课程目标是着力培育和发展学生的审美感知、艺术表现和文化理解三方面的核心素养。在高中音乐课中加入戏曲教学能够为培养学生的核心素养添加助力,从而增添高中音乐教育软实力。

1.在培养审美感知方面

戏曲艺术有着的得天独厚的优势,戏曲是集舞美、音乐、表演、文学于一身的古老艺术。戏曲舞台上人物的表演、唱腔、身段、舞美经过千百年的锤炼更是发展到了登峰造极的境界,无一不带给学生优质的审美体验。通过戏曲教学能够提升学生的艺术素养和人文修养,吸纳和传承优秀传统文化。

2.在培养艺术表现方面

由于戏曲艺术的戏剧性,高中学生学习戏曲艺术的过程也是表演实践的过程,在提升审美能力的同时也能激发起学生参与戏曲表演的兴趣。学生在学习戏曲的过程中能够获得快乐、成就感并提升表现力、创新能力、与他人的合作能力等等,最终实现艺术表现素养的发展。

3.在培养文化理解方面

戏曲艺术是我国传统音乐文化的优秀代表,有着上千年的文化沉淀。把戏曲教学引入高中音乐课程中,能让学生了解博大精深的传统戏曲文化以及它的精神内涵。在高中音乐课程上融入民族色彩,传承优秀的民族戏曲,有利于激发学生的民族情怀,提升民族自豪感。随着国家越来越重视优秀传统文化的传承工作,高中音乐教学也将会加入越来越多的与文化相结合的课程,这对加强高中生的优秀传统文化教育,促进优秀戏曲的传承与发展,提高高中生的文化素养有积极作用。

5 高中音乐课中戏曲教学改进现状的策略

为了改进高中音乐课中戏曲教学的现状,本课题组的成员根据前期调查掌握的数据,提出改进关戏曲教学的方法和建议,经过不断在戏曲课堂上的实践、修正,最终总结出一套加快高中音乐课中戏曲教学进程的方法策略。

5.1 教学内容的选择

基于学生对戏曲的零基础、对戏曲学习兴趣不高等问题,为了降低学生的难度的同时提高学生对戏曲的学习兴趣,课题组在传统文化的传承、戏曲种类的选择、学唱歌曲的类型、身段表演等方面提出了合理化建议。

5.1.1 选择学生所在地区方言相同或相近的地方戏曲

地方戏曲种类很多,我国大约有 300 多种戏曲种类,地方戏曲的唱腔和当地的方言是相通的,如河南的豫剧、四川的川剧、安徽的黄梅戏,都是当地的方言为基础的戏曲,当地人唱起来要比其他地区的人容易得多。例如学生都是北方人,平时语言交流都用的是以北京语音为标准音, 以北方官话为基础方言的普通话,基于此,一开始的教学内容不要选择我国的国粹京剧,因为京剧的前身是徽剧(四大徽班进京),很多唱腔的发音是学生难以掌握的。可以选择我国北方的第二大剧种评剧。评剧的唱腔虽然带有唐山方言的特征,但是唐山方言除了音调上和普通话有一些区别,在字的发音上和普通话区别不大。学生可以马上掌握唱腔的发音,尽快进入学习演唱戏曲的状态中来。

5.1.2 从学生感兴趣的含有戏腔的古风歌曲开始

戏曲的曲调婉转、唱腔变化多端,高中学生很难领略到其中独特的韵味。但是现今有相当多的高中学生喜欢我们国家的古典文化。穿汉服、听唱古风音乐已然成为潮流。带有戏腔的古风音乐尤其受高中学生的喜欢。像《牵丝戏》《赤伶》等都是戏腔非常优美的作品,既有戏曲的元素又有现代歌曲的元素。听唱这些作品可以让高中生对戏曲的唱腔感兴趣,从而开始愿意去学习戏曲艺术。

5.1.3 从节奏规整合辙押韵的念白和旋律流畅"西皮流水"开始

在戏曲学习中对念白和唱腔的发音要求是相同的,都是"字要圆润、腔要彻满",如果能把念白学好,再学习唱腔就会容易一些。例如在评剧唱段"李月娥遮衫袖"中,这个唱段中有念的部分也唱的部分,可以让学生学习念白的部分,一是它的词合辙押韵,二是节奏规整。这样学生比较好掌握。在教授过程中第一遍先让学生一个字一个地慢慢念,确保把每一个字念准确,然后再让学生拔高位置带着腔体来念,最后再根据节奏来念。三遍练习下来,学生很快就掌握了念白的要领。尝试了念白,学生可以尝试"西皮流水"唱段。西皮流水是一种京剧声腔板式。例如《女起解》中的"孙三离了洪洞县",《红灯记中》中的"我家的表叔",《秦琼卖马》中的"站立店中用目洒"以及《西厢记》中红娘唱的"叫张生隐藏在棋盘之下"等等。这些唱段曲调活泼、欢快,旋律性强,很受学生的欢迎。

5.1.4 在身段表演动作方面,要选择和生活贴近难度低的内容

戏曲是一门艺术,和所有的艺术类别一样来源于生活又高于生,她的所有表演动作都是在人们平时生活的动作基础之上,被一代代"梨园人"进行提炼、加工、美化而成,这些都表演动作都和我们平时的生活动作相似或相近,像走路、看物、开门这些平时生活的动作正是学生所熟悉的。这样就降低了学生学习表演动作的难度,从而提高了学习效果。

5.2 戏曲的教学方法

戏曲作为传统艺术,走进高中音乐课堂的教学方法与专业戏曲教学方法不尽相同,主要秉承"教师为主导、学生为主体"的原则进行教学方法设定。在充分尊重学生兴趣和意愿的基础上,合理灵活地设置课程,丰富教学形式与教学内容,教授学生简单的唱和表演,让学生学唱戏曲著名选段,做简单的身段动作,表演短小的剧目片段等,使学生亲身参与到戏曲的学习中来。

5.2.1 故事渗透法

以故事情节吸引学生注意力,抓住学生好奇心以"讲故事"代替"灌输式"教学。每一部戏曲作品,都有其特定的故事背景及剧情走向,教师可抓住学生爱听故

事的好奇心进行教学设定。如在讲授评剧代表作《花为媒》时,教师可简单向学生介绍《花为媒》的故事背景及剧情走向,通过叙述该选段事件发生、发展的过程来渲染课堂气氛。同理,可用此方法向学生渗透评剧的产生背景、发展过程、代表人物等,以故事的形式向学生讲解评剧的历史来源。

5.2.2 现场感受法

通过前期的问卷调查我们发现,高中生对戏曲不感兴趣的重要原因是学生接触不到真正的戏曲艺术。我们平时在电视、手机等平台看到的戏曲演出并不是真正的舞台艺术,只能称之为电影或视频录像。隔着一层屏幕,观众和演员之间也不能进行交流互动。观众只有亲身进入剧场,观看演出,才能深切感受到戏曲艺术的独特魅力。基于此,在课上可以把讲台变成简易的舞台,老师变为演员,剧情简单的话,也可以让学生参加演出。例如上课一开始,教师就穿上精美的戏曲服饰,马上就吸引了学生的视线。紧接着老师马上跟进介绍戏曲服饰的内容,学生会听得很认真,当老师唱起他们从未现场听过的唱腔,舞起了衣袂飘飘的水袖,这种近距离的视听能使学生身临其境,极容易被打动,开始对戏曲感兴趣,那么接下来的戏曲教学就会事半功倍。

5.2.3 口传心授法

这是传统戏曲的教学方法,在现今被认为是一种不全面、不系统、不科学的教学方法,然而中国戏曲的讲究的是韵味,学生们观看视频或教示范唱虽然能够感受到这种韵味,但是要想模仿出来却很难,采用传统戏曲多年采用的"口传心授"的方式,把唱腔的内心的感悟、只能意会的经验融入其中,让学生在模仿中学习,最大限度的保留戏曲的韵味。

5.2.4 角色扮演法

通过角色扮演的方法,调动学生参与课堂实践的积极性,通过学生合作表演戏曲片段的方式,实现学生的主体地位如在京剧《长坂坡》第十六场的教学实践中,鼓励学生以"参与—体验"的方式,扮演张飞、曹操与夏侯杰,通过"课堂小舞台""我是戏曲小演员""我的舞台我做主"等教学环节,排练简短的戏曲片段,鼓励学生合作表演戏曲片段。

5.3 教师戏曲教学前的准备

5.3.1 要具备一定水平的戏曲表演能力

俗话说"像不像,三分样",从音乐院校毕业的音乐教师们虽然不能像专业戏曲演员那样游刃有余地表演纷杂繁多的戏曲剧目,但是通过自己的努力,完全可以学习一两个简单的唱段,完成这"三分样"。有条件的老师可以去拜访专业的戏曲演员学习或去戏曲培训班学习,没有条件老师可以观看网络上的视频教学录像进行学习。有了这"三分样"才能戏曲教学的初始阶段给予学生身临其境之感。

5.3.2 丰富个人的戏曲认知

在整个音乐学科来说,戏曲教学毕竟是新鲜事物,没有系统的教材,也没有严格的教学标准。因此,教师自身所彰显出的教学水平以及知识存储能力将会直接决定学生的学习效果。首先,教师应利用自己的碎片化时间,搜集一些相关戏曲资源,丰富个人的戏曲认知。其次,有能力的教师也可以参加一些相关的戏曲知识讲座或者是观看一些戏曲的表演等,在直接与知识接触的过程中,强化个人的戏曲素养。最后,教师还需要尝试性进行戏曲演唱训练,了解一些基础的戏曲演唱技巧以及方式,为学生提供实践性较强的教学辅助。

6 研究成果

(1)对戏曲学习意愿提升

京剧名家王佩瑜曾说过:"世界上有两种人,一种是知道自己喜欢京剧的人,另一种是还不知道自己喜欢戏曲的人。"通过课题组老师们的努力,在作为实践研究对象的两个班级中愿意学习戏曲的学生人数从 59% 上升到 83%。

(2)教学案例集

课题组的六名成员作为研究的设计者、参与者、实践者,每个成员根据自己在教学过程的经历,都精心撰写了教学案例,组成教学案例集。

(3)和戏曲教学关的论文集

课题组的六名成员作为研究的设计者、参与者、实践者,每个成员根据自己在教学经验撰写与戏曲教学有关的论文,组成论文集。其中刘秀梅老师撰写的论文《戏曲进入高中课堂和价值和实践策略》和笔者撰写的论文《浅谈在高中音乐课中的戏曲教学》在区级创新论文评比中荣获一等奖;王拓衡老师撰写的论文《走进音乐课堂感受中国精粹》刊登在国家级优秀期刊教育科研 2020 年第 8 期。

(4)提高音乐教师的戏曲专业素养

为了能够教授好学生,教师必然要努力提高自己的戏曲专业技能,以及对戏曲的认识,这也变相地起到了对教师戏曲专业素养的促进作用。

(5)引领音乐教师学习戏曲的风潮

在课题的研究过程中,实践教学是非常重要的一环,需要不断的实践,不断的修正并总结经验, 精心设计的课例视频需要给课题组内或组外的音乐老师来看,让他们来提意见。在这个过程中,很多音乐老师都对戏曲教学开始感兴趣,都积极踊跃地报名天津市教育委员会开设的戏曲培训班。

7 需要进一步研究的问题

(1)戏曲教学评价的研究

戏曲教学在教学内容、教学过程、方法有什么缺陷或不足,学生学习戏曲后的效果是否达到教学目标,以上这些都离不开教学评价。如何对戏曲教学进行有效评价,这是我们下一步要研究的问题。

(2)挖掘地方的戏曲资源

天津从清代到今天一直是培养戏曲艺术的沃土,京剧、评剧、河北梆子都是在天津这块沃土上发展、兴盛起来的。著名的京剧艺术家梅兰芳、程砚秋、尚小云等都曾在天津的戏院登台演出。京剧、评剧等戏曲艺术在天津有着深厚的群众基础。天津有着众多的戏曲爱好者。戏迷、票友、以各个乡村的民间戏曲艺术团都是可以利用的戏曲教学资源。相信这些戏曲资源融合到戏曲教学中来,必能够起到引领和示范作用。为戏曲在教学在高中音乐课上的进一步发展,增加助力。

参考文献

[1]阿甲.戏曲表演规律再探[M].北京:中国戏剧出版社出版,1990.

[2]戏曲艺术教育[M].北京:人民出版社,2008.

[3]梅兰芳谈艺录[M].长沙:湖南院校出版社,2009.

[4]中华人民共和国教育部.普通高中音乐课程标准(2017年版2020年修订)[S].北京:人民教育出版社,2020.

[5]叶澜.教育概论[M].北京:人民教育出版社,1999.

[6]宋远侠,黄新德.戏曲进校园的探究与实践[J].当代教育科学,2011(14):38-39.

[7]高字民.浅议戏曲进校园——以秦腔为例[J].当代戏剧,2009(04):7-10.

[8]曹冬,邵珊珊,冯磊.弘扬传统文化,探究推动戏曲艺术进校园的意义、方法和途径——以江苏大学为例[J].戏剧之家,2014(11):51-53.

[9]解莹.戏曲进校园现状分析与对策研究[D].沈阳师范大学,2019.

附录 1

高中生对戏曲体认情况调查问卷

1.您的性别？

A 男　　B 女

2.您认为戏曲是指？（单选）

A 歌剧　　B 话剧　　C 以京剧为首的各个地方戏曲　　D 歌舞剧

3.您喜欢戏曲文化吗？

A 喜欢　　B 不喜欢　　C 没感觉

4.您喜欢戏曲的哪一方面？（多选）

A 唱词优美　　B 传统艺术价值　　C 服饰妆容　　D 身段走法

E 剧本引人入胜

5.你不喜欢戏曲的原因？（多选）

A 节奏慢　　B 听不懂　　C 没意思　　D 剧目太老

E 其他(没有认真听过)

6.您去过剧院观看戏曲表演吗？

A 经常　　B 偶尔　　C 从不

7.您喜欢下列哪些戏曲剧种(多选)

A 京剧　　B 昆曲　　C 豫剧　　D 秦腔

E 越剧　　F 黄梅戏　　G 川剧　　H 粤剧

I 评剧　　J 都不喜欢　　K 其他

8.您听过下列哪些戏曲名段吗？（多选）

A《贵妃醉酒》　　B《霸王别姬》　　C《十五贯》

D《天上掉下个林妹妹》　　E《西厢记》　　F《智斗》

G《穷人的孩子早当家》　　H《梁祝之十八相送》　　I《刘巧儿》

J《女驸马》　　K《野猪林之大雪飘》　　L《打虎上山》　　M《借东风》

N 都没听过

9.你知道哪些戏曲表演艺术家？（多选）

A 梅兰芳　　B 谭鑫培　　C 俞振飞　　D 韩再芬　　E 杨小楼

F 周信芳　　　G 李少春　　　H 袁世海　　　I 童祥苓　　　G 尚小云

K 荀慧生　　　L 马长礼　　　M 高玉倩　　　N 新凤霞　　　O 都不知道

10.您认为现代戏发展状况如何？（单选）

A 非常好　　　B 保持乐观　　　C 不容乐观　　　D 保持悲观

E 濒临绝境　　　F 不清楚(无所谓)

11.你认为学习中国戏曲对于自身有哪些帮助？（可多选）

A 文化素养的积累　　　B 丰富拓宽知识面　　　C 民族自信的提升

D 表演和演唱的提升　　　E 没有帮助

12.你愿意学习戏曲文化吗？

A 会愿意学习　　　B 不太确定　　　C 不感兴趣

附录 2

关于武清区开展戏曲教学访谈记录表

您的性别：□ 女　　□ 男　　　　　您的姓名：

您的年龄：　　　您的教龄：

您所在学校的名称：

您的学历：

您的专业：

您所任教的科目：

您对戏曲的掌握程度为：

您所在学校是否开设戏曲课程？

您能够唱出的戏曲经典唱段有哪些？

高中音乐演唱教学与拓展实践的几点策略

天津市第四十七中学　马虹

摘　要：演唱教学与拓展实践是新时代高中音乐课堂的活力源泉。高效地开发高中音乐课程，将"演唱教学"和"拓展实践"二者结合起来进行研究，为更多需要提升学生综合素养、提升校园文化的学校和教师们提供"人无我有，人有我精，人精我绝，人绝我化"具有时效性的几点策略，为广大高中学生的健康幸福成长搭建更加多姿多彩的展示平台。

关键词：演唱教学　拓展实践　策略

前　言

(一)研究背景

课程改革全面贯彻党和国家的教育方针，落实"立德树人"的根本任务。在实现学生全面发展的基础上，满足不同学生个性化需求，真正促进普通高中学生的自主选学、自主发展，实现全面而有个性化发展的育人目的。体现了"以美育人"的导向性原则，将培育和发展学生的音乐学科核心素养作为课程的总体目标。

　　高中音乐学科如何围绕着"核心素养"拓展开发课程、丰富学生课余活动等问题的思考就成为我今后教学研究的灯塔。在此次团队攻坚项目中,我带领的团队以《高中音乐演唱教学与拓展实践的几点策略》为题探索高中声乐类教学的新模式。

　　当前关于"演唱""教学""拓展""实践"方面的相关论述文献不胜枚举,但是,就如何提高"演唱教学"的水平,高效开发"拓展实践"活动,为学生后期常态发展提供可参考的实施建议和办法等相关研究还非常少。而当今教育的发展需要我们培养"全面发展的人"。打通课内外教学,为学生结构化知识体系迫在眉睫。很多高中音乐教师也在尝试着在教学环节中增加拓展实践等内容。但是由于教师们对拓展实践的目的研究得不深,不能有效地延展课堂,对拓展实践活动流于形式、盲目无度开发,导致不能更好地促进学生可持续发展。因此"演唱教学"和"拓展实践"不再是各自独立的学科领域,需要我们通过科学巧妙地嫁接实现百花争艳的育人效果。

(二)研究内容与目标

1.研究内容

　　(1)演唱教学的策略研究:研究技术性与艺术性相结合的策略。其中在"音乐基础理论与演唱"方面,注重研究在声乐学中学习发声、在乐理中练习音准、在鉴赏中揣摩独唱、在和声中感受合唱、在作曲法中尝试创作的技术策略。在"形体训练与演唱"方面,注重研究舞蹈语言、手势语言、表情语言丰富演唱表现力的艺术策略。

　　(2)拓展实践的策略研究:研究开发性与共享性相促进的策略。其中在"社团项目的拓展"方面,注重研究学校固有教学内容的课外延伸,以点带面促进多维度演唱类社团的开发策略。在"校园文艺活动的实践"方面,注重研究成果展示与观众培养相互促进的共享策略。

2.研究目标

　　(1)学科素养目标:以"全面贯彻党的教育方针,落实立德树人根本任务"为指导思想,以"培养德智体美全面发展的社会主义建设者和接班人"为终极目

标,以《普通高中音乐课程标准(2017年版)》为行动指南。在组织教育教学活动中要坚持向实践倾斜、向技能倾斜、向学科本质倾斜,从而获得学科思维,培养核心素养。

(2)优化教学目标:通过高效地为学生搭建提升知识技能、实践表演能力的平台,帮助学生拓展发展潜能、产生可持续深入学习的兴趣。促使学生能积极、主动、高效地参与学习和实践,循序渐进的带领学生从"走近音乐"到"走进音乐"。

(3)普及教育目标:第二课堂和社团活动往往只为一部分学生敞开大门,然而没有音乐专项特长的学生仍然需要拥有陶冶情操、提升审美素养的音乐环境。努力开创更多满足学生需求的学习和活动,为更多的学生播撒音乐的雨露。

(三)研究思路与方法

1.研究思路

《普通高中音乐课程标准(2017年版)》的实施,推动了校园文化的发展,艺术形式的多样化给校园文化建设带来了生机勃勃的景象, 其中以声乐类最为突出。高中学生通过九年义务教育阶段的音乐学习,已经具备了声乐的歌唱方法,在高中阶段,学生具有强烈的表现能力和表演能力。通过作为第二课堂的"演唱教学"启迪学生拓展实践的发展潜能,帮助学生组建演唱类多种社团,为学生搭建展示自己的平台。讲求"以合为美"的表演方式,既要挖掘学生演唱方面的可塑性能力,更要健全学生人格魅力,落实立德树人的根本任务。

2.研究方法

运用问卷调查研究法、文献法、观察法、总结归纳法等对学生演唱类社团进行研究。通过平时对社团活动观察和指导,了解社团活动对学生哪些能力有所提高,哪些综合素养得到提升;通过调查问卷了解学生参加社团后对自身的发展有哪些促进作用,甚至是困惑和困难,需要学校和老师们进一步提供怎样的帮助,以促进社团更好的发展;通过教学实践、组织活动以及撰写论文等形式进行总结和归纳合理的经验,以便今后更好地实施演唱教学,促进学生实践拓展活动的开展,并及时反思不足之处,加以弥补。

(四)理论与实际意义

"演唱教学"和"拓展实践"同样是包罗万象的名词,各个学校都在竞相实验和践行它们的理解和创新。其中"演唱教学"不同于中小学音乐学科必修学习内容中的歌唱教学,也不同于音乐院校通过基础乐理、声乐学和实践组合完成知识体系的声乐教学。"拓展实践"不仅是能力素养的拓展,更不仅是比赛演出的实践。高效地开发高中音乐课程,将"演唱教学"和"拓展实践"二者结合起来进行研究,为更多需要提升学生综合素养、提升校园文化的学校和教师们提供"人无我有,人有我精,人精我绝,人绝我化"具有时效性的几点策略,为广大高中学生的健康幸福成长搭建更加多姿多彩的展示平台。

1.演唱教学在高中音乐课程中的显性教育意义

显性教育意义主要体现在第二课堂课程建设方面。演唱教学在多数学校中普遍以合唱排练或小组选修课的形式呈现,教学内容较为单一,拓展实践的广度有限。本课题旨在研究,从演唱教学的目标上体现了听、唱、合、演、创等能力的获得方法。例如,如何通过鉴赏视频和音频教学资料,提高学生审美能力;通过实践教师讲授的演唱方法、参与模唱训练,提高演唱能力;通过聆听教师教授作品背景、与其他同学相互配合和探究,提高对作品的表现力;通过感受和声的美感,提高演唱技巧和审美能力、协调体态和肢体动作;学生们还可以通过参加训练和排练,发扬同呼吸、同形象、同感情、同进度的集体精神,培养协作能力,领悟个人与集体的关系,丰富情感表达,陶冶健康向上的感情;通过形体表演训练,协调体态和肢体动作,提升舞台表现力;通过音乐基础理论的普及,给予学生创编音乐的能力。一门课程,多种能力的获得,成为学生课下拓展实践的基础,具有显性的教育意义。

2.拓展实践在高中音乐教学中的隐性教育意义

隐性教育意义主要体现在学生社团活动方面。社团活动作为学生拓展实践的载体,拓展了学校教育教学的空间,为提升学生综合素养提供了更广阔的实践平台,它不仅能够丰富学生课余生活、繁荣校园文化、提升学生综合素质,培养高素质创造性人才,在音乐学科核心素养的延展方面发挥着重要作用。例如,在声乐类第二课堂的枝干上,延展开设原创乐队、表演唱、合唱、重唱等分支。学生根据自身特点和发展需要,选择参加感兴趣的社团。从社员招募到组织社团活动,以学生自

主管理为主,学生的主体意识被充分地调动起来,激发了学生积极参与的主动性和能动性。在打磨作品的过程中,潜移默化地接受了音乐育人的洗礼,在满足于自身爱好的同时,不断使自己某一方面的技能得到锻炼,由擅长到特长,达到质的飞跃,从而提升自信。社团还可以组织校内外的联演和联赛等各种活动,极大地拓宽视野,使技能在互相切磋中提高,使综合素养在相互交流中提升。播种一个高质量的种子能够萌生多彩绚丽的希望。拓展实践成为萌芽成长的雨露,具有隐形的教育意义。

1 课题相关研究概述

1.1 核心概念界定

1.1.1 演唱教学

演唱教学是运用形体表演和声带发声融艺术性与技术性为一体的人才培养活动,是以实践为主、理论为辅、相互促学的理想型教学。在传统教学模式中,演唱教学由"理论教学"和"实践教学"组合完成知识体系。在一些音乐院校的声乐表演专业会开设基础乐理和声乐学等专项课程来支撑演唱教学。而在高中阶段的演唱教学应是多元而有温度的教学模式和内容。

1.1.2 拓展实践

拓展实践是学校固有教学内容的课外延伸,学生自主开发出多元化、发散型的活动体系。高中音乐教师在演唱教学的基础上,尊重并认清学生的发展需要,在学生知识技能探索实践的过程中给予及时地引导和帮助,将培养"全面发展的人"作为教育教学的终极价值取向。

1.1.3 策略

策略是达成课题研究目标的思考与方法。采用调查问卷的形式在课题研究前期和研究中期分别向学生收集关于演唱的学习需求和收获,基于数据的支撑,并通过比赛演出等形式检验研究成果。最终研究出学科融合的有效方法。

1.2 国内相关文献综述

当前关于"演唱""教学""拓展""实践"方面的相关论述文献不胜枚举,但是,就如何提高"演唱教学"的水平,高效开发"拓展实践"活动,为学生后期常态发展提供可参考的实施建议和办法等相关研究还非常少。在国内的相关研究现状中,多是研究"歌唱教学"或是"声乐教学",而表演的艺术性与歌唱的技术性没有更多的合一性研究与阐述。在国外的相关研究现状中,我们都很熟悉柯达伊教学体系是主要面向小学音乐教学研究的,而针对高中阶段的论述还没有更多学习参考资料,其中也存在由于个人经历、视野浏览阅读权限等的限制,可参考的文献不能提供有力的理论支撑。

而当今教育的发展需要我们培养"全面发展的人"。打通课内外教学,为学生结构化知识体系迫在眉睫。很多高中音乐教师也在尝试着在教学环节中增加拓展实践等内容。但是由于教师们对拓展实践的目的研究得不深,不能有效延展课堂,对拓展实践活动流于形式、盲目无度开发,导致不能更好地促进学生可持续发展。因此"演唱教学"和"拓展实践"不再是各自独立的学科领域,需要我们通过科学巧妙地嫁接实现百花争艳的育人效果。

2 课题实验校情况调查

2.1 演唱学习意向调查问卷

课题研究初期,天津市第四十七中学马虹老师设计了"天津市第四十七中学学生演唱学习意向调查问卷",并随机发放给在校 500 名学生。在参与问卷调查的学生中,有 269 人为高一和高二年级学生社团的成员。他们在艺术追求方面态度更加积极,急需被理解、被帮助。

表1　天津市第四十七中学学生演唱学习意向调查问卷统计表

题号	题　目	选项内容	选项A	选项内容	选项B	选项内容	选项C	总数
1	是否参加过歌唱类演出活动？	只参加过校内演出	97	参加过区级以上演出	42	从未参加过	361	500
2	你是否参加过舞蹈类演出活动？	只参加过校内演出	57	参加过区级以上演出	38	从未参加过	405	500
3	在高中阶段校园歌唱演出中,你最喜欢哪种表演形式？	弹唱	135	重唱或对唱	89	表演唱	276	500
4	在综艺节目《乘风破浪的姐姐》中最吸引你的是？	舞台表现力	72	歌曲改编水平	104	没看过	324	500
5	在校园歌唱拓展实践中,你最需要哪方面的帮助？	拥有教师专业指导	130	提供充足的排练时间	236	搭建更多的展示平台	134	500
6	你认为在辅助歌唱方面最重要的是？	音乐基础知识	154	发声方法	98	舞蹈动作	248	500
7	在演唱的学习和实践中,你最急需解决的困惑是什么？	选曲方面	231	歌唱技巧方面	179	肢体动作方面	90	500
8	你认为在一部音乐作品中,哪方面更重要？	技术性	81	艺术性	151	普及性	268	500
9	你更乐于接受以下哪种演出形式？	大型文艺演出	174	小型专项演出	282	课堂展示	44	500
10	你更乐于接受以下哪个时间观看演出？	大课间	258	午休	176	放学后	66	500

通过测算,70%以上的高中学生从未参加过演出活动、更是没有参加过舞蹈类的演出,也不关注时下热播的演艺类节目。50%以上的学生更倾向于在大课间

观看小型专项演出,并认为音乐作品的普及性更重要。55%的学生喜欢表演唱的形式,47%的学生提出与专业指导和搭建平台相比,更需要充足的排练时间,49%的学生需要舞蹈方面的技术支持,46%的学生在选曲方面存在困惑。

天津市第四十七中学作为市级重点学校,有音乐特长的学生比较多,但因为课业压力和高考需要,只有少部分学生能积极参加文艺类比赛,更多的学生热衷于参加或观摩学校内部的演出活动,他们认为在熟悉的同学面前表演更有成就感,看到熟悉的身影也更加亲切。

2.2 演唱教学调查问卷

课题研究初期,天津市静海区第一中学边梅元老师设计了"演唱教学调查问卷",分别在高一年级中两个班共90人进行问卷调查。从中了解学生对学习音乐兴趣,对音乐知识的掌握情况,对音乐课中的环节喜好,对音乐老师正确的评价,以及学生喜欢上什么样的音乐课等等一系列的问题进行了详细的调查问卷,从学生的问卷中了解学生对演唱教学的审美能力,从而对课题研究作有针对性的指导。

问卷调查中发现,有15%的学生反映对歌曲演唱教学兴趣不高;有50%的学生反映学校的音乐课内容单调枯燥,教学方法重技能缺素养;有5%的学生认为音乐课老师上课过于严肃,与学生不够亲切。

天津市静海区第一中学是一所农村学校。由于从小学到初中没有专业的音乐老师,高中音乐教学面临很大的困难。通过设计问卷调查,了解到高中生对合作学习音乐这一形式很感兴趣,也表示对音乐教材上的内容不太感兴趣,强烈要求运用内容健康积极向上的流行歌曲整合到高中音乐课堂教学中,用学生喜欢的音乐进行演唱学习。如果演唱教学让学生反复演唱一首歌曲,很多时候过分强调声音的统一就会失去了演唱本身的乐趣;如果任课教师以严肃的态度去审视学生,学生心态就会有变化,导致学习态度不端正。高中学生的可塑性很强,他们意志力坚定,在学习上能够知难而上,想尽办法解决问题,积极思考这样自然进步也会越来越大。演唱教学是音乐教学重要组成部分,对于培养学生的感受力,表现力、审美能力等方面有着不可替代的重要意义。演唱教学应该打破传统的教学设计,采取丰富多样的教学手段让学生参与课堂教学实践。

3 演唱教学的策略研究

演唱教学的策略研究旨在研究教师演唱教学的技术性与艺术性相结合的策略。

3.1 夯实音乐基础理论

为了学生们更广阔的学习实践,音乐基础理论知识会成为铺路石,也可以是攀登音乐之峰的第一个台阶。只有了解了音乐构成要素,才能深入地理解作曲家的匠心所在。也只有掌握了音乐要素构成规律,才能自如畅游在未来自主创作的乐趣中。

3.2 提高音乐表现力

对于绝大多数没有歌唱技巧的中学生来说,要求他们像歌唱家一样地表现是不现实的,像对音乐学院专科演唱的学生那样一板一眼地灌输技巧理论也是不符合实际的,既让学生学习到演唱技巧,又不会因为枯燥而半途而废是我们应该长期深思的问题。

3.2.1 音准与节奏是歌唱的基础

(1)音准练习:在声乐教学中,视唱练耳一直是音准教学的有效途径,每次在课程开始阶段,先进行音阶练习,让学生先唱准自然音阶、半音阶,然后过渡到二度、三度等音程。同时开展一些听音模唱练习,并安排一些和声训练,使学生有一定的音高概念。

(2)节奏练习:向学生讲解二拍子、三拍子、四拍子不同的强弱规律,让学生从单个节奏逐渐过渡到组合节奏的练习,直至分声部拍出各自的节奏谱。在练习时采用学生容易掌握的拍手、跺脚等方法,进行简单的声部节奏训练。

3.2.2 美好声音的训练是歌唱的重点

(1)对学生进行正确歌唱姿势的训练和呼吸的练习:要求学生做到气息畅通,喉头稳定,声音保持高位置,共鸣腔打开等。

（2）发声练习：在以往的课堂中都是教师用简单的练声曲带着学生练声，边示范边练习发声，这样做虽然起到练声的作用，但往往练声环节已经占用了很多时间。待到学唱歌曲时，学生因思维还停留在练声时母音的发声状态，而不能快速适应歌曲的旋律和咬字变化。在教学实践中，我们可以用歌曲中的某些乐句或乐段作为练声曲，先用母音唱这部分旋律，再过渡到歌词的演唱，其中贯穿对呼吸、打开喉咙、声音位置等技巧进行讲解与纠正，这样既学习了歌唱技巧，也解决了歌曲中的重难点，使练声不会脱离歌曲，提高了课堂效率，使歌曲的状态得到巩固和保持。因此，教师应把握好歌唱技巧的传授方式，在课堂时间有限的前提下，对于中学生来说，应尽量让学生的歌唱技巧与歌曲相契合，带领学生提前投入到歌曲的情景中，起到事半功倍的效果。

（3）咬字吐字练习：先让学生按咬字吐字的要求朗诵歌词，在歌词的朗诵达到要求后，再进行同音吟唱，然后再演唱歌曲。经过多次反复训练，让学生掌握咬字吐字的要领。针对学生在歌唱中字与字不连贯问题，采用拼音朗读的办法，把每个字的字头、字腹、字尾放慢速度连起来读，待读正确后再进行练唱等办法，使学生体会"字正腔圆"的声音要求。

（4）共鸣的练习：在训练中多使用头腔共鸣，引导学生半打哈欠打开口腔，有控制地轻唱，要求学生做到声带局部震动，使声音听起来既和谐统一又有活力。

（5）声部的训练：不同声部之间音色要有差异。高声部音色透亮一些，低声部音色厚实一些，每个声部内音色要统一。在训练时，先确定一个较为标准的声音，然后让同一声部内的其他人向他靠拢。在训练中要求学生做到音量平衡、声音轻柔，通过互相倾听对方的声音来调整自己的音量。

3.2.3 肢体语言是演唱的亮点

在日常的课程中，形体训练至关重要，它需要长期的积累。主要通过舒展优美的舞蹈基础练习（以芭蕾为基础），结合古典舞、身韵、民族民间舞蹈进行综合训练，塑造学生优美的体态，培养高雅的气质。形体训练对腰、腿、臀、胸等关键部位进行科学训练，还会利用芭蕾、舞蹈、体操的原理舒展优雅体态，使精神和形体完美统一。

3.2.4 二度创作是演唱的形神追求

优秀的艺术作品，大都离不开艺术家主观感情的孕育，是艺术家"道"和"艺"

结合的产物。音乐表演艺术中形神兼备体现的是艺术反映现实生活过程中的形式与内容的矛盾统一;客体与主体的矛盾统一;反映与创造的矛盾统一。所以说,艺术的形神兼备体现着丰富而生动的辩证思想。与西方艺术相比,中国艺术特别强调传神。"气韵协,生动出",艺术作用的传神被奉为艺术的最高审美境界,这也是我们民族美学的主要特征之一。甚至不惜"遗貌取神",来满足人们的审美要求。黑格尔在《美学》中一再强调的"生气灌注",即在音乐中要体现"生命律动"。一种物质的无生命的声音,居然诱发人的生命律动的体验! 生命客观化于物质声音之中就形成了意义,这才是人类创造的真正艺术。没有这种生气灌注,声音就只是一种无生命的物质振动,而不成其为艺术创造。对于音乐表演者来说,如何把握"二度创作",如何在尊重原作的基础上尽可能地表演是技术与表演力完美的结合,是音乐表演获得其品格的基础和保证而如何通过自己的表演把音乐的美传达给观众,如何使听众在音乐的熏陶下洗涤心灵, 如何使人们因为有了音乐而感到充实快乐,是音乐工作者们毕生的事业和追求。

表演类社团和语言的表达是分不开的,音乐本身就是一种语言,音乐语言通过速度、力度、节奏、节拍、调式、调性等音乐要素的变化,引起观众的情感共鸣,带给听者丰富的情感体验,使其心理上获得愉悦感,音乐语言在表达中传递,在表达中升华。音乐语言的背后还蕴藏着丰富的文化元素和思想内涵,通过表现不同民族、不同地域、不同国家、不同时代的音乐,挖掘音乐家的创作背景,我们将会从音乐语言中获得更多的力量,这力量来自于人类最原始对自然的敬畏和崇拜;来自于历朝历代诗词歌赋的演绎;来自革命中对生命和人性的拷问;来自于改革中先锋者、奋进者史诗般的高歌……音乐可以表达万物,沉淀万物。最重要的是音乐语言还有具有让人反思的特性,回首全国人民抗击疫情的关键时期,那一首首表现一线医务工作者、外卖小哥、火神山建筑工作者、青年志愿者的音乐作品,让我们更清晰地看见人性的光辉和伟大,了解到社会上还有那么多人为了他人的所付出的艰辛和努力,让我们为之动容和敬佩。反思我们作为社会的一员,我们无法身处一线,无法体会到他们的不易,而我们应该如何做呢?当音乐作品让我们由彼及己的反思自己,并激励我们自己也要勇敢起来,为了人类共同的命运奋进时,那就是音乐语言最成功的时刻。

理想的歌唱是有感情地演唱,唱情而非唱声,那么如何让学生体会歌曲的深层内涵,摆脱无情无味而使演唱动情动人呢?首先,要了解音乐家的背景,包括生平和创作背景,这项内容可以放手让学生自己去收集,然后在课上将收集的成果向大家讲述,通过集思广益,学生可以了解有关歌曲的各方面知识,拓展了视野。这样既可以改变以往教师说学生听的模式,也可以加深对歌曲内涵的理解和印象。其次,对歌词的理解也是理解歌曲内涵的主要方面,单纯的读歌词是以往常用的教学手段,但这种方式未免有些刻板,尤其像诗歌、诗词类的歌曲,读一遍并不能了解其深意。让学生提前写一篇简短的歌词有感,字数不用太多,但却是学生经过反复思考和推敲后的感受,课上请学生读一读感想,共同探讨和归纳出歌曲的情感,这个过程是由学生思考后总结归纳的过程,充分发挥了学生的主观能动性,更加深刻地体会了歌曲的情感,加深了对歌曲情感的记忆。在深刻的情感体验后,声情并茂地演唱也并非难事了。因此,放手让学生探究歌曲的情感,通过思考、写作、阐述和归纳的过程,会使情感体验更加充分,如果对情感的体会不充分就会像昙花一现,不能在学生的头脑中产生长久的印象,仅仅分析一遍情感内涵,并不能满足歌曲演唱时情感表现的需要,只有通过系统地探究后,学生才能真正获得深刻的情感体验。

3.3 创设课堂氛围

一堂歌唱课,如果没有良好的课堂氛围,会使学生的兴趣索然,使课堂效率大打折扣。一方面要防止过于活跃而导致散漫;另一方面也要防止过于刻板而导致沉闷。例如,活动部分是歌唱教学的重要环节,通过活动学生可以掌握基本的音乐要素,学习歌曲的演唱等。教师应在备课时对课堂活动有所设想,在活动环节中既把主动权交给学生,又要调控好"动"的尺度。以把控活动时间为例,既不要因时间过短而使学生无法掌握基本的知识要点,也不要因时间过长而影响整体课堂进程,把握好活动的时间,使学生在活动中获得一定的知识量和审美体验,是课堂活动的根本目的。对于有意大声喊唱,不按要求胡乱表演而影响课堂氛围的行为要坚决制止,使课堂处于活而有序的状态。另外在向学生介绍等讲述的部分中,教师应适当地向学生讲解音乐家相关的背景知识,但不要因过多地讲述而喧宾夺主,否则会使课堂沉闷,无法体现歌唱教学的特点。例如,设置问题时需要考虑与歌曲的联系,而非一味地进行文学性的描述,通过层层引

导将学生的兴趣引入到歌曲的演唱中去。因此,在歌唱教学中把握好课堂氛围的"度"很重要,这直接关系到能否激发学生的歌唱兴趣,使课堂整体处于良性循环的状态。

4 拓展实践的策略研究

拓展实践的策略研究旨在研究学生拓展实践的开发性与共享性相促进的策略。

4.1 了解学生拓展实践的意义

高中音乐教育不止包括以教师教授为主的六个必修模块的知识普及和第二课堂技能训练,还包括学生自主选择的社团活动。通过学生们组织开展多种多样的文艺活动,对其学习能力的形成犹如鸟之双翼。在打磨作品的过程中,潜移默化地接受了音乐育人的洗礼;在指导教师的引导和点拨下,迸发艺术创造的火花;在满足于自身爱好的同时,不断使自己某一方面的技能得到锻炼,由擅长到特长,达到质的飞跃,从而提升自信。正如马斯洛"需求层次理论",社团中每一个成员都希望自己飞得更高,社团也有义务为成员实现自我价值提供更为广阔的舞台。学生社团是校园文化建设的重要载体,是学校第二课堂的重要组成部分。在学生知识结构的完善、技能的日趋成熟能力的不断提高以及思想道德水平的提升等方面发挥着独特的、不可替代的作用。

学生社团活动是学生根据自己的兴趣爱好、艺术特长和发展需求而自主选择的一种活动形式,是培养学生能力、增长知识,提高综合素养的一个重要途径。丰富多彩的社团活动活跃了校园文化生活,促进了学生的身心健康,有效地提高了学生的思想道德素养,拓展了学校教育教学的空间,为提升学生综合素养提供了更广阔的平台。在校园生活中,学生社团成员来自不同的年级和不同的班级,本着自愿的原则选择喜欢的社团,从社员招募到组织社团活动,主要由学生自主管理,在这过程中,学生的主体意识被充分地调动起来,激发了学生积极参与的主动性和能动性。社团积极参与校内外的各项活动,有的社团甚至主动联合其他学校组织联演和联赛等活动,极大地拓宽了自己的视野,使技能在互相切磋中提高,使综合素养在相互交流中提升。新时代教育肩负着"培养什么样的人"的历史使命,通过学生社团活动,培养了学生的团队合作精神,创新精神,自我管理能力,塑造了健康的人格,促进了积极情感和良好的道德品质的形成。应该说,异彩纷呈的学生社团活动已经成为学校实施素质教育的重要途径,对于提升学生的综合素养发挥了不可或缺的作用。

4.2 参考发展成熟的学生演唱类社团

每个学生社团是由一群有着共同志趣的社员组成的,社员间是平等的、默契的,大家在沟通和交流时,会营造出和谐民主的氛围。新学期社团纳新后,每个社团制定活动目标,这也为社团活动指明了方向,有的社团是在指导教师的引领下进行团体培训;有的社团是在社长带动下进行小组学习,社员们有劲往一处使,朝着统一的目标聚力前进。在活动过程中,共同商讨,拿出方案,提出修改意见和建议,发挥主人翁意识,形成人人都参与,人人有收获的良好氛围,使团队形成合力,展示出集体的智慧和力量,从而提高学生的自信心和团队合作精神。根据每一届的学生特点和需求,在长期固定的社团种类基础上增加与时俱进的新团队。以下将演唱课程衍生出的具有综合素质的学生社团作一介绍。

4.2.1 原创电声乐队

该社团成员不仅要具备歌唱和演奏的技能,还要了解音乐基础理论,能够作曲,擅长运用电声设备,玩转和声。在指导教师的引领下,社团成员可以在初稿完成后,可以使用编曲软件作为载体,首先利用外置声卡录制某件乐器的音轨,作为整个编曲的框架。在集中讨论歌曲发展方向后,加入吉他、钢琴等需要的音轨,在后期也可以利用现代 MIDI 技术加入电声贝斯和一些电声乐器,并进行后期优化,在原有编曲结构的基础上加入人声采样,最终合作完成音乐小品,并配合影音传媒,为校园文化建设添砖加瓦。

4.2.2 吉他弹唱社

该社团成员要在弹奏和演唱能力的基础上,具备良好的弹唱协调能力,灵活运用不同的伴奏织体,掌握不同风格作品。吉他是高中生首选自主学习乐器,便于携带,音色恬静,适合校园演奏。时常见到背着吉他的学生徜徉在校园,常常听到

不同角落传来的真切歌声,抒写着青春的校园文化。

4.2.3 音乐剧社

该社团成员要在高水平歌唱能力基础上,具备舞蹈表演能力。在实际排演过程中,音乐剧社的作品比表演唱课程中的作品更具张力,所以综合能力过硬的学生人数较少,建议可吸收有舞蹈特长的同学作为助演,既各抒所长,还能强化表演场面,成为校园文化中学生喜闻乐见的表演形式。

4.3 开发学生社团拓展形式

学生社团是校园文化的晴雨表,直接关系到学校能否坚持先进文化的前进方向。高质量的社团活动,增加社团凝聚力的关键所在,讲求实效、力求出精,真正成为培养学生能力,提高学生素质的校园文化组织。丰富的学生社团活动,为学生的发展拓宽了空间,使学生更全面的发展,获得愉悦和自信,为未来发展奠基。学校设置学生社团活动时间,安排活动场地,为学生搭建自主发展的平台,是为了进一步提高学生自我管理、自我规划、自我反思、责任担当和勇于探究的能力。学生在活动中,依据自身的个性特征和潜质选择适合自己的社团,合理分配和使用时间与精力,大胆尝试、勇于创新,积极寻求有效地解决问题的方法,培养了同学们坚持不懈的探索精神和达成目标的持续行动力,提高了独立思考和多角度辩证地分析问题的能力。

学校在组织开展的迎新联欢会、运动会开幕式、成人仪式、教师节等大型活动中,都可以有学生社团精心编排的节目。除此之外,学生社团还可以利用大课间自发组织小型音乐专场演出,吸引更多的音乐爱好者到场欣赏,遵守演出纪律,从而营造高雅氛围。

5 高中音乐教师专业发展的几点建议

所罗门·斯奈德(Solomon Snyder)在《约翰斯·霍普金斯杂志》(*Johns Hopkins Magazine*)上讨论了导师的重要性,他指出,"预测谁将获得诺贝尔奖的最佳方式就是简单地调查培养他们的人。"一个好的导师需要同时通过强调分析技能以培养理解力,通过培养自信心以强化灵魂。这种鼓励会引导一个踌躇的学生向有自制力的、敢于探索和创新的学者转变。我们能否培养出这样优秀的学生?又能否成为这样的"导师"?

5.1 综合素养

如今课改从"知识时代"走向"核心素养时代"。"高中音乐教师"这个身份看似简单却蕴含复杂。复杂在于,"音乐教师"不是"钢琴教师",也不是"声乐教师",它像"全科医生"一样,是"全科教师"。高中学生已经具备了一定的知识底蕴、搭建了属于自己的知识体系。而高中音乐教师作为知识技能的传授者,不仅要在声乐和器乐方面具备较高水准的业务素养,还要横跨音乐领域的其他学科和其他领域的更多学科。我们在给学生分析作品的时候需要横向与纵向的加以拓展,打通知识脉络,真正做到知识的融会贯通、立体掌握知识点。所谓"从文通理""知类通达",开启"深度学习"模式,不断完善知识结构,为学生的思维而教,培养全面的人。

5.2 教学智慧

音乐课是高中阶段十几门必修课中最受学生期待的课程。然而我们的教学效果是否满足了学生的学习需求?如果我们把教学内容比作食材,把课堂硬件设施比作电炊器具,那什么才是调味品呢?我认为就是教学智慧。众所周知,音乐教育具有陶冶情操、培养学生良好的思想品质的作用;具有增强审美意识、使学生身心得到健康发展的作用;具有启迪智慧、提高和发展创新思维的作用;具有发展学生个性和培养学生合作意识的作用。因此,音乐课堂更应该有积极灵活的授课方式。

我们所做的每一件重要的事往往都受自己思维习惯的影响。教育不再被视为主要由教师向学生传递知识的单项过程,而成为一种将为包括学生在内的每一个人提供学习、提高和发展机会的场所。教学目标不仅在于学生掌握知识,而且更要发展学生智力,引导学生通过自己的主动发现来学习,要把学习知识的过程和探索知识的过程统一起来。教学生某门学科,不是要使他们把一些结果记录下来,而是要使他们参与知识建构的过程。以学生为中心,不仅要求学生由外部刺激的被动接受者和知识的灌输对象转变为信息加工的主体、知识主动建构者;而且要求教师由知识的传授者、灌输者转变为学生主动建构的帮助者、促进者。例如,授课时的顺序很重要,不能以"自己想讲的顺序",而是以"学生理解的顺序"来讲。这就

意味着教师应当在教学过程中采用全新的教学模式、全新的教学方法和全新的教学设计思想。因此在教学实践中换位思考、逆向思维应该成为我们的惯性思维方式。以学习者为中心，以学定教，丰富课程选择，满足发展需求。引领学生获得学科思维，达到教学目标，建立核心素养。

6 结论

6.1 哲学思考和实践摸索提升教师育人境界

21 世纪教育哲学要从"以教育知识为核心"转变为"以教育实践或教育生活为核心"，从而转变为一种"实践哲学"或"生活哲学"。这种教育哲学的最终目的是要真正地提升教师的教育智慧，而不仅仅是增加教师的教育知识。教育要关注每一个人的人生境界问题，就必须培植人们对于实现人生至境理想的坚定信念。事实上，无论哪一种人生哲学，也都相信每一个人能够实现人生的至境追求，如儒家说，"人皆可以为尧舜"。人生境界的提升是一个内在的过程，而非是一个外在的过程；是一个不断觉悟的过程，而非是一个外在灌输的过程。教育应当向青少年介绍历史上那些伟大人物做榜样，学习他们是如何能够做到超越自我，以提升人生境界的，教师也应加强自我修养成为有境界的教师。以教师的境界来提升学生的境界。对于青少年人生境界的培养来说，没有什么比教师本人的人生境界更有直接的影响力了。由于师生关系的特殊性，教师的一言一行都对学生产生直接的教化作用。因此教师的境界就会影响学生的境界，教师境界的高低就影响到学生境界。从这方面来说，想培养有境界的学生，教师自己必须首先加强自我修养，成为有境界的教师；教师教育也必须首先超越"专业化"的标准，将培养有境界的教师作为自己的主要目的。

所有的教育教学活动，尽可能地向实践倾斜、向技能倾斜、向学科本质倾斜，坚持以学生为学习主体，促使学生能积极、主动、高效地参与学习，从而帮助学生获得学科思维，培养核心素养。多年之后，即使学科知识有所忘却，也不要忽略曾经的学习与体验早已转化为素养，或者能力，亦或者潜能。新课改背景下的高中音乐教学体现了"以美育人"的导向性原则。本课题组认为，"美"不仅是审美，更应是美的价值观和情操。

6.2 转变教学方式创建更多展示平台

认知是一个过程，而不是一个结果。在教学中让学生学会探索未知比掌握现成的知识更为重要。让学生了解自己的潜能比学会一门技能更为重要。传授知识的过程，必须始终着眼于学生的可持续发展。要时时思考如何让学生乐学、会学、善学，学生在学习过程中可能会遇到哪些困难，作为教师要引导学生解决这些困难。我们要意识到，课堂教学是发展学生素质的主要场所，但它不是提高学生素质的唯一途径。教育教学应当渗透在学生参与的各类活动中。

众所周知，艺术教育具有陶冶情操、培养学生良好的思想品质的作用；具有增强审美意识、使学生身心得到健康发展的作用；具有启迪智慧、提高和发展创新思维的作用；具有发展学生个性和培养学生合作意识的作用。因此，艺术教育更应该有积极灵活的授课方式。如何有效地运用瑞士的皮亚杰(J.Piaget)的"建构主义"学习理论和美国著名教育家布鲁纳"发现主义"学习理论，教师的思维方式就显得尤为重要。我们所做的每一件重要的事往往都受自己思维习惯的影响。狭隘的训练，经常会导致狭隘的视角，也阻碍了创造力。例如，授课时的顺序很重要，不能以"自己想讲的顺序"，而是以"学生理解的顺序"来讲。这就意味着教师应当在教学过程中采用全新的教学模式(彻底摒弃那种"以教师为中心，强调知识传授，把学生当作知识灌输对象"的传统教学方式)、全新的教学方法和全新的教学设计思想。因此在教学中换位思考、逆向思维应该成为我们的惯性思维方式。教学生某门学科，不是要使他们把一些结果记录下来，而是要使他们参与知识建构的过程。教学目标不仅在于学生掌握知识，而且更要发展学生智力，引导学生通过自己的主动发现来学习，要把学习知识的过程和探索知识的过程统一起来。以学生为中心，不仅要求学生由外部刺激的被动接受者和知识的灌输对象转变为信息加工的主题、知识主动建构者；而且要求教师由知识的传授者、灌输者转变为学生主动建构的帮助者、促进者。

7 主要攻坚成果

7.1 教学实践成果统计

7.1.1 课间文化

天津市第四十七中学声乐类学生社团积极组织社团排练,其中 2020—2021 学年第一学期利用下午大课间为广大学生呈现近十场"小而精"的专项演出,形成学校独具特色的"课间文化"。每场演出报告厅座无虚席,过道里也站满了观众,甚至有学生准备了横幅和啦啦队口号,营造浓郁的艺术氛围,解放了学生的身心,开阔了学生的视野,更培养了学生的综合素质。

7.1.2 原创歌曲

天津市第四十七中学轻音社在老师的帮助下探索创作技法、尝试创作,于 12 月 15 日在网易云发布原创作品《逐梦》。将学生卓雅的精神面貌,面向网络作以宣传,得到了广大网友的好评,连接了校友们的心,振奋了在校学生的士气。

抗击疫情时期,天津市第二十中学的表演唱类社团也在通过自己特殊的音乐表达方式,为武汉加油,为一线医务工作者加油,为抗击疫情助力。流行音乐社根据歌曲旋律重新填词创作的歌曲《逆风而行》。同学们积极参与线上活动,做到了居家学习和发展兴趣爱好两不误,同学们用自己的特长为抗击疫情助力,特别推出"汇聚微光 激扬青春正能量 ——二十学子为抗击疫情助力(一)和(二)两篇公众号。同学们汇聚青春力量,用绵薄之力在齐心协力,共克时艰的特殊时刻,表现出新时代中学生应有的行动。

7.1.3 学校文艺展演

天津市第四十七中学"重音社"原是马虹老师指导的一个女声表演唱参赛队,在课题研究阶段特将活动体制转变,由老师一手操办一切事宜转变为学生主动探索表演的上升空间和声音的默契配合,马虹老师帮助他们把握方向,为他们提供需要的技术支持,大大地提高了他们的学习兴趣,因而成绩喜人,获得天津市学校文艺展演歌手组合表演唱中学组一等奖。

天津市第二十中学刘洁老师指导的歌手组合表演唱《跟彩虹一起成长》，获天津市和平区学校文艺展演中学组一等奖、天津市级学校文艺展演中学组三等奖；指导的小合唱《贝加尔湖畔》，获天津市和平区学校文艺展演中学组二等奖。

天津市静海区第一中学边梅元老师指导的合唱《我和我的祖国》和《走向复兴》两个作品在天津市静海区第十四届学生合唱节中获得一等奖。

7.1.4 校本资源

天津市第四十七中学马虹老师将演唱教学的策略研究首先投放在学生社团的实践活动当中，从而在演唱教学的技术性与艺术性相结合的策略上下功夫。通过教学内容的整理编纂出我校《女声表演唱》校本资源，为今后教学研究夯实了基础。

7.1.5 研究论文

天津市第二十中学刘洁老师撰写的论文《浅谈学生社团活动在提升学生综合素养中的作用》，获天津市第十七届中小学双成果论文三等奖。

天津市第四十七中学马虹老师撰写的论文《浅谈表演唱在高中校园文化建设中的价值》获天津市基础教育 2020 年"教育创新"论文评选三等奖。

参考文献

[1]高拂晓.音乐表演艺术论[M].重庆：西南师范大学出版社,2008.

[2]陆士桢.高校学生社团建设指南[M].北京：人民日报出版社,2012.

[3]孙炳海,高建伟.像心理学家一样看教育[M].北京：高等教育出版社,2019.

[4]拉吉罗.思考的艺术[M].北京：机械工业出版社,2017.

[5]萨蒂.创造性思维：问题处理与科学决策[M].北京：机械工业出版社,2017.

[6]石中英.教育哲学[M].北京：北京师范大学出版社.

[7]杨易禾.音乐表演美学[M].南京：江苏凤凰文艺出版社.

[8]迈尔-舍恩伯格,库克耶.与大数据同行：学习和教育的未来[M].上海：华东师范大学出版社,2015.

[9]王培喜,段传娅.重唱与表演唱[M].重庆：西南师范大学出版社,2001.

附录 1:教学案例

高中表演唱"融"

天津市第四十七中学 马虹

一、研究初衷

在新课程改革的大背景下,高中校园文化建设成为厚置"立德树人"的文化沃土。表演唱作为高中生喜闻乐见的表演形式,为校园文化建设添姿添彩。如何以教师指导的表演唱课程为切入点,衍生出学生组建的多种表演唱社团?从而围绕着音乐学科核心素养,"融"显性教育于隐性教育之中,培养"全面发展的人"。

二、教学背景

2017 年国家颁布了《普通高中音乐学科教学指导意见》。此次课程改革在实现学生全面发展的基础上,满足不同学生个性化需求,真正促进普通高中学生的自主选学、自主发展,实现全面而有个性化发展的育人目的。

经过了九年义务教育的培养,高中生不仅具备了一定的音乐鉴赏能力和表现能力,在自主管理和创新发展方面也是材优干济。他们需要有探索学习的机会、需要被同学们肯定、需要更多更广阔的展示平台,需要"融"多种素养于一身,全面发展。

三、案例解析

(一)"表演唱"的演唱形式

追根溯源,"表演唱"是属于曲艺范围中广大人民群众喜闻乐见的艺术形式。它既有舞台表演(肢体动作)的技巧,又有唱腔设计的运作,它以带有表演动作的说唱来叙述故事,塑造人物,表达思想感情,反映现实生活中典型人物和事物,具有教育意义和感染力。它与民间音乐及各地方言有着密切的关系。其地方特色鲜明,最富群众性。

在校园艺术活动中,常常以"校园歌手组合表演唱"的形式出现。其表演风格多样,有体现地方民族特色、时尚歌舞特色、电声乐队弹唱特色等。表演唱可以说是校园里最为活泼的音乐活动,是学生学习音乐知识技能和培养音乐审美能力的最佳途径。

(二)"表演唱"课堂教学

表演唱课程是一个比较综合的训练课程,是声乐、合唱和舞蹈三门专业的融合。课程内容包括音乐基础理论、音准练习、节奏练习、咬字吐字练习、音色训练、和声训练、形体训练等。

1.选课走班

学生根据自身特长和爱好自主选修。由于教学内容和教学场地的限制,一个教学班只能容纳20人。为了便于形体训练,男女生需要分班教学。学生们在电脑选修系统开始之时以"秒杀"的态势瞬间抢占名额。由于学习机会得来不容易,因此在上课的时候学生们的学习积极性是非常高的。

2.融备赛于课堂教学

每节课大致分为两部分,上半部分为歌唱训练;下半部分为表演训练。由浅入深、循序渐进地从小作品过渡到参赛作品。例如,2020年,我计划带领学生参加市、区级"学校文艺展演"歌手组合表演唱的作品是《簸箕上的麻雀》。所以把这个作品从咬字吐字、和声等训练到舞蹈编排都在课堂上进行了详细的分解练习。学生在课堂上基本能够掌握作品中歌唱难点和动作特点。有参赛兴趣和演唱能力的学生可以参加课后的学生表演唱社团,得以进一步提高表演能力。除此之外,在日常教授多种表演技能的过程中,不断挖掘学生的发展潜能,便于他们课下参加不同的学生社团,开启拓展实践的新动能。

(三)"表演唱"学生社团

1.学生社团

"学生社团"顾名思义是拥有相同爱好的同学自发组建的青年成长团体。它们在学校团委的领导下,拥有志趣相投的指导教师,利用课余时间,自主组织排练活动,可以参加德育和艺体等多方面的演出、比赛,以及志愿活动。指导教师的任务是引领和纠偏,其他工作均在社长的组织下,社团成员合作解决完成。

2.表演唱社团

"表演唱社团"是"表演唱课堂教学"的延伸。近一年,我校的表演唱社团呈现了多姿多彩的学生活动、涌现出灿若繁星的艺术人才。其中"重音社"和"轻音社"成绩突出。他们是"表演唱社团"的两个分支。

（1）重音社

"重音社"是女声表演唱参赛队，是2020年新成立的学生社团。"和声"即为"重"，作为参赛队也肯定是"重量级"社团。因为要求演员在高水平歌唱能力基础上，具备舞蹈表演能力和舞台走位、控场能力，所以社团成员都是能唱能跳的中流砥柱。而她们正是在"表演唱"课堂教学中选拔出来的佼佼者。脱离了教师一板一眼的知识技能传授，社团中的她们需要独当一面。

之所以成立"重音社"是源于天津市中小学领航工程的"团队攻坚"的子课题研究。2017年我第一次带女声表演唱参赛队，在天津市学校文艺展演校园歌手组合表演唱项目中喜获一等奖第一名，之后的成绩却连年停留在二等奖，我百思不得其解。于是以课题研究为契机，尝试"放手"策略，鼓励学生大胆实践、自主管理。

关于参赛作品《簸箕上的麻雀》中旋律、和声、舞蹈动作，社团成员已在"表演唱"课堂上基本掌握，在"重音社"的排练活动中需要进行整合。首先通过成员推荐选拔出社长，然后我将比赛的时间、场地、设备、参赛要求作以介绍，请社长汇报给我排练计划，在我提出修改意见之后，社团进入自主管理排练阶段。期间当她们遇到团队无法解决的难题时会找到我来协助解决，比如高音、有难度的和声等。其他问题均能依靠团队力量顺利化解，例如准时排练、独唱与合唱结合练习、队形编排、舞蹈动作反复打磨等。比赛当天，这几个孩子分工完成备场事项：有负责化妆的、有负责服装的、有负责排练的、有负责收尾的、还有负责与我联系取得后方支援的……我作为一个旁观者，看到这样一个团结互助、组织严密的团队，心中不禁骄傲。最后成绩是喜人的，再一次获得了一等奖第一名。总结经验，发现日常学习的教学理念"以学生为主体"不是一句口号，而是凝练多少实践经验的金句。教师需要将知识点和技能在对方乐于接受的状态下传递给学生，然而知识的运用绝不是教师手把手教出来的，而是"放手"锻炼出来的。期间学生即使走了弯路，我们都不必紧张，必要的失败是他们成长的催化剂。

（2）轻音社

"轻音社"属于原创电声乐队，该社团成员通过在表演唱课堂上学习乐理知识，从而激发创作激情。开始他们只是在钢琴、吉他等乐器上不断摸索，携手唱将们边试唱边创作。后来收获了作品雏形带来的喜悦，便开始使用编曲软件作为载体，利用外置声卡录制某乐器的音轨，作为整个编曲的框架。在集中讨论歌曲发展方向后,逐步加入吉他、钢琴等需要的音轨。在后期还利用现代 MIDI 技术加入电声贝斯和一些电声乐器进行优化。最后在原有编曲结构的基础上加入人声采样,最终合作完成音乐小品《逐梦》。

在学校团委的大力支持下,2020 年走进录音棚重新完美演绎, 并于 12 月 15 日在"网易云"平台正式发布。这首作品将天津市第四十七中学学生卓雅的精神面貌,面向网络作以宣传,联结了我校学子的心,振奋了在校学生的士气,得到了广大网友的赞许和转发推荐。平台上有校友评价说:"这首作品承载了我们的校园生活,从懵懵懂懂到慷慨力行,记录了我们人生中最美好的阶段,胸怀大志却能脚踏实地。享受得了鲜花和掌声,亦能耐得住孤独与迷惘,而这正是少年的征程,少年的远方,也是我们的理想和远方。"

2021 年的元旦联欢会上,计划将《逐梦》作为压轴节目。可是由于其中演员已为高三毕业班学生,所以从活动策划的我到学生都备感压力。我既不想让孩子们学习分心,又希望给他们留下一个美好的收官回忆,从而激励他们的同学和学弟学妹们珍惜高中生活。而这几个孩子虽然有演出的热情,但是苦恼于没有时间准备,迟迟没有确定。所以只能将《逐梦》作为返场或压轴节目准备。令我喜出望外的是,演出当天,其中一个孩子找到我,说确定全员能参加演出,并写了一段创作感言希望能念给观众听。演出之时,他们纷纷从教室赶到舞台的那一刻,我动容了,当听到创作感言时,我眼睛湿润了。我感慨于他们彼此的情谊,以及三年间被他们围绕身边"融"的日子。

"轻音社"的每名成员聚似一团火,散是满天星。高一和高二的社团成员以《逐梦》为马,不负韶华,又完成了一首全新的原创歌曲《光》,也于 2021 年元旦联欢会上与观众见面。除此之外,"轻音社"积极组织社团成员参加天津市第四十七中学独具特色的"课间文化"演出。如此"小而精"的专项演出,报告厅座无虚席,过道里也站满了观众,其中可见部分教师的身影,甚至有学生准备了横幅和啦啦队口号,营造了"融"的艺术氛围。"轻音社"的成员们通过一次次的磨练逐渐提高演唱水平和舞台掌控能力,很多新社团成员收获了观众的认可和喜爱。

四、教学反思

表演唱课程作为学校第二课堂课程,将高一和高二年级有歌唱兴趣且有一定歌唱表现力的同学凝聚在一起。通过鉴赏视频和音频教学资料,提高审美能力;通

过实践教师讲授的演唱方法、参与模唱训练,提高演唱能力;通过聆听教师教授作品背景、与其他同学相互配合和探究,提高对作品的表现力;通过感受和声的美感,提高演唱技巧和审美能力、协调体态和肢体动作;学生们还可以通过参加训练和排练,发扬同呼吸、同形象、同感情、同进度的集体精神,培养协作能力,领悟个人与集体的关系,丰富情感表达,陶冶健康向上的感情。通过歌唱、形体、表演等专业的训练,挖掘学生的发展潜能,分派不同的比赛任务。

1.表演唱在校园文化建设中的显性教育价值

显性教育价值主要体现在课程建设方面。表演唱是一门实践性课程,是声乐表演体系中的重要环节。不仅体现了音乐素养和声乐表演的特殊功能,在目标上体现了听、唱、演等舞台技术上的具体要求。

2.表演唱在校园文化建设中的隐性教育价值

隐性教育价值主要体现在学生社团活动方面。社团活动作为校园文化重要组成部分的,已经成为校园内一道亮丽的风景线。它不仅能够丰富学生课余生活,繁荣校园文化、提升学生综合素质,培养高素质创造性人才,而且在音乐学科核心素养的延展方面也发挥着重要作用。

高中音乐教育不止包括以教师教授为主的六个必修模块的知识普及和第二课堂技能训练,还包括学生自主选择的社团活动。学生经过团委、学生会的审批,自主加入感兴趣的社团组织。通过学生们组织开展多种多样的文艺活动,对其学习能力的形成犹如鸟之双翼。在打磨作品的过程中,潜移默化地接受了音乐育人的洗礼;在指导教师的引导和点拨下,迸发艺术创造的火花;在满足于自身爱好的同时,不断使自己某一方面的技能得到锻炼,由擅长到特长,达到质的飞跃,从而提升自信。正如马斯洛"需求层次理论",社团中每一个成员都希望自己飞得更高,社团也有义务为成员实现自我价值提供更为广阔的舞台。学生社团是校园文化建设的重要载体,是学校第二课堂的重要组成部分。在学生知识结构的完善、技能的日趋成熟、能力的不断提高,以及思想道德水平的提升等方面发挥着独特的、不可替代的作用。

五、总结

《普通高中音乐学科教学指导意见》的颁布,掀起了高中音乐教学改革的浪潮。我们要认清学生发展需要,以表演唱为切入点,以点带面,开展丰富多彩的社团活动,全面提高高中学生的音乐鉴赏水平,为校园文化建设添姿添彩,为培养"全面发展的人才"而不断进取努力!

参考文献

[1]陆士桢.高校学生社团建设指南[M].北京:人民日报出版社,2012.

[2]王培喜,段传娅.重唱与表演唱[M].重庆:西南师范大学出版社,2001.

演唱的形式
边梅元

一、问题的提出

演唱教学是实现中小学音乐教育正题目标的有效途径,演唱教学也是提高学生音乐素质的重要手段。音乐新课程实施以来,在客观上反映了新课程演唱状况。其实演唱教学作为音乐新课程的重要组成部分,是学生整体音乐能力的形成音乐素养的提高重要的一部分,也是音乐课堂教学中学生学习兴趣最浓的部分。

通过研究让学生了解并分辨独唱、重唱、对唱、合唱与轮唱五种演唱形式。

二、背景

本课是普通高中教科书花城版教材《歌唱》第一单元《美妙的人声》的知识拓展,《演唱的形式》是一节以欣赏为主的课程,在色彩斑斓的演唱艺术中,除了我们常见的独唱和合唱外,还有重唱、对唱、轮唱等各具特色的演唱形式,让学生集中了解这些演唱形式的特点,领略这些演唱形式的艺术魅力。为了引导学生感受、体验不同演唱形式的歌曲,并让学生通过视听、讨论、对比、交流和演唱来增进对歌曲演唱形式的了解。

教学对象为高中二年级学生,对于高中的一切都感到新奇,求知欲特别强,上课也能认真听讲,这是上好音乐课的基本条件。高中学生自我意识加强,课堂教学更需要知识的融会贯通,更需要理性的分析和引导。所以,教师应该在如何引导学生自觉学习音乐上下工夫,培养学生学习音乐的兴趣。引导学生积极参与音乐体验,鼓励学生主动探究并对所听音乐有独立的感受与见解,帮助学生建立起音乐

与人声的密切关系,进而为终身学习音乐、享受音乐奠定基础。

三、案例描述

(一)事情过程

教学过程:

1.教学导入

师:你们班本学期参加了学校的合唱比赛了吗?演唱的什么歌曲,选一首唱一唱好吗?

生:学生说出演唱歌曲的曲名《我和我的祖国》《精忠报国》等,教师播放这两首歌曲,学生随音乐演唱。

【设计意图】

创设音乐情景,营造音乐氛围,激发学生的学习兴趣,为下一步教学做铺垫。

师:根据这首歌曲的演唱特点,谁可以试着说一下,他采用的是怎么的演唱形式?

生:学生回答,各抒己见。

师:(总结学生的回答)大家说得很好,说到演唱形式,你还知道哪些演唱形式?

生:重唱,对唱,独唱,齐唱,合唱,表演唱等演唱形式。

师:同学们回答的很准确。今天我们就一起来了解几种独具特色的演唱形式。

【设计意图】

引出课题,让学生明确学习内容,做到心中有数。

【板书课题】

几种独具特色的演唱形式。

2.讲授新课

师:歌曲《对山歌》,同学们听过这首歌吗?采用哪种演唱形式接下来,我请同学们再欣赏一首歌曲的片段,大家思考一下,这首歌曲,采用的是什么样的演唱形式?你又是通过什么来判定的?

(1)对唱

【播放课件】

《对山歌》

生:(分别回答)。对唱。歌曲的名称是《对山歌》。

判定的理由:两个人演唱的,所以是对唱的演唱形式。

这首歌曲很热闹。这首歌曲是一男一女,你一句他一句的演唱,所以是对唱。

师:同学们各抒己见,都有自己的认识。对唱的是一种很常见的演唱形式。

对唱:两个人或两组人一问一答的来演绎一首歌曲,称为"对唱"。

对唱有男女生对唱、男生对唱、女生对唱等形式。

对唱大多数是单声部歌曲,气氛热烈而欢快。

师:《对山歌》这首歌曲是一首典型的采取"对唱"的演唱形式来表现聪明机智。

【设计意图】

培养学生对音乐作品的感知,记忆与分辨能力。

(2)重唱

师:大家来认真的听一下,下面这首歌采用了什么演唱形式?你的理由又是什么?

【播放课件】

凤凰传奇《天蓝蓝》

【播放课件】

问题:歌曲采用的是什么样的演唱形式?

生:(各抒己见)。重唱。

师:两个人在演唱时,旋律并不是一模一样的啊?而是多声部的呐?这就是我们接下来要讲的重唱。

【播放课件】

重唱:指两个以上的演唱者,各按自己所分任的声部演唱同一首歌曲。

【播放课件】

重唱歌曲《饮酒歌》。

师:我们欣赏了重唱这种演唱形式。那么,请同学们谈论一下,然后我们一起进行交流。关于重唱,你可以总结出他的特点吗?

生:(各抒己见)。

①重唱是多声部的歌曲。每声部只有一人(或二人)演唱的。

②重唱包括二重唱、三重唱、四重唱等形式,其中二重唱最为普遍。在二重唱中,又可分为男声二重唱、女声二重唱、男女声二重唱和童声二重唱。

③同声的重唱在音色上较为和谐统一,混声的重唱在音色上则有变化和对比。

【互动地带】

师:学习了重唱,我们大家了解到,重唱还有那么多的形式。那么接下来,我们就来亲身体验一下多声部重唱吧。老师把大家分成三组,来进行一个简单的三声部发声练习。首先请看屏幕。

【播放课件】

1=3/4 6— —|6— —‖(第一组)

　　　 啊

　　　 4— —|4— —‖(第二组)

　　　 啊

　　　 2— —|2— —‖(第三组)

　　　 啊

【设计意图】

让学生感受和体验,引导学生理解多元文化。

(3)合唱

师:我们一起亲自体验了重唱的多声部演唱的效果。那么,同学们想一下,要是在唱歌的时候,人数增多,又给我们带来怎么样的视觉听觉感受呐?

【课件播放】

《黄水谣》。

师:看了视频,大家都听到了什么,看到了什么? 又想到了什么呐?

生:(踊跃回答问题)。

师:通过看书再结合我们刚刚欣赏的视频,同学们有没有感觉到合唱的魅力呢。

【设计意图】

学生能掌握歌唱常识,加强对演唱形式的认识,以拓展音乐文化视野。

知识巩固:

师:刚刚我们一同学习了三种演唱形式,那么现在我们共同欣赏几首歌曲,大家一起告诉我它属于哪种演唱形式?

【播放课件】

《纤夫的爱》(对唱)。

《绒花》(重唱)。

《妈妈教我一支歌》(合唱)。

生：边欣赏边回答问题。

【设计意图】

利用学生感兴趣的歌曲巩固所学知识。

知识拓展：

师：一首歌曲可以用不同的演唱形式来演唱。下面我们就一起来欣赏一下。

【播放课件】

《同一首歌》。

演唱感受实践：学生尝试性演唱《同一首歌》。

课堂小结：

同学们，今天我们这节课欣赏了几首不同演唱形式的歌曲，充分感受到了它们各具特色的演唱风格，体验了组合演唱的独特艺术魅力，相信同学们通过欣赏、交流讨论，能够理解掌握重唱、对唱、表演唱的演唱特点。

(二)解决的方法

重视教材与相关文化的融合，运用音乐与信息技术的结合，开辟了学生主动参与和探索发现的园地，激发学生的学习兴趣。如："让学生运用会唱的歌曲采用不同的演唱形式进行表演""小组合作讨论将组内各个成员的意见统一成小组意见"强调学生体验、参与、探索的乐趣。

四、讨论与反思

本节课通过视频播放，激发了学生浓厚的学习兴趣，调动了学生学习的积极性，在整个教学过程中，学生边听边看，对于相关知识了解更广泛，理解更深刻，课堂气氛活跃，效果很好，对于教学起到了很好的促进作用。

要让学生充分的感受音乐、鉴赏音乐、表现音乐、创造音乐。本课我注重师生互动，学生自主学习，重视音乐实践活动和音乐创造。为此我精选了以下教学方法：

(1)自主探究法：引导学生学会主动探究、获取知识，让他们在感受音乐的魅力的同时，享受亲历知识产生过程的快乐。

(2)情感体验法：让学生带着对歌曲的体验进入课堂，引导学生用自己对歌曲的体验去感受歌曲的演唱形式，从而进一步认识、理解、分辨歌曲的演唱形式。

附录2:教学论文

浅谈学生社团活动在提升学生综合素养中的作用

刘洁

摘要: 学生社团活动是学生根据自己的兴趣爱好、艺术特长和发展需求而自主选择的一种活动形式,是培养学生能力、增长知识,提高综合素养的一个重要途径。丰富多彩的社团活动活跃了校园文化生活,促进了学生的身心健康,有效地提高了学生的思想道德素养,拓展了学校教育教学的空间,为提升学生综合素养提供了更广阔的平台。

关键词: 社团活动 培养 提高 综合素养

在校园生活中,学生社团成员来自不同的年级和不同的班级,本着自愿的原则选择喜欢的社团,从社员招募到组织社团活动,主要由学生自主管理,在这过程中,学生的主体意识被充分地调动起来,激发了学生积极参与的主动性和能动性。社团积极参与校内外的各项活动,有的社团甚至主动联合其他学校组织联演和联赛等活动,极大地拓宽了自己的视野,使技能在互相切磋中提高,使综合素养在相互交流中提升。通过学生社团活动,培养了学生的团队合作精神,创新精神,自我管理能力,塑造了健康的人格,促进了积极情绪和良好的道德品质的形成。应该说,异彩纷呈的学生社团活动已经成为学校实施素质教育的重要途径,对于提升学生的综合素养发挥了不可或缺的作用。

一、学生社团活动有利于培养学生的团队合作精神

每一个学生社团都是一群有着共同志趣的社员组成的,社员间是平等的、默契的,大家在沟通和交流时,会营造出和谐民主的氛围。新学期社团纳新后,每个社团制定活动目标,这也为社团活动指明了方向,有的社团是在指导教师的引领下进行团体培训;有的社团是在社长带动下进行小组学习,社员们劲往一处使,朝着统一的目标聚力前进。如艺术类社团的目标是参加每年的文艺展演和校园艺术节活动;体育类社团是参加校内外的体育比赛和校园运动会;科技类社团的目标是参加市区科技比赛;语言类社团是参加校内外的辩论赛、演讲比赛、诵读比

赛、做好每一期校园广播等;公益类社团是做好每年的学雷锋校园义卖活动、走进社区助困和帮扶活动等,这些活动都需要每一位参与的学生有一种集体荣誉感和团结协作精神。在活动过程中,共同商讨,拿出方案,提出修改意见和建议,发挥主人翁意识,形成人人都参与、人人有收获的良好氛围,使团队形成合力,展示出集体的智慧和力量,从而提高学生的自信心和团队合作精神。

二、学生社团活动有利于提升学生的自主发展能力

自主性是人作为主体的根本性,自主发展强调能有效地管理自己的学习和生活,认识和发现自我价值,发掘自身潜力,有效应对复杂多变的环境,成就出彩人生,发展成为有明确人生方向、有生活品质的人。学校设置学生社团活动时间,安排活动场地,为学生搭建自主发展的平台,是为了进一步提高学生自我管理、自我规划、自我反思、责任担当和勇于探究的能力。学生在活动中,依据自身的个性特征和潜质选择适合自己的社团,合理分配和使用时间与精力,培养自己达成目标的持续行动力。例如,我校模拟联合国社团是近几年由学生倡议发起的社团,开始是由几个喜欢模联社的同学组成,在社长的带领下,社员数量明显增多,经过 3 年努力,在天津市中学生寒假校际模拟联合国大会、泛渤海全国中学生模拟联合国大会、全国中学生模拟联合国大会、觉梦模拟联合国大会中取得了优异的成绩。在2019 年的天津市中学生模拟联合国培训会上, 社员们在英文场和中文场演讲中纷纷获得提名奖、杰出代表奖和最佳会议推动奖。由于对模联事业的热爱,2019年七名社员自筹资金前往南京参会,有的社员获得了全国最佳会议推动奖。为了进一步拓展思维,提高演讲能力,社员们还荣幸地邀请到了天津市中学生模拟联合国协会荣誉会长刘浩宇先生,进行了主题为"美国中期选举""法哲学"的学术讲座。除此之外,社团还开展了读书会、系列学习研讨系列活动,围绕"法国大革命""中美贸易战""模联生活公社""社团管理"等问题,也开展了数次学术讲座和研讨会,通过一系列主动探究和自主发展,社员们收获了独立思考、思辨的能力,同时培养了关注时政,关注国际民生,国际环境的公民意识。不论是学校开放日,还是校外比赛,新兴的模联社和传统的辩论社、机器人社等社团,都已成为代表学校对外展示的优秀社团,同学们在平时的活动严格要求自己,合理安排排练和学习时间,大胆尝试、勇于创新,积极寻求有效的解决问题的方法,培养了同学们坚持不懈的探索精神,提高了独立思考和多角度辩证地分析问题的能力。

三、学生社团活动有利于培养学生健康的心理

青少年学生正处于心理波动较大时期,由于生理与心理所发生一系列变化而较容易产生心理问题,我们应该引导学生合理宣泄不良情绪,为他们创设合理发泄的渠道,防止不当的发泄,用积极情绪代替消极情绪。社团活动为同学们提供了一个舞台,让学生在这个舞台上体验到成功与快乐,有效释放不良情绪,认识和发现自我价值,发掘自身潜力,有效应对复杂的环境,提高抗挫力和承受力,培养自信自爱、坚韧乐观的积极心理品质。例如,我校的心理社在指导教师的引领下,经常进行团辅心理活动和拍摄心理健康题材的微电影,同学们在校园内取材取景录制,用贴近校园生活的情境表现青少年积极向上的故事。拍摄后,学生们自己剪辑和编辑视频,用全新的视角审视和展现发生在身边的人和事。他们还把做好的微电影和老师、同学们分享,一并感悟和传播身边积极的正能量。再如,手绘 T 恤社、书法社、器乐社、流行音乐社、动漫社、舞蹈社等社团都会在每年的校园艺术节上大放异彩。平时,同学们的活动开展得有声有色,有时在课余时间也能看见他们认真练习的身影,为了能在艺术节上展示最好的自己,同学们合理安排学习和课余时间,不仅使社团活动出彩,学习成绩也突飞猛进,舞台上成功的展示使同学们自信心大为增强,精神面貌焕然一新。还有义工社,每年积极组织校内外各项公益活动,如学雷锋校园义卖活动,走进社区慰问孤老、困难户活动,每周六、日到周恩来邓颖超纪念馆进行义务引领工作等等,通过志愿服务活动,同学们体会到敬业奉献、互助友爱、诚信友善、感恩社会、回报社会的实质和内涵,培养了对自己和他人负责的态度,让学生懂得自尊自律,增强了社会责任感,丰富了自己的人生阅历,提高了思想修养和精神境界,促进了身心健康。

四、学生社团活动是我校"语商教育"中不可或缺的重要内容

随着教育改革步伐的推进,对学生的评价方式从过去单一的分数评价而逐步转变为品行、能力、素质的多元评价,学生应从学习中获得形成终身发展和社会发展需要必备的品格和关键能力。在当今教育发展的大背景下,我校的"语商教育"是以"读、写、说、辩"为支点的特色教育,通过"语商"育人环境,激发学生自信愉悦的情感,增强学生自信愉悦体验,促进学生自信愉悦成长,营造良好的育人环境,全面提高学生的综合素养,落实立德树人的根本任务。丰富的学生社团活动,为学

生的发展拓宽了空间,使学生更全面的发展,获得愉悦和自信,为未来发展奠基。例如,诵读社的经典诵读、角色演讲;话剧社的生动表演;辩论社的唇枪舌剑;书法社的挥毫泼墨;广播社的余音绕梁;义工社的爱心帮扶;模联社的妙语连珠;手绘社的勾勒传神;机器人社的挑战创新等等。在"语商教育"理念的引导下,学生在熏陶和潜移默化中习得人文、科学等各领域的知识和技能,掌握和运用人类智慧成果,追求真善美的统一,培养了学生"乐学、敏思、善述"的优秀品质,从而展现出自信愉悦的精神风貌。

综上所述,为了全面贯彻党的教育方针,落实立德树人的根本任务,适应世界的发展趋势,提升我国的国际竞争力,我们更应该深层思考"立什么德,树怎样的人"的根本问题。为了适应当今人才发展的需要,学校通过多方面的活动助推学生综合素养的提升,以达到为学生未来奠基的育人目标。其中,学生社团活动进一步扩大了学生自主管理、自主教育的平台,有效促进了学生的自主发展,让每一个学生成为自我成长的主人。有序的社团活动也成为学校教育教学中的闪光点和有效载体。在丰富多元的社团活动中,学生通过自身努力一步步将所需所求转化为积极的实际行动,并从中感受到成功的快乐,丰富了自身的成就感和阅历,强化了自信心,增强了团队合作意识,培养了创造力,塑造了健康的心理和人格,全面提升了综合素养,为今后实现人生价值打下坚实的基础。

高中音乐课中音乐剧的实践研究

——以天津市第一〇二中学为例

天津市第一〇二中学　李晓伟

第 1 章　引言

1　问题提出

2017 年,国家教育部颁布了《普通高中音乐课程标准(2017 版)》,不仅提出了"审美感知、艺术表现、文化理解"12 字音乐学科核心素养,还把《音乐与戏剧》模块列入了高中音乐选择性必修课程。

在国家课程的指引下,我校根据学校的师资和学生情况,在高二年级第一学期开设了国家课程《音乐与戏剧》模块,重点学习音乐剧内容,为高二年级第二学期排演音乐剧做好铺垫。在高二第二学期,进行了音乐剧的深入学习,即音乐剧的排演。本课题主要研究我校开设音乐剧模块近三年来,取得的一些效果,并总结了一些教学经验。但同时在教学中也存在着一些问题,希望为在高中开展音乐剧模块的学校提供参照同时为高中音乐剧教学研究提供可行性方案和理论指引,为促进高中音乐剧教学的日臻完善,贡献自己的研究力量。

2 文献综述

音乐剧在国外,尤其是在欧美,得到了高度的发展,并且在国际艺术舞台上扮演了至关重要的角色。由于大环境的影响,在国外的中小学,音乐剧已成为大部分学生享用的艺术大餐,在此基础上已经形成了校园音乐剧文化。在那里,学生有很多自编自演音乐剧的机会,很多的中小学都有自己的音乐剧节,高中成立了音乐剧剧团,大学有自己的音乐剧剧场,《歌舞青春》这部音乐剧,就是欧美校园音乐剧的范本。

国内随着改革开放,音乐剧逐渐走入中国,在20世纪90年代开始兴起音乐剧的研究热潮。全国各大院校开设了音乐剧表演专业。到了21世纪初,在北京、上海、江浙一带的中小学校音乐剧的排演也在如火如荼地进行中。虽然还处在伊始发展的状态,但它已经得到了青少年学生的普遍喜爱,在许多网站上可以搜索到一些音乐剧的视频和文字资料。同时,把音乐剧引入教学并对其进行理论研究的成果也逐步增多。在21世纪初,更多的是大学高校对音乐剧方面的研究。刘文洁的《普通高校开展音乐剧教学实践活动的初步思考》(2006年首都师范大学硕士学位论文);程泓的《音乐剧教学实践的初步思考》(2008年第六期《时代文学》下半月);等。这些研究大多是高校对音乐剧的研究。到21世纪10年代以后,音乐剧开始走进普通高中,有《深圳光明中学音乐社团引进音乐剧实践研究》(2016年湖南师范大学硕士学位论文),有《普通高中"音乐与戏剧"模块教学的现状分析》(2020年星海音乐学院硕士学位论文),这些研究都是我研究的基础。结合理论的指导,我校开设了《音乐与戏剧》模块,以及音乐剧的深入学习——音乐剧的排演。目前,开设《音乐与戏剧》模块的学校比较少,研究里也很少有高中生普及课"音乐剧的排演"方面的研究。由此,笔者从我学校的真实教学现状出发,总结我校的教学经验,希望提出接地气的建议,能对广大高中音乐教师提供可借鉴的经验和参考。

3 研究目的与意义

3.1 研究目的

我校音乐剧模块的教学,按新课标的要求,本着"审美感知""实践表现""文化理解"的理念,围绕着音乐剧开展音乐表演活动。通过对音乐剧的欣赏与排演,突出学生的主体性,并拓展学生对音乐戏剧的学习兴趣,培养学生审美情趣,提高学生综合素质;针对音乐剧的排演,学生能够把音乐、舞蹈、影视、美术等姊妹艺术联系在一起,能更好地了解各种音乐形态,领略各种音乐文化的魅力。这与高中音乐新课标的十二字核心素养相吻合。

3.2 研究意义

音乐剧艺术经历了人类文明发展的积淀,它是优秀的、经典的、积极向上的、催人奋进的文化艺术。高中学生的审美素养正处于从幼稚到成熟的过程,音乐剧艺术对学生具有极大的教育力量和感染力。能够提高学生的思想认识,提高审美能力,扩大知识层面等。音乐剧能充分激发学生对音乐的学习兴趣,充分体现音乐学科综合,快速提高学生的综合能力,全面培养学生的审美意识、丰富学生的情感体验,陶冶学生的情操。音乐剧的实践是集舞台表演、歌唱、舞蹈为一体的综合艺术表现。能锻炼提高学生各方面的艺术表现。对这种综合艺术的课程,高中生有极大的兴趣。音乐剧在表达人们的想象力上有很大潜力,而想象是学生学习兴趣的前提和创新能力的原动力,所以,音乐教学中引进音乐剧这一形式,将有一定的现实意义。

3.2.1 激发和调动学生学习最活跃的因素

美国著名教育家杜威就提倡在"做中学",运用于我们的教学中就是在教学活动中学习,音乐剧就充分体现了活动教学,让学生在实践中学习,且它的多元表现形式能充分地调动学生的积极性,所以在音乐课堂中引入音乐剧内容教学,能激发学生的学习兴趣。

3.2.2 融洽师生、生生关系

以苏联阿莫纳什维利为代表的合作教育学从社会主义的人道主义出发,以促进学生和谐、整体发展为目标。例如:孔子提出"独学而无友,则孤陋而寡闻""教学相长",以及"三人行,必有我师",由此看出他是非常重视教育活动中人与人之间交往的作用的。音乐剧中不同角色的扮演,要取得好的艺术实践效果,这就要求学生主动地、平等地交往,这就在音乐剧的艺术实践过程中充分体现了学生的主体地位,师生和生生之间就是一种人道的、民主的、合作的关系,所以音乐剧的教学活动能够融洽师生、生生之间的关系。

3.2.3 培养学生综合能力

在美感中健康成长,培养学生的创新能力。音乐剧的课堂教学属于音乐实践课,由于音乐剧综合性的特点,这种课堂教学活动可以使学生的创新思维空间更为广阔,更多地把活动的主动权交给了学生,音乐剧的教学注重的应是实践活动,它具有即兴创造性,很多时候是在边活动中边创造,在不断实践中不断创造,或仅凭老师一个人的智慧是取不到好的效果的,需要教师和学生的集体智慧。雷默的《音乐教育的哲学》在"艺术表演和创作教学中"文中,认为"当学生参与创作艺术时,他们必须参与做出艺术决定。"并指出,在许多音乐表演和创作教学中,恰恰因为学生没有参与做出艺术决定,这些表演创作根本没有创造性。让学生在不断的艺术实践活动中不断地做出艺术决定,从而逐渐培养学生的创新能力。

4 研究方法

通过文献法、资料收集法了解国内外中小学音乐剧开设情况及开设程度,并总结需要学习的地方。通过谈话法了解学生存在的问题,通过教育实验法、经验总结法把教师的教学方法,教学经验等总结并提炼,供其他教师借鉴。

第 2 章　音乐剧模块开设过程中存在的问题

我校音乐剧模块的开设是在 2017 年国家课程新课标修订后,国家课程把《音乐与戏剧》模块纳入了选择性必修课程。我校在以往的教学中,高一开设《音乐与鉴赏》模块,高二开设《歌唱》模块,这两个模块已经不能满足学生的需求。再加上高中学生有很强的求知欲,丰富的想象力、创造力,以及强烈的表现欲。我校的特色课程——《走进音乐剧》于 2018 年 1 月被评为区级特色课程。伴随着特色课程的建设,我校于 2018 年新高二年级开设《音乐与戏剧》模块的教学。从 2018 年 9 月到现在,音乐剧模块开设已经三年整。三年来的教学,在摸索中前行,在学习中成长。有收获的同时也存在一些问题。

第 1 节　教师存在的问题

1　教师音乐剧专业技能欠佳

教师的专业技能的高低是上好一节课的前提。一名教师良好的专业技能,会给学生做出准确的示范。教师的示范直接影响着学生的学习效果。

就音乐剧而言,它是集演唱、舞蹈、表演于一身的艺术,这无形中对音乐教师提出了更高的要求。教师不仅能唱、能跳,还能演。就我校音乐剧教师来说,虽毕业于专业的音乐院校,能唱,还能表演唱,但对跳舞,还有音乐剧中加入情境的表演经验可以说几乎没有。所以,我校音乐剧课程开设中如果遇到舞蹈教学,教师会先自学或求助于外校的舞蹈教师学习。之后,再教授给学生。这样不专业的一传手,会大大降低教学效果。有时,也会让学生教学生,但效果也不佳。这样长此以往,会大大削弱学生学习音乐剧的兴趣。到后来,我们教师就不接触有舞蹈的音乐剧排演了。这样音乐剧的三只脚,就缺失了一只脚,给到学生的只是歌唱表演的音乐剧。

2 教师音乐剧专业知识匮乏

音乐剧模块在 2017 年以后,国家教育部定为选择性必修课程。在之前,我校教师没有接触过音乐剧教学。只是教师本人平时比较喜欢看音乐剧,仅此而已。所以,音乐剧课程的开设,就需要教师翻阅大量资料,了解音乐剧的历史,音乐剧如何排演,音乐剧注重什么等等。这对教师来说,是一门新的学科,需要教师平时大量的阅读并积累音乐剧的专业知识。这样才能在教学时游刃有余。

教师在教授过程中,对教材内容的选择和把握,需要教师前期做大量的浏览工作。比如,了解作品的整体性,了解节选作品在整个作品中的地位,在作品冲突中又起到了怎样的作用?还有角色在把握这个节选作品应注意哪些问题等等。音乐剧的教材是教师的第一手上课资料,但资料背后的知识,需要教师翻阅大量资料,才能对教学内容了解,并能做出透彻的分析,了解作品特点,抓作品特点,才能在教学中做到讲解到位。

3 教师音乐剧的教学方法、教学模式有待摸索成形

音乐剧教学是一个全新的模块,它不同于音乐鉴赏、歌唱课,它有自己特有的教学方法、教学模式、教学评价。音乐剧模块在我校高二年级开设,高二上学期教学为国家课程《音乐与戏剧》,重点学习音乐剧的有关内容。教学方法、教学模式、教学评价可以靠近音乐鉴赏。高二下学期音乐剧模块的教学以音乐剧排演为教学内容,是《音乐与戏剧》模块的深入学习,更重视学生的音乐实践。用上学期的教学模式已经行不通了。所以对教师来说,要摸索出适合学生、符合这门课程特点的教学方法、教学模式、教学评价等,是开设这门课程首要解决的问题。

第2节 学生存在的问题

1 课程开设初期,学生参与度不高

音乐剧模块的开设初期,在我校高二年级的音乐课是普及课,即全体学生都选学。经过一段时间的学习,仍有一部分学生无法加入到音乐剧的实践表演列中来。通过与学生访谈了解到,不能参与实践表演的原因是学生平时很少接触音乐剧,它不如电影、电视剧来的直观,容易看懂。学生平时对唱、跳的歌舞剧也不感兴趣。这就对我们音乐教师提出了要求,如何激发学生学习音乐剧的兴趣,也是我们音乐教师考虑的问题。

音乐剧模块,是一个实践性非常强的模块,需要学生的参与实践。但在参与实践过程中,有的学生本身唱歌跑调,所以对唱的环节参与就比较难,有畏难情节。有的学生表演更没尝试过,没有经验,表演也放不开,还担心演不到位,遭到同学的嘲笑。致使学生羞于表现或不善于表现。这些问题大大降低了教学效果。

2 学生分组排演时各方面能力欠缺

2.1 团队合作能力需要提高

在平时的排练中可以了解到,"有时组内成员不太配合,尤其是配角。他们觉得自己只是配角,无关紧要,长期的这种消极思想,无形中拉慢排练进程,致使音乐剧呈现水平不高。出现这种问题,一方面是学生本身没有重视每次的排练,不知道每次排练通过学习别人也能提高自己。学生同时没有意识到自己也是整体的一部分,部分会影响整体的效果。另一方面是团队管理制度不完善,没有达到一个很好的约束力,急待出台团队管理制度。

2.2 专业技术能力需要提高

在音乐剧排演过程中,会遇到这样或那样的问题,但让学生束手无策的还是专业问题。

2.2.1 剧本改编困难大

我校由于没有音乐剧片段的剧本资源,学生只能复刻经典音乐剧的片段,或改编经典音乐剧。由于学生没有改编剧本的经验,把一个近两个小时的音乐剧改编成 15 分钟左右的音乐剧片段,这对没有改编经验的学生来说真的非常困难。

2.2.2 学生表演驾驭作品困难大

我们在音乐剧排演前,在教学上会有歌唱、舞蹈和表演的专门学习。由于教师专业水平的限制,学生在排演时,遇到这样和那样的问题,致使学生在表演上没能达到一定高度。

第 3 节 教学资源匮乏

1 教材有待规范

有关音乐剧模块的教材,在国家课程《音乐与戏剧》里有部分音乐剧的内容,这个内容远远满足不了我校音乐剧模块的教学。在高二第一学期我校的教学使用的教材为国家课程《音乐与戏剧》,第二学期为音乐剧的深入学习即音乐剧排演,国家课程没有满足我们教学的教材。要想音乐剧模块教学深入学习并且正规,急需一本有关音乐剧的校本讲义作为依托。才能让我校的音乐剧模块教学走得更远。

2 音乐剧剧本匮乏

在高二第二学期,我们主要的教学任务是音乐剧的排演。到最后音乐剧排演时,全年级用一个剧本,年级展示时千篇一律,虽然表演的学生激情满满,但观众们看的是索然无味。

课程开设第二年,我们开始调整,鼓励每班可以自己找剧本或改编剧本。改编剧本困难很大,尤其是没有改编的经验。音乐剧剧本是音乐剧排演的最大障碍。再加上多数音乐剧是英文版的,用英文唱歌还勉强可以,整个片段都用英文,对学生来说,难度有点大。英文也不利于学生对情感的把握。所以,利用各种渠道找适合学生现状的剧本,也是我们面临的一大问题。

3 音乐剧曲目收集难

音乐剧是集歌唱、舞蹈、表演、舞美于一体的舞台艺术。其中,歌唱是音乐剧的灵魂,所以歌唱教学是重中之重。随之而来的就是音乐剧曲目的问题。音乐剧视频可以通过网络观看,音乐剧歌曲选段可以通过大量观看音乐剧来筛选适合学生的作品。但音乐剧歌曲没有谱例,只能通过多听这种最原始的方式来学习。这种教学方式不太正规,所以,需要多方收集整理音乐剧曲目。

第3章 音乐剧课程推进的对策研究

1 提升教师专业化水平

1.1 自主学习提高教师专业知识

1.1.1 教师之间,营造音乐剧氛围

音乐教师非常重视提高自身的专业素养和专业知识。在课程开设初期,我校教师集体收集并整理音乐剧视频,集体观看音乐剧和有关音乐剧的节目。如湖南卫视的《声入人心》,我们音乐组期期都看。通过《声入人心》这个节目,让我们了解了许多非常经典、好听的音乐剧歌曲。《声入人心》也为我们上课,准备了许多音乐剧歌曲素材。

1.1.2 通过有关音乐剧微信公众号,了解有关音乐剧的专业知识

音乐教师通过各种渠道了解音乐剧。科技发达的今天,非常感谢微信的许多有关音乐剧的公众号。比如"七幕人生"公众号,"卖音乐剧的小女孩"公众号,"Eric和他的音乐剧"公众号等,这些公众号里面有最新的音乐剧片段推送,有国内外音乐剧最新动态,有音乐剧排演常识,还有经典音乐剧片段讲解等。通过这些公众号,老师们学到了有关音乐剧的很多专业知识,也开阔了老师们的视野。

1.1.3 通过网课学习,提高教师专业技能

我校教授音乐剧的老师都不是音乐剧专业毕业的,没有过硬的专业技能,但老师们没有停止自己前进的步伐,为了提高自己的专业技能,利用业余时间,自费在网上学习音乐剧表演及音乐剧配音课程。

1.2 专家引领提高教师专业高度

教师的专业成长,离不开专家的引领。非常有幸结识了天津音乐学院表演专业的杨教授。杨教授从事表演专业教学20余年,教学经验丰富。我校定期邀请杨教授来我校指导我们的教学,杨教授从表演讲到学生心理,有理论更有实践。我们教师在表演上有了理论的支撑,也有了实践的指导。专家的引领提升了教师的高度。

1.3 同伴互助提高教师教学水平

由于开展音乐剧模块教学的学校不多,所以供我们参考的教学资料几乎没有。于是,我校五位音乐教师组成一个团队,每两周定期开展音乐剧教学研讨。在研讨中教师们积极踊跃,共同进步。

2 多角度研制学生参与策略

学生是学习的主体,教师的教是为了学生的学。教师要时刻关注学生兴趣,因为兴趣是学生坚持学下去的不竭动力。

2.1 课上,多角度激发学生学习兴趣

教师在课上,要时刻关注每位学生,用不同的教学方法及教学活动激发学生兴趣。

2.1.1 精心选择教学内容

教学内容直接影响着学生的学习兴趣,所以,教学内容要经过精心的筛选。筛选原则:

一要经典。经典的作品,是永恒的作品,有很多需要学习的地方。学生可能在实践环节表现得不太优秀,但体验了经典作品。二要难度适中。作品难度适中,学生驾驭作品才有信心。三尽量与时俱进。比如,在湖南台《声入人心》节目中看到音乐剧《蝶》中的一首作品《诗人的旅途》,这首作品难度不大,音区不高,旋律好听。

老师就把这个作品让学生演唱,最后,达到了比较好的教学效果。同时,学生也对中国音乐剧《蝶》做了了解。

2.1.2 多给学生创造展示机会,增强自信

音乐剧是一个实践性很强的模块,它是门舞台艺术,需要在舞台上呈现。所以,教师在平时的课上要多给学生创造表演机会。学生在课上表演多了,自信就多一些。同时,教师还要多鼓励学生,鼓励是学生前进的不竭动力。鼓励多了,学生自信就有了,也就不会出现,怕自己表演不好,同学会嘲笑自己的情况。

2.1.3 音乐剧排演人人有角色

我校音乐剧模块开设的最终目的是让每位学生走上舞台,表演属于自己的音乐剧片段。为了让每位学生都能找到适合自己的角色,教师推出我们音乐剧排演的口号"人人有角色"。每班学生分成三组,学生自由结组,自己选适合自己的角色。有演员(是主角还是配角),有导演,有编剧,有剧务,有音响师,有舞美等等。学生可以根据自己的喜好和特长选择自己的角色。分完组后,最重要的环节就是推选出负责人,并制订出排练计划和排练制度,为后面的排练做好保障。

2.2 课下,延续课上内容创设音乐剧氛围

2.2.1 营造年级音乐剧氛围

首先,为了让每位学生走进音乐剧,教师每周给学生推送一部音乐剧,并开展剧评活动。一开始,学生对音乐剧不太了解,剧评很少有学生写。随着不断学习,对音乐剧慢慢了解并喜欢,也开始写剧评了。教师为了让更多学生参加到剧评队伍中来,还创建了天津市一〇二中学音乐剧微信公众号,把好的剧评发到公众号。这样一来,参加剧评的学生越来越多,剧评的水平也越来越高。

其次,课内课外相结合,课内的授课学习,课后公众号上传优秀作品。比如在音乐剧中的歌唱学习中,如有演唱较好的同学可以把学生的演唱发至天津市第一〇二中学二音乐剧微信公众号。一方面,给学生搭建了展示平台,同时,增强了学生的自信;另一方面,为其他同学树立了学习的榜样。

2.2.2 创设学校音乐剧氛围

充分发挥学校广播台,定时播放音乐剧经典唱段,并对经典唱段做简单介绍,

对全校学生的音乐剧情结产生潜移默化的影响。

2.3 线上,利用微信公众平台扩大学生视野

科技非常发达的今天,是信息的时代。我们教师充分利用微信平台,创建了"天津市第一〇二中学走进音乐剧"公众号。公众号的作用非常强大,可以把学生优秀的作品上传,如学生的演唱、片段表演、音乐剧配音等,可以把学生优秀的音乐剧剧评上传,可以推送有关音乐剧常识,还可以推送优秀的音乐剧片段,让更多人了解音乐剧并走进音乐剧。

2.4 线下,为学生搭建展示平台

2.4.1 搭建展示平台

音乐剧舞台展示是检验学生学习效果的最佳途径。为了激发学生排演音乐剧的兴趣,我们每学期末会开展一次年级音乐剧展示活动。学生们按照惯例,每学期初,早早就开始着手准备这年终大戏了。学生们非常享受这个舞台,为这个舞台付出了很多,同时也收获了很多。

2.4.2 音乐剧社团与课上有效衔接

要说音乐剧普及课上,学生水平参差不齐,那音乐剧社团就是高手云集了。在音乐剧模块开设的第三年,我们有精力也有实力,开设了音乐剧社团。音乐剧社团的建立标志着我校音乐剧教学进入了新阶段。学生可以在音乐剧社团大展拳脚,跟自己志同道合的盟友一起在音乐剧的海洋里徜徉。

2.5 学校实施选课走班制度

2017年国家教育部规定,高中音乐有6个模块为选择性必修,这6个模块中只有音乐鉴赏不需要有音乐技能为基础,只要有兴趣就可以选。但其余5个模块包括音乐剧模块在内,实践性非常强,需要有一定的音乐技能为基础。所以,鼓励各校实行选课走班。选课走班制度的执行,有利于提高学生的学习效果,这样一来,教师的教也非常的顺手。我校正在规划选课走班,也希望能够早日让喜欢音乐剧的学生走进音乐剧。

3 完善并规范校本资源

3.1 建立剧本集

剧本是音乐剧表演的前提,没有剧本就像做饭没有米一样。音乐剧模块开设初,我们是没有剧本的,每次班级的排演大部分都是名剧复刻,看剧怎么演,就来模仿。到后来,学生开始改编经典音乐剧,这时候,必须要有剧本作依托了。教师也认为,剧本是剧的基础,一方面排演可以有依据了;另一方面,可以为后面的学弟学妹们留下参考的脚本。到现在,我们的剧本开始原创了,虽然学生能力有限,对音乐剧歌曲部分不是原创,用的是其他歌曲的旋律,只是把歌词改编了。但截止到今年,我们已经有 9 个优秀的音乐剧剧本片段了,我们会继续整理下去。

3.2 收集并整理近百部音乐剧

音乐剧模块开设三年来,我们收集整理了音乐剧视频百余部。其中有国外的部分音乐剧《歌剧魅影》《悲惨世界》《猫》《巴黎圣母院》《摇滚莫扎特》等,还有一些音乐剧改编的电影如《放牛班的春天》《妈妈咪呀》《冰雪奇缘》《歌舞青春》等。还有中国的部分音乐剧《金沙》《蝶》等优秀作品。由于音乐剧是舞台剧,为了保护版权,好多视频不能下载。好多音乐剧作品只能在哔哩哔哩网站上看,我们都把这些不能下载的音乐剧的网址收集并做了整理。

我们将这近百部音乐剧做了分类,分成经典音乐剧、英国音乐剧、美国音乐剧、中国音乐剧、法国音乐剧、音乐电影等。

3.3 完善校本讲义

教材是模块开展的前提和依据,在高二第二学期是音乐剧的深入学习,没有相关的国家教材供我们使用。急待校本讲义的编写。在我校五位教师的共同努力下,经过五改,编写了《走进音乐剧》校本讲义,本讲义共五个单元,第一单元音乐剧的起源与历史,第二单元音乐剧中的歌唱,第三单元音乐剧中的舞蹈,第四单元音乐剧中的表演,第五单元音乐剧的排演。后期我们还会不断完善校本讲义。

第 4 章　天津市第一〇二中学音乐剧模块开设三年来的教学成效

1 学生方面

1.1 对学生兴趣的影响

音乐剧模块开展三年来,部分学生又增加了一个爱好,就是音乐剧。他们的歌单里大部分是音乐剧的歌曲, 他们的业余时间习惯性的去搜索最新的音乐剧视频,就是在年级会上,部分同学展示的竟然也是音乐剧歌曲。甚至还有的同学,陪同家人一起走进音乐厅去看现场音乐剧。甚至还有的学生,升入大学,也参加了大学的音乐剧社团。音乐剧模块的开展,无形中把学生领进了音乐剧,也希望音乐剧给他们带来更多的快乐。

1.2 对学生能力的提高

音乐剧模块的学习,不仅充实了学生的心灵,激发了想象力,发挥了创造力,培养了自信心,还获得了成就感,提高了沟通与合作能力。

一方面,学生在表演时想象力和创造力的发挥。由于音乐剧是舞台剧,场景有很大的局限性,不会像电影电视剧一样是实景拍摄。这就需要老师先创造情境,比如在辽阔的大草原,比如在一个饥寒交迫的夜晚,比如断臂后的痛苦,比如走入绝境后的恐惧。学生通过老师创设情境,大胆想象。学生虽没有亲身经历过,但在表演时要感同身受,这就需要学生充分发挥想象力,才能把这些情境淋漓尽致地表现出来。

为了塑造一个角色,很多学生在剧本的基础上,加入了自己的理解。我们现阶段的学习主要是模仿成品音乐剧片段,通过模仿来内化角色。但有部分学生不满足现有的模仿,加入了自己对角色的理解,可以说是"三度创作",每班涌现出很多

"戏精"。这凸显了学生的创造力。高中学生已具备这样的能力,老师可以放手让学生自由发挥,这一点冯晨老师做得非常好。我们来看看冯晨老师的常态课。学生们在排演时,勇于参与,互相讨论,积极配合,能够看到他们在饰演角色时非常投入,也能够感受到他们非常享受这个过程。关于学生表演我们就聊到这。

在改编剧本方面,也体现了学生很强的创造力。上学期,高二年级主要教学内容是班班演。要演就得先有剧本。每班学生积极回应。大部分是学生自己改编的剧本,如二班的《伊丽莎白》、四班的《金沙》、三班的《如果 爱》、一班的《妈妈咪呀》、七班的《红与黑》等,十班是原创剧本,剧名是《您好 再见》。这些剧本片段,都倾注了学生很多心血,有的经过了一改、二改,有的甚至经过了十改,才最终成就了现在的剧本。三班的学生积极响应,在短短的一周内成稿。二班的隆子璇同学凸显了她编剧的天赋。在内容的取舍,节奏的把控,剧本的戏剧冲突上,都做到了尽善尽美。

另一方面,音乐剧课程对学生的沟通与合作能力有很大的推动作用。

课程后期,进入到音乐剧排演阶段,老师会把班级分成2~3组,原则上自由结组,没有成组的学生,老师会指导性地参与。每组成员有各自的分工。有编剧、有导演、有演员、有剧务、音乐编辑等。学生根据自己的喜好和特长找到适合自己的角色。成组之后,制定排练制度,推举核心领导人。这个环节很重要,这是以后排练的坚强后盾。这些成员之间既有分工,又有合作。通过多次的磨合,成就最后的作品。

演员中,有主演也有群演。学生根据自己的能力选择适合自己的角色。不管是主演还是群演,都非常重要,每个角色共同努力,才能成功完成整个剧的排演。记得四班在排练时,几个群演对自己定位不够准确,觉得群演只是配合主演。排练时会迟到,或不入戏。这时,老师就把排练过程拍下来,学生们看完,瞬间就明白了。其实,每个演员都很重要,缺一不可。优秀的作品,需要每个角色来共同成就。

排练过程中会有很多小插曲,这时候,老师就成了调解员和指导员。记得临演出的前两天,高二二班的隆子璇与何雨婷发生了矛盾,两人都表示,"有她,我绝不演出。"说得都非常坚定,谁都不让步。负责人从中多次调解无果,求助老师。老师从中调解,为了演出效果,各自退让,隐藏了矛盾。在此后的几次排练中,两位同学慢慢磨合,全情投入表演。到正式演出时,两人的矛盾已经慢慢消失了。

走进音乐剧课程通过艺术表演实践和创造活动,提升学生审美感知和文化理解,同时,促进学生集体活动中的人际交往,增进人与人之间的沟通和交流,强化社会责任感。

2 教师方面

音乐剧模块开设三年来,教师非常注重自身的专业发展,近两年来,不同程度提升了教师的教学水平及科研水平。

1. 2019 年 11 月,冯晨老师做音乐剧《伊丽莎白》区级公开课。

2. 2019 年 11 月,李晓伟老师做了《<走进音乐剧>的实践研究》区级讲座。

3. 2019 年 12 月,冯晨老师教学案例《音乐剧的排练中运用体态律动教学》获区级一等奖。

4. 2020 年 4 月,冯晨老师论文《体态律动在高中音乐课中的初步实践》获市教育创新论文评选三等奖。

5. 2020 年 6 月,李晓伟老师做了《音乐学科<走进音乐剧>的深度学习》校级讲座。

6. 2020 年 11 月,高慧颖老师的论文《浅谈高中音乐课中的戏曲教学》参加了区级论文评比。

第 5 章 结论

2017 年普通高中《音乐课程标准》提出"音乐学科核心素养",将《音乐与戏剧》模块定为选择性必修,本论文在国家课程基础上,自行研究并深入地开展音乐剧模块教学。结合教学现状和学生学习特点,总结出适合学生特点和学科特点的教学经验。为今后的音乐剧模块的教学实践,提供有意义的教学参考。

参考文献

[1]钟梦婷.深圳光明中学高中音乐社团引进音乐剧实践研究[D].湖南师范大学,2016.

[2]祝海燕.校园音乐剧课程的开发与实践研究——以温州某中学音乐剧课程为例[J].当代音乐,2020(02):66–67.

[3]汪小东.音乐剧经典唱段引入高中音乐鉴赏课堂的理论与实践[D].贵州师范大学,2017.

[4]杨珊.基于核心素养背景下的高中"音乐与戏剧"模块教学研究[D].信阳师范学院,2020.

[5]邓倩嶷.普通高中"音乐与戏剧"模块教学的现状分析[D].星海音乐学院,2020.

高中音乐课堂教学中实施自主参与教学的研究

天津市第九十五中学益中学校　　王　娟

天津市滨海新区汉沽第一中学　　张艳萍

天津市蓟州中学　　龙　楠

摘　要：普通高中音乐课程是人文学科的重要领域，是基础教育的重要组成部分，是实施美育的主要途径，是面向全体高中学生的必修课。在整个高中教学的各个模块中，每一个模块的音乐课程都肩负着提高学生对艺术美的感受力和鉴赏力、培养学生审美能力、塑造健全人格的重要使命。根据学生审美心理发展的特点以及音乐艺术的自身规律，音乐鉴赏教学最终实现其审美育人的目的，必须让学生主动参与到教学实践活动中，只有在自主参与中才能更好地激发学生的学习兴趣、掌握知识技能、培养形成审美能力，不断提升学生的音乐核心素养。课标中指出，要让学生自主、合作、探究学习的前提是学生必须要参与到学习的过程中去，这对活跃课堂气氛完成教学任务，提高教学效率起到至关重要的作用，结合我校的具体实际情况，音乐课多以教师讲授为主，学生参与率低，学生的主体地位体现不明显，因此在音乐课堂中对学生进行自主参与意识的培养就显得十分重要，所以我把音乐课堂教学中学生自主参与教学的培养作为我的主要研究内容。

关键词：审美能力　自主参与　教学实践　核心素养

第一章 课题相关研究概述

1 课题的研究背景

普通高中音乐课程是人文学科的重要领域，是基础教育的重要组成部分，是实施美育教育的主要途径，是面向全体高中学生的必修课。按照新课程的标准，高中音乐分为音乐鉴赏、歌唱、演奏、创作、音乐与舞蹈、音乐与戏剧表演等六个学习模块，此外，部分学校还开设了与音乐相关的校本、社团等不同内容的特色课程。

在整个高中教学的各个模块中，每一个模块的音乐课程都肩负着提高学生对艺术美的感受力和鉴赏力、培养学生审美能力、塑造健全人格的重要使命。根据学生审美心理发展的特点以及音乐艺术的自身规律。音乐鉴赏教学最终实现其审美育人的目的，必须让学生主动参与到音乐审美活动中，只有在自主参与中才能激发兴趣、掌握知识与技能、培养审美情趣、形成审美能力。但由于受到种种因素的制约，不同模块的重视程度不一样，模块的实践研究水平也存在差异，音乐课堂教学中落实调动学生自主参与的诸多问题在不同领域有着集中的体现。

1.1 依然存在忽视学生主体地位的现象

在音乐鉴赏模块中，因教学大纲中授课内容因素的影响和制约，学生对所教授的音乐相关知识内容不感兴趣，对音乐作品体裁、题材不熟悉，尤其是一些外国的音乐作品离我们的现实生活甚远，在这种前提下，教师的授课过程就会很被动，经常会以教师为中心，一味重视教师讲解，轻学生感受体验；一味强调统一理解的获得，忽视个人见解的发表。教学过程只是依赖"教师一张嘴、学生一只耳"，整个课堂笼罩着呆板沉闷的气氛。

1.2 对学生主体性认识深度不够，导致落实上的不彻底

音乐与戏剧模块教学中，经常会出现上台进行表演的同学总是那些对音乐学

习酷爱的学生,大部分同学在戏剧模块教学中,充当的是观众的角色。教学中把自主参与仅仅理解为形式上的"动"。把自主参与的目标仅仅指向知识、技能的获得,较少考虑作为"个人素质的核心"如何去认识和发展全体学生的主体性。把自主参与仅仅集中在某几个学生身上,造成参与垄断,课堂的主流只充当了陪衬的角色。

1.3 学生自身音乐学习习惯、态度、兴趣、能力等方面的影响

在我校开展的校本课程民族音乐民歌篇中,因欣赏的内容都是中国各个地区的民歌作品,学生从态度和兴趣方面都非常缺乏积极性,这和他们喜欢的现代流行说唱音乐显然是背道而驰,所以在落实自主参与时常常显得缺乏"兴趣点"。排斥教学内容;习惯被动接受;在音乐实践活动中积极性明显不高,羞得动、懒的动等现象也在现实的音乐课堂中屡见不鲜。

1.4 核心素养的提出与落实

"学生在学校教育过程中,通过外界帮助与自身努力,逐渐形成的适合学生自身和社会发展的必备品格和关键能力,这种品格和能力就是核心素养。"核心素养不单纯的指向学生品格和能力的某一方面,而是多方面的综合,是现代学生最应该具有的在社会中生存发展的需要。核心素养是可以通过后天学习实现的,可以通过各阶段的教育加以培养。核心素养的落实离不开教学实践活动,学生自主参与教学实践是培养学生核心素养的重要途径,核心素养的提出,也为高中音乐教学指明了新的方向,如何使音乐教学能够有效地培养学生的核心素养,是当下一个急需解决的问题。

1.5 学生自身发展的需求

建构主义认为,人的认知是一个整体,新知识的掌握必须建立在已有知识的基础上,同时各个知识块之间不是相互离散、独立的,而是互相联系、互为结合、互为作用的。自主参与教学实践活动让学生更容易理解音乐的相关文化,真正将课本知识与生活联系起来,让学生在感知体验中生成表演表现,在表演表现中发挥自主参与的个性潜能,从而达到文化理解的层面,由中外的音乐作品赏析到民族、地域的文化理解,形成学生必备的音乐核心素养。

基于对自主参与和音乐课堂教学的重要性、实践研究的薄弱环节以及核心素

养对学生自身发展的需求的认识,我们选择了高中音乐各模块教学中关于学生自主参与为研究对象,以及通过研究提高对主体教育的认识程度和实践水平,改变目前高中音乐课堂中存在的一些弊端和不足, 让高中音乐教学焕发出生命的活力,满足学生发展和音乐学科发展的需要。

2 课题的概念界定

音乐教育是学校全面素质教育中的一个重要组成部分,是实施美育的主要途径,是面向全体高中学生的必修课,对培养学生的综合素质具有特殊意义。根据《普通高中音乐课程标准(实验)》,把高中的音乐课程内容分为音乐鉴赏、歌唱、演奏、创作、音乐与舞蹈、音乐与戏剧表演六大模块。此外,各个学校还开设了与音乐相关的校本、社团等不同内容的特色课程,这为高中音乐教育又增添了新的生命力,通过不同的学习内容,让学生了解音乐、走进音乐、感受音乐的魅力,不断提高自身音乐素养。

"自主参与学习",简称自主学习,意即自己主宰自己的学习活动,要让学生学得好、学得活、教师必须摆正"教与学"的关系,引导学生主动参与音乐学习。只有这样学生才能学有动力、学有方法、学有创造、学有个性。自主参与是学生在教师的科学指导下,通过自身能动的、富有创造性的学习,实现自主性发展的教育实践活动。

3 课题的研究方法

本课题属于应用性研究,遵循理论先行、科研领路,注重实践的思想,以"实践—研究—行动—思考—发展—实践"为行动研究路线。通过采用理论学习、教学实践、自我积累、专题研讨、案例分析、经验总结等方法,选择多角度、多层次进行研究,确保课题研究的科学性和实效性。

3.1 行动研究法

紧密结合课堂教学,发现、思考音乐课堂教学中存在的主体性缺水问题,边学习、边实践、边研究、边总结。在实践中探索解决问题的方法途径、改进教学,促进教师和学生的共同发展。

3.2 个案研究法

选择典型学生建立个案进行研究,从而检查和了解课题实施过程中对学生和课堂的影响。

3.3 调查研究法

通过谈话、问卷等形式,了解学生的音乐学习水平、学习态度、对课堂教学的意见和感受等,在此基础上实施研究、调整概括规律。

3.4 文献研究法

本研究主要从中国知网平台,以"核心素养""音乐实践活动"等为关键词进行检索得到国内外相关领域的文献,收集、学习有关主体参与的研究文献资料,加深对主体参与的理论思考,了解研究现状,吸收成功的经验明确研究方向,为实践提供理论支持。

3.5 观察法

通过听课,在课堂中观察教师的教学行为、师生互动情况、学生学习的表现,以获得有关课题研究的资料。

3.6 经验总结法

音乐学科中学生学习的主动性培养,涉及教材和教学过程,通过案例、课堂实录、专题活动等形式加以总结,形成具有本校特色的学案集。

4 课题研究综述

学生自主学习的思想可追溯到 20 世纪 20~30 年代。较为系统的实践是从 60 年代开始。70 年代,自主学习被广泛应用于许多国家的教学中。

如今,新的课程已经在全国地区开展,素质教育的推行有了实质内容和核心要求,而素质教育的主阵地是课堂教学。在新课程背景下对促进教师在教学过程中通过各种教学手段来激发学生的学习兴趣,从而达到自主参与学习的目的探索具有现实意义。

现代心理学认为,主体参与性是促进学生学习的原始性机制。只有让学生成为课堂教学活动的主体,才能使学生在教学活动中分享应有的权利,承担应有的义务。而学生成为课堂主体的前提是必须调动学而不厌的主观能动性,使学生有意识、有兴趣、有责任去参与教学活动。评价便是调动学生主体性的有效机制,学生的学习只有通过自己的积极努力才能习得,通过教学评价激起学生的主体参与性,让学生在课堂中体验成功的喜悦,获得进取的力量,分享合作的和谐,发现生命的灿烂。

5 课题的研究内容

1.自主参与教学方法与音乐鉴赏、歌唱、戏剧表演、校本课程、音乐相关文化等内容的研究。

2.总结教学实践中音乐自主参与能力培养存在的问题及在教学中实施的优势。

3.自主参与教学对学生学习兴趣、审美能力方面的影响和作用。

4.构建自主参与能力培养的音乐教学案例资源。

5.总结自主参与能力培养的音乐教学策略。

6 课题研究思路

通过课题的界定和系统的理论学习,并以积极探讨高中音乐的音乐课堂中学生自主参与的教学模式为切入点,达成激发学生学习的内在动力,提高教师的教学和研究水平,从而提高教学质量,提升学校整体艺术学科办学水平的目标。

7 理论依据

7.1 新课程理念

指出提倡学生学习方式的转变要鼓励学生自主、合作、探究学习,参与到学习的过程中去。新课程教学论也强调,学生是学习的主体,教师只是学生学习活动的引领者和组织者,提倡通过师生互动、生生互动,让更多的学生参与到教学活动中去,从而优化课堂教学结构,提高课堂教学效率,通过学习研究,使学生转变学习方式,提高自身的学习能力,养成良好的学习习惯,提高学生的综合素质。

课堂主体教学模式是指学生由学习生活和社会活动的经验确定学习内容,用科学研究的方法,把信息技术作为课堂教学的认知工具、研究工具和展示工具,有效提高学习质量,创设学生自主建构与自主学习的学习情境,构建有利于学生创新精神培养和实践能力的学习方式。

7.2 建构主义教育学理论

强调以学生为中心,要求学生由外部刺激的被动接受者和知识的灌输对象转变为信息加工的主体、知识意义的主动建构者。建构主义的教学理论则要求教师由知识的传授者、灌输者转变为学生主动建构意义的帮助者、促进者,教师应在教学过程中采用全新的教育思想与教学结构。

7.3 自主学习理论

"自主学习"这一概念,源于 20 世纪 60 年代,当时西方教育家开始倡导教育的最终目标是培养学习者的责任心,即培养学习者的自身主观能动性。最早将"自主学习"引入学领域的学者 Holec,他指出学习者能够自己监控自身学习行为的能力就是自主学习。自主学习主要注重的是学习者要有主动学习的意识,而且要善于规划,并能始终保持学习的动力,而作为教师则主要在于提供必要的指导。

学生要想实现自己个性的最大化、最优化发展必然要经过自主学习获得。教师在教学过程中应该充分尊重每个学生的个性,帮助学生更加清楚地认识、了解自我,使学生的学习更加有效、独立,这种学习方式非常有利于培养学生的自主学习信心。

7.4 基于音乐核心素养深度跟进的音乐课程改革

从素质教育走进核心素养培育的新时期,是音乐教育改革发展的新命题,一方面,应清楚地认识它将给音乐课程改革带来新机遇,有利于实践音乐教育的独特价值;另一方面,需要进一步理清课程改革的思路,站在新的起点上寻求音乐教育的新突破。

8 研究目的与意义

8.1 理论目的与意义

通过自主参与能力培养的教学研究,构建教学案例,总结培养学生音乐核心素养的教育模式。根据自主参与能力培养在教学中的重要性,将其应用于教学实践,创新教学结构和模式,创新教学思路和方法,提高学生学习的积极性和主动性,探索出"音乐自主参与培养策略"的设计操作要点,供大家学习参考,为音乐教学改革提供帮助。

1.研究并了解高中生的审美心理特点、丰富、拓展音乐课堂中学生自主参与的方法和途径。

2.形成结合高中音乐课堂教学实际,灵活运用自主参与式教学方法的经验。

3.提升学生对音乐课学习的积极性和主动性、拓宽学生的艺术视野与审美空间。

4.在实践基础上形成对高中音乐自主参与式教学的理性思考,总结得出设计学生自主参与活动的原则。

5.通过运用自主参与教学方法,提高音乐课堂教学质量。

8.2 教学实践目的与意义

8.2.1 促进教师教育观念的转变,促进教师专业发展

通过自主参与能力培养的教学研究与实践,优化教学过程,增强教学效果,整体提升音乐教学水平。

8.2.2 为培养学生的学科核心素养开辟新的思路

自主参与能力培养的教学实践,课前实施情境创设、培养学生自我设疑能力,课上小组合作探究,培养学生的合作意识与探究精神,课后成果展示,培养学生展示自我和知识能力整合等来实现素质教育目标,促进学生身心全面发展。

9 课题创新点

本课题的理论价值与创新价值主要表现在从高中学生音乐审美特点以及年龄特点入手,进而探究如何在高中音乐课堂中提高学生自主学习、协作学习、探究学习等实践活动,将课堂教学与自主参与的主动学习结合起来,构建基于自发、主动的教育新模式,通过实施学生自主参与教学,不断提高学生的音乐核心素养,不断提高教师的综合业务能力,促进教学相长,促进高中音乐教学的发展。

第 2 章　自主参与高中音乐课堂教学模式的分析

随着新课程改革的不断深入,高中音乐课堂教学面临着全新的机遇和挑战,改变旧的教学模式势在必行。面对当下的高中音乐课堂教学现状而言,一方面是传统的音乐教育模式已无法适应新课改的要求;另一方面新课程改革对学生全面

发展的培养提供了强大的动力。因此,高中音乐课堂教学必须结合高中生的特点,以人为本,以学生发展为核心的课堂教学改革理念为方向,引导学生在自主参与的课堂教学模式中进行音乐学习。

1 如何构建良好的高中音乐课堂教学模式

音乐教育——不是培养音乐家,而是培养人。这就决定了音乐教育必须以全体学生为对象,以普及音乐文化,全面提高学生素质为任务。充分调动学生学习音乐的积极性,以学生为主体,强调创造性,注重培养学生的想象力、创造力。

1.1 参与

参与其实是每一个老师都曾认真研究过的问题,让每个同学都参与,让每个同学都成为学习的主体,让每一个同学都能在参与的同时得到美的享受,得到情感上的升华,对于音乐教师来说,是一个永恒的目标。让每个同学都参与涉及几方面的问题。

1.1.1 从情感层面来分析参与

首先要让同学有参与的热情。只有有了参与的热情,才能使其参与。其次就是参与的持续性,这就涉及如何让同学在整堂课中都积极地参与而不掉队。

1.1.2 从知识层面来分析参与

因为学生的素质不一样,所以如何让每一个同学都吃得饱和吃得好,分层次给予不同学生以不同的要求。太低了没意思,太高了够不着,都会影响到参与的持续性。

1.2 合作

合作学习就是把学生分成小组,大家互相学习。当然在每学期开始都要认真研究学生,发现和掌握每个学生的情况,包括音乐素质和特征来确定每个小组的成员,合理搭配,取长补短。

1.2.1 小组细划分工来让每个学生吃饱吃好

在小组活动时,我经常会提示每个组要根据小组成员的不同特长,分工合作,取长补短。如在小合唱表演时,有表演特长的去表演,能唱的来唱,其他的可以用打击乐器来打节奏,全员参与。

1.2.2 小组竞争保持参与的持续性

课中,我把任务交给小组来完成,同时我也加入其中的一个组活动,进行表演展示,表演结束后采用小组互评,或让其他学生对我组以及我个人进行评价。老师进入评价客体,会使学生更积极地投入课堂、参与课堂,保持参与的持续性,让学生在音乐课中真实体验学习音乐、享受音乐的乐趣。

1.3 创新

有了参与的热情,保持了参与的有效性,但教师不能忽略的教学任务就是利用课堂有限的时间,让学生开拓无限的视野和进行无限的创造。所以要把握好让学生参与创造的条件和机会。如:节奏练习时,先出示教师自创的节奏练习,熟悉了以后让学生自己创作新的节奏,充分发挥学生的积极性、能动性和创造性,给学生终身发展奠定了基础,音乐也从课内走向了课外。

1.4 教学流程

导入:欣赏《草原牧歌》单元引出草原的话题,课前创设适当的艺术环境突出音乐的艺术氛围,为音乐课创造出一种闲适、松弛的心情。

展开:欣赏歌曲《美丽的草原我的家》初步熟悉旋律,感受歌曲明朗愉快的情绪。激发学生学习歌曲的热情。节奏练习部分学生比较喜欢,同时也有小组节奏创作,介绍《天边》《万马奔腾》,使学生了解我们的国家地大物博,物产丰富。

深入:师生齐唱这首歌曲,边唱边把这种的感情唱到歌里面。老师应特别强调情感的运用。

拓展:分小组画出心中的草原,边欣赏图片边思考,创作出一幅草原的图画,通过创作实践学科相结合使学生对音乐产生强烈的兴趣。

延伸:欣赏自制视频结束本课的草原之旅,让学生在课堂中也能体会到草原的美丽,同时培养学生爱祖国、爱家乡的思想感情。

1.5 教学效果

以前的音乐课教学都是"梨园式"教唱法,教师唱一句,学生跟一句,唱会即为完成教学任务,音乐课也是枯燥无味。实施新模式以来,我把课堂还给学生,通过小组学习,增强合作意识,互相帮助,共同进步,同时把教师解放出来,可谓双赢。

1.6 教学反思

音乐的教学任务是很艰巨的,其他考试学科教师面对的是三两个班,但音乐课教师面向的是几个年级,每个班的情况不同,学生也是五花八门。从教学过程中我深深地意识到要加强自己理论学习并要多向老教师请教教学实践经验,才能更好的教学相长。

总之,我们在新课程理念指导下,无论哪种教学模式都应充分发挥学生的主体作用,让音乐教育在轻松愉快、互动的课堂教学过程中学习。让属于学生自己的歌更加令人陶醉,让每个学生都能愉快地放声歌唱:唱自己、唱未来、唱美丽的人生。

2 如何在课堂实践中激发学生的自主参与性

爱因斯坦曾说过:"兴趣是最好的老师。"激发学生的兴趣,学习就会变得积极主动,学得轻松而有成效。但是学习兴趣不是天生的,主要在于教师如何引导学生,充分调动学生对学习的积极性和主动性,进而能创造性地学习,最终达到优化课堂教学和提高教学效率的目的。音乐新课程标准注重使音乐更加贴近现实生活,力求得到学生喜爱的共鸣,激发学生对学习音乐的主体参与性。但在具体教学中往往达不到理想的效果,深究其原因,个人认为必须先了解当今音乐教育教学的现状,找出有效的方法在教学实践中,积极遵循课标,发挥学生主动参与,提高学生素养,引导学生自主学习。自主学习是学习主体,有明确的学习目标,对学习内容和学习过程具有自觉的意识和反应的学习方式。音乐学习的自主性要求教师确立学生的自主学习地位,培养学生的主动探究的精神,引导学生自读、自悟、自

我提高。

《普通高中音乐课程标准(2017年版2020年修订)》强词要彰显美育功能,提升审美情趣。这说明音乐审美的重要性,人天生就喜爱美的事物,在听觉上也是如此,人类在实践过程中学会了根据自己的需求去创造听觉,视觉美的事物,这就是音乐。音乐审美也是我国音乐教育的一个重要性,在课程标准中指出,根据学生的身心发展规律和审美心理特征,以丰富多彩的教学内容和生动活泼的教学形式,激发和培养学生的学习兴趣,在音乐教学中恰当地运用表演法。让学生表现音乐中的人物角色,能够拉近学生与音乐的距离,从而通过音乐活动获得审美愉悦,立足于我国的音乐发展。正如一首好的歌曲总是贴近学生的生活,表达学生的内心情感,同时好的歌曲还要具备动听的特点,只有优美的曲调才能产生动人感人的艺术魅力,使人百听不厌,新课程标准中重视审美能力的培养,老师有意识的重视学生的审美能力,通过审美核心的理念,这样一个贯彻一个学习,学生整个审美能力也得到了提高。音乐课形式更加生动活泼,不像过去那么理性、那么呆板。建立良好的师生关系和形成良好的学习氛围是上好一节课的基础,是激发学生音乐学习兴趣的源泉。教师应给每位学生均等的学习机会在课堂上激励和信任每一个学生,将激励语言渗透到音乐教学的各个环节,帮助学生树立学习音乐的自信心,养成良好的学习习惯。

在音乐教学中把学习的自主权还给学生,就显得尤为重要,那么在初中音乐教学中如何培养学生的自主学习能力呢?现就我本人这些年在实践教学中的一些做法和大家一起探讨。

2.1 更新理念,转变角色,突出学生主体地位

如何在课堂教学中发挥学生的主体作用,作为一名音乐教师首先要有责任感和神圣感,打破"师道尊严"的圣框。学生是否发挥学习主体作用与教师的态度密切相关。一般学生都喜欢笑口常开、和蔼可亲、幽默善导、宽容赏识的良师,而心底里拒绝神情严肃、心胸狭隘、苛刻责备、讽刺挖苦的教师,所以教师更新理念,改变角色非常重要。

学生的学习大部分是在课堂上度过的,我们要树立以人为本的教育理念,树立正确的教育对象观,摆正自己与学生的关系,放下架子,放松面孔,创造和谐融

合的课堂气氛,以民主、平等的态度面向全体学生,用真情实感激发学生学习的热情。让课堂成为学生表演的大舞台,教师只起点拨引导的作用。

作为中学音乐教师,要认真学习先进的教育教学理论,认真领会新课标精神,借助信息时代的便利条件,努力使自己成为知识的诱发者、教学活动的设计者、信息的咨询者、能力形成的促进者、个性品德形成的培养者,真正实现角色的转换。为此,课堂要强调以学生为中心,教师变"讲"为"导",让学生知道怎样直接、广泛地介入到学习活动中。教师要向学生传授基本的学习方法,训练学生懂得如何确定学习目标,使教与学都具有针对性和目的性。在课堂教学中想方设法调动学生学习的积极性、主动性、创造性,锻炼学生的口才和应变能力,不仅要使学生全面系统地掌握学习内容,还要培养他们自主学习能力和钻研精神,使他们学会发现、提问、讨论、总结归纳,还要学会调整心态和自我评价,肯定成绩,找出不足,进行调整。培养学生自主性的 8 个基本原则":给学生一个空间,让他们自己往前走;给学生一个条件,让他们自己去锻炼;给学生一个时间,让他们自己去安排;给学生一个问题,让他们自己去找答案;给学生一个机遇,让他们自己去抓;给学生一个冲突,让他们自己去讨论;给学生一个权利,让他们自己去选择;给学生一个题目,让他们自己去创造。

新时代提出的素质教育的核心是学生在积极学习的过程中,开动脑筋,学会学习。只有让学生真正成为学习的主人,才能逐渐形成"自主、合作、探究"的学习方法,各方面素质得到全面发展,成为时代需要的合格人才。

2.2 让学生有充足的自主学习时间

新课标强调自主学习,让学生更多地直接接触音乐材料,在大量的音乐实践中,帮助学生提高学习的自觉性,逐步掌握学习方法,养成良好的学习习惯,我们老师就要有研究学生身心发展和学习音乐的特点, 了解学生个别差异和学习需求,激发学生的学习兴趣、好奇心、求知欲和进取精神。

把课堂还给学生,尽最大限度保证学生的自主学习时间。我们众多老师经常在口头上说要改变教育观念, 但是在具体操作中仍保留着落后的教育模式的惯性,总是不相信学生,不放心学生,认为以前讲得那么多、那么细、那么透,都还有那么一部分学生不懂,要是真放手了,岂不是更糟?这是教师应该先解决的心理问

题和认识问题。现代心理学研究表明,任何学习都是学习者自主构建知识的过程,并不是老师讲得越多,学生就越有知识。

因此,音乐教学中要培养学生自主学习的能力,首先要考虑如何为学生争取更多的自主学习时间。每节课应给三分之一或三分之二的时间让学生自主学习培养学生的知识和技能、情感态度与世界观。

2.3 构建良好的课堂教学模式

2.3.1 创设情境,激发兴趣

作为一名音乐教师,在新教育理念的指导下,应创设多种多样的教学情境,运用情境引入、启发式引入等,激励学生主动参与,用外部刺激引起学生学习的直接兴趣。教师要深入钻研教材,善于通过各种手段,找准切入点,通过言语激趣、情景激趣、谜语故事激趣等教学方法,激发学生的求知欲望。学生有了学习兴趣之后,就要引导他们明确本课或本课时的学习目标。说出了自己的见解,主动与老师交流,与同学争论,整堂课气氛活跃,达到了优化课堂的效果。

实践证明,多种情境的创设,可以调动学生的情感,激活学生的思维,促进学生萌发强烈的探究欲望,在自信心与自主意识的驱动下,掌握学习的主动权,展示个性、寻求发展、获得成功。

2.3.2 学生自学,引导质疑解疑,启迪思维

古人云:"小疑则小进,大疑则大进,疑者觉悟之机也。一番觉悟一番长进。""学贵有疑"学生学习的积极性,往往来自一个对于他们来讲充满疑问的情境。创设质疑的情景,就是在教学内容和学生学习之间制造一种反差,把学生引入一种与问题有关的情景的过程。教师应通过问题的设计,使学生明确目标,给思维以方向和动力。

在音乐学习中,学生从"唱"到"创"的过程、实质是一个从已知领域向未知领域探索发现的过程,也是一个不断发现问题、提出问题、解决问题的过程。所以,教师引导学生学会质疑,是提高学生自主学习能力的重要途径。但是现在有很多老师还是经常采取传统的老师先设计好问题,提出来让学生分小组讨论这种方式。如果长期都是老师先提出问题然后让学生围绕这些问题展开讨论,久而久之,学生就会养成一种惰性和依赖性,主动探究的学习精神就得不到培养。老师在备课

时可以从教材本身和学生的理解出发设计好若干问题,但不要急于在学生整体感知教材之前就把问题塞给学生,这样学生学习的主动性还是被剥夺了。老师所设计的问题的提出要等到学生充分感知教材并有了心得体会之后才提出来,而且最好是引导学生自己提出问题。但是,何处寻疑?怎样寻疑?对于中学生来说,刚开始时,肯定是有困难的。这就需要教师发挥主导作用,适时点拨诱导,教给方法,从扶到放,使学生学会发现,学会质疑,养成良好的自主学习习惯。我们根据音乐学习的特点,引导学生从以下几方面发现问题、提出问题。放手让学生自己创作,通过展示学生的作品,让学生发现问题,让学生在解决问题的过程中学习新知识,激发了学生学习的兴趣。

认真观察问题和分析问题是解决问题的根本。依据要探索的题目,让学生去观察、去发现,然后再提问:你能发现什么这使学生经历观察思考、建立猜想、交流讨论、用音乐表示,一系列的音乐活动,从而发现身边熟知事物中隐含着简单的音乐规律。

2.3.3 把生活中的问题转化为音乐问题

欣赏《草原牧歌》单元引出草原的话题,课前创设适当的艺术环境突出音乐的艺术氛围,为音乐课创造出一种闲适、松弛的心情。欣赏歌曲《美丽的草原我的家》初步熟悉旋律,感受歌曲明朗愉快的情绪。激发学生学习歌曲的热情。节奏练习部分学生比较喜欢,同时也有小组节奏创作,介绍《天边》《万马奔腾》,使学生了解我们的国家地大物博,物产丰富。总之,应该在学生想知道处,在学生易出错处,在学生理解片面处,多角度地引导学生进行质疑,激发他们学习的主动性和积极性。

总之,让学生自主的学习应成为现在课堂教学的主要思想。教师要诚心诚意地把学生当作主人。在教学中,加强自主实践活动,引导他们在实践中主动地获取知识,形成学习能力;同时不断增强学生的主体意识,发展他们的主体能力,塑造他们的主体人格,培养学生自主学习的能力,整个教学过程中必须给学生足够的自主学习的时间,为学生创设善思、勤问的良好学习空间,设计适应学生发展的活动,充分调动学生自主参与学习的积极性,引导学生掌握基本的音乐学习方法,鼓励学生采用适合自己的学习方法。只有这样,才能真正让学生学会学习。我们在新课程理念指导下,应充分发挥学生的主体作用,让音乐教育在轻松愉快、互动的课堂教学过程中学习。

3 自主参与对学习兴趣、审美能力方面的影响和作用

　　面对新世纪的挑战,仅仅靠在课堂上学的知识已经远远不够,每个人都必须终身学习,同时作为教育者,我们更清醒地知道在当今知识大爆发的时代,任何教育都不可能将所有的知识传输给学习者,教育的任务必然要学生学到知识转变成培养学习能力,培养学生的学习能力是学习的本质。每个人有不同的审美能力,先天失明的人无法有绘画的感受,先天失聪的人也无法有音乐的感受。对绘画和音乐的敏感程度,与人的视听器官的先天敏锐程度有关,而后天各人生活条件和经验的不同,对感官的培养、锻炼的不同,更现实的使各人具有不同的审美能力。审美能力是在人学习、训练实践经验、思维能力、艺术素养的基础上形成与发展的,是以主观爱好的形式体现出来的。培养学生的审美能力,能有助于他们形成高尚情操、愉悦精神、美化心灵和启迪智慧,将会使他们的生活、他们的人生,获得更多的幸福,达到更高的境界。学生将通过审美的新角度、新视野,去发现自己、开垦自己、超越自己,同时去发现生活、开垦生活、创造生活。审美素养包括认识美、评价美、感觉美、鉴赏美、享受美、表达美、创造美等意识和能力。这些都可以在学生的日常生活中加以培养。

　　孔子说过:"知之者不如好之者,好之者不如乐之者。"课程改革的今天,应多方面激发学生学习的兴趣,挖掘学生兴趣的潜在因素。应该在课堂教学中努力创造教学情境,根据学生实际水平的差异,设计一些难易适宜的问题,把握机会及时进行激发和启示。做到一上课就紧紧地抓住学生的注意力,激起学生的兴趣,使他们很快进入"最佳学习状态",这是上好课的第一步。

　　自主学习除了具有主动性、独立性等特点外,还具有一些其他鲜明优点。

3.1 做到以学为中心、学生为本的教育理念

　　课堂教学一直围绕教师的教和学生的学展开,自主学习要求学生自己做出学习计划、学习目标、学习反馈、自我评价等并最终取得成果。整个自主学习过程在

发现问题、提出问题、分析问题、解决问题中,促进学生主动性和个性化学习的发展。

因此,自主学习关注和着眼于学生的需求和发展,体现以学为中心、学生为本的教育理念。

3.2 构建和谐、平等、协作的师生关系

自主学习环境下,强调学生自主做出学习计划等,那么教师需抛弃"教师中心论"思想,尊重学生学习态度、思想情感等方面的因素。如需尊重学生的学习计划做一名建议者,在学生学习方案实施过程中做一名引导者等等,最终促进师生关系沿着民主方向发展。

3.3 促进学生情感因素的发展

新课改要求我们课堂教学不仅仅是完成知识技能目标,还要完成情感态度等教学目标。在自主学习过程中,教师要帮助学生去完成学习任务,需要营造一定教学情境,制造一定心理活动氛围,为学生提供一定的心理帮助,关注学生的情感态度,促进学生情感因素的发展。

音乐教学活动应激发学生兴趣,调动学生积极性,引发学生的音乐思考,鼓励学生的创造性思维;要注重培养学生良好的音乐学习习惯,掌握有效的音乐学习方法。为学生创设良好的自主学习环境,尊重学生个体差异,鼓励学生选择适合自己的学习方式。音乐课程要根据学生身心发展和音乐学习的特点,关注学生的具体差异和不同的学习需求,爱护学生的好奇心、求知欲,充分激发学生的主动意识和进取精神。"学生作为学习的自主者,在教学过程中每个学生应该树立合理的学习目标,主动学习,遇到问题不退缩。

音乐是美的艺术,音乐教师是美的传播者,我们有责任和义务培养学生的自主学习能力带领学生走进音乐的殿堂,让学生热爱音乐、热爱艺术、热爱生活。学生一定会发现美的内涵,从而提高学生的审美能力,让他们去感受美、理解美、创造美。

第3章 自主参与高中音乐教学研究引发的思考

在高中音乐课堂教学中实施自主参与教学的研究与能力，从"不愿意学"到"喜欢学"的过程。"自主参与"教学在构建学生的自主参与交流课堂中起到至关重要的作用，促进了学生的主动学习与全面发展。引导中学生积极主动参与音乐课堂教学音乐老师除了要提高自身的音乐修养和专业涵养外，更要从学生入手，培养学生的兴趣，引导学生主动积极参与音乐课堂。

1 采用多种教学方法激发学生主动参与鉴赏课的兴趣

兴趣是学习音乐的基本动力，是学生与音乐保持密切联系、享受音乐、用音乐美化人生的前提。事实证明，学生在学习自己感兴趣事物时，就会孜孜不倦；学习缺乏兴趣的事物时，就会变得毫无热情。为此，教师应创设特定的场景和情景，通过丰富多彩的音乐教学内容和生动活泼的音乐教学形式，培养学生的学习音乐兴趣，激发他们的参与热情。①环节的设计体现一个"趣"字，力求营造一种愉悦和谐的学习氛围，以达到情境交融的教学境界；②语言的运用突出一个"情"字，借助语言创设情境，充分启动学生的激情，掀起课堂教学的高潮；③教学内容应与学生的学习经验相结合，启发学生联系生活、学习经验来学习新知识；④问题的设计与实施，应突出促进学生音乐全面发展的功能，通过增强学生的参与性，把握提问时机，掌握随机应变换位提问、答案开放、问语恰当等提问技巧，使学生能够更好地自主学习与探索学习；⑤课堂评价应有利于促进学生的有效学习，通过评价激起学生的参与愿望，让他们在音乐课堂中体验成功的喜悦，分享合作的和谐，获得进取力量。

2 利用学科综合稳定学生主动参与音乐的兴趣

合是基础教育的一种基本理念,它体现了现代教育的一种发展趋势,使学科体系向学习领域伸展,是精英文化向大众文化的回归。教师在教学时应找出音乐与其他学科之间的联系,使音乐教学保持一种开放的态势,以稳定学生学习音乐的兴趣 。①将音乐学科的不同内容综合。在音乐教学中 ,可将音乐的不同知识点相互融合、融会贯通。如歌唱与欣赏结合、音乐理论与欣赏结合,还可以将音乐作品的风格特点与音乐的表现要素(节奏、节拍、速度 、力度、旋律、调式、和声等)相互综合、互相渗透, 加深理解。②将音乐与姊妹艺术结合。诗歌、舞蹈、戏剧、影视、美术等。音乐的姊妹艺术大都有视觉的可感性或文字的语义性,这些恰好与音乐情感表达的概括性和艺术表现的非具象性相互补,将其综合不仅丰富了音乐的艺术表现形式,而且绚丽多姿的综合艺术满足了人的多方面的审美需求。③将音乐与其他非艺术学科相综合。音乐与广泛的文化领域有着天然的密切联系,如音乐与语文中的诗词;音值、节奏与数学中的数量概念;节奏与自然现象、人的生理现象;节奏与体育的广播操、韵律操;音乐的风格特点与其产生的民族、地理、环境、历史条件、语言特点、生活习俗等各不相同, 在教学中将音乐与它们综合起来,不仅突出了音乐文化这条线,而且拓宽了学生的音乐视野,提高了音乐文化素质。

3 拓展学习内容促进学生学习音乐并主动参与音乐课的兴趣

音乐教材是组织音乐教学的基础,正确把握和深入挖掘教材有助于我们有的放矢地组织教学。以前的教材只要求教师完成规定的教学任务,学生把握课堂传授的知识 ,对于教材和教学任务来说,教师和学生都处于一种被动地位。新课改后,教材留给教师和学生以更多地发挥空间,教师可以自己拟定教学目标,到教材

和教辅书以外去查阅资料,拓展教学内容,从而呈现地方乡土特色,使教学过程富有弹性。①有效利用民族传统音乐课程资源。在音乐新课程实施过程中,音乐教师需要充分地发掘民族的传统课程资源,实现"古为今用"。音乐教师需要充分地理解我国音乐历史和音乐传统,了解不同背景下的音乐文化,采取扬弃的态度,充分利用我国优秀的民族音乐文化传统资源,将传统的、民族的音乐为今天的音乐课堂教学和音乐创作服务。②充分利用网络音乐课程资源。今天,随着现代信息技术的发展,网络的触角已经伸向世界的各个角落,甚至有人戏称当今世界已经是个"地球村"了,无独有偶,教育领域也逐步在实现教育信息化。校园信息化程度在不断提高,网络在教学中起着越来越重要的作用,尤其针对音乐学科。网络成为音乐课程资源开发重要环节,网络以快的速度传递着各种音乐资源信息,音乐教师与学生可以充分利用网络平台进行音乐课程资源的开发与利用。

4 强化师生互动调动学生主动参与音乐教学

教学过程是一个教与学交互影响的过程,良性互动关系不仅能增进师生间的信息传递与情感交流,更有助于学生能力的发展。在教学中,教师应创设和谐互动的学习氛围,重视强化师生间的互动,让学生动脑思考、动手操作、动笔尝试、动口演唱,把课堂的主要音乐活动归还"主体",以发挥其在整个教学过程中的主体作用。①让师生在优化的情境中互动,营造民主和谐的交互氛围,形成交流合作的良好气氛,实现人境融合的理想境界;②让师生彼此位置互换、权利互调、角色互变,教师更多地扮演"合作伙伴""设计师"的角色,使每个学生发挥最大的学习潜力;③创设多种感受、体验、表现音乐的形式和通道,让学生在多种体验形式中互进;④合理运用激励性评价手段,淡化学生间的横向比较,注重学生的纵向发展,让他们体验成功的喜悦。由此可见,要改善高中音乐鉴赏课堂教学这个薄弱环节,培养学生学习音乐的积极性,奠定他们学习音乐的基础就要一步一个脚印地从激发、培养、发展音乐兴趣入手,使得学生主动参与音乐鉴赏中。

第4章 课题研究成果及效果

1 课题研究的理论性成果

经过一年多的实践研究,我组的老师在课题研究过程中也取得了一些成果,积累了许多优秀论文、微课、教学设计、教学案例及课堂教学实录等荣誉(成果证书及教学实录等详见光盘)。

1.1 教学设计小册

王娟:《青春舞曲》《欢乐歌》《友谊地久天长》《多声的艺术》《唱脸谱》《十送红军》《茉莉花的芬芳》《我与角色》《三套车》《走近西部歌王王洛宾》。

张艳萍:《生活之音》《茉莉花的芬芳》《爵士乐》《通俗音乐》。

龙楠:《彩色的中国》《影视音乐》。

1.2 教学案例小册

王娟:《茉莉花的芬芳》《新中国的颂歌》。

张艳萍:《茉莉花的芬芳》《生活之音》。

龙楠:《参与合作创新》初中音乐教学模式初探。

1.3 教学课堂实录小集

王娟:《多声的艺术》《青春舞曲》《三套车》《茉莉花的芬芳》。

张艳萍:《茉莉花的芬芳》《推动叙事》。

龙楠:《彩色的中国》《影视音乐》。

1.4 论文成果

王娟:《创高效情境教学 呈精彩音乐课堂》《浅谈在音乐教育中传播匠心精

神》《立足学科核心素养 提高音乐课堂实效》。《终身学习、不断提升"做新时代的领航教师》《打开音乐核心素养之门 开启音乐核心素养之窗》。

张艳萍：《浅谈高中音乐鉴赏课堂有效性教学》《让音乐课"效"起来》。

龙楠：《如何结合农村学生实际开展音乐教学》《浅谈音乐教学中的"教"与"学"》《爱是教育的真谛》。

2 课题研究的实践性成果

2.1 学生自主学习能力得到提升

（1）在音乐课堂中：学生的学习方式得到了较大的转变，由原来的被动学习逐渐转变为愿意自主参与到音乐课堂教学中，能够大胆、自信地参与到各项课堂实践活动中，大大地促进提高了学生自主学习音乐能力。

（2）在研究实践中：教师努力将先进的教育思想内化为自己的教育教学理念，转变为自己的教育行为，升华为自己的教育教学特色。学生在音乐课堂上，充分发展自己的特长，积极地参与课内外的实践活动、最大限度地开发、挖掘了学生的音乐潜在创造力，在促进学生发展的同时，教师自身的素养也同样得到了发展，从而达到师生共同进步的目的。

2.2 教师的目标引领更明确

教育的一切理念要通过教师的教学来落实，教师在学生课堂实践过程中，起着教育传授者、影响者的作用。教师本人所具有的音乐素养以及关于核心素养的教学理念，对学生的学习方法、学习能力、审美能力及音乐核心素养等方面的培养效果起着关键性作用。

教师的任务，不只是向学生传授书本知识，还要培养学生的社会实践能力，充分发挥音乐对学生情感、态度与价值观形成与发展的作用，激发学生的自主参与意识和创新意识，培养他们的问题解决能力和创新能力。

2.3 教师的专业素养很关键

教师要加强自身音乐修养,提高音乐专业能力和核心素养,这样才具有影响学生、教育学生的能力。同时,教师的音乐素养水平,直接影响教学水平与教学能力,因此,在教学中,音乐教师必须拥有核心素养的教育观念,熟悉音乐素养的内涵,清楚地了解学生各方面的认知水平,掌握其规律,更好的因材施教,发挥学生的自主潜能。

2.4 以不同的教学手段呈现实践活动

在音乐教学中,教师要以亲身实践、体验、联想等方式,带领学生感受音乐、认知音乐。这种突出实践的教学,具有自主实践性的学习方式,对促进学生的音乐探究、知识掌握、音乐审美具有很好的作用。在这种音乐实践活动中,学生正确的音乐学习方式得以建立,聆听感受音乐的习惯得以养成,核心素质实现全面提高。

高中音乐课标中指出,音乐的核心素养是必备的品格和关键的能力相结合,新的音乐课程理念要从审美感知、艺术表现和文化理解三方面来进行高中音乐教学。学生自主参与能力的培养是实施音乐核心素养的具体途径,学生的音乐核心素养培养是一个综合性的过程。教师在音乐教学中,要注重体现学科的本质特征,围绕学科的核心素养深入发掘和提炼学科的育人价值,充分发挥自主参与学习对提高学生综合素质的独特作用,注重学科逻辑与核心素养的关系,以此有效地提高音乐教学水平,完善音乐育人功能。

通过课题的实践研究,让我深刻的意识到,搞好课题研究工作,课题组成员的配合极其重要。每位成员都要自觉运用现代教学理论,主动提高驾驭课堂的能力,提高自身素质,迅速成长起来,并在教学课题研究工作中发挥重要作用。

3 课题研究的效果

(1)通过开展自主参与教学实践活动,提升了学生的学习兴趣、学习效率,调动了学生学习的积极性,学生的音乐核心素养有了初步提高。

(2)通过课题研究,提高了教师的教学技能和音乐素养,增强了教师的专业水平及能力。

(3)通过实践研究,课题组的老师们积累了丰富的一系列教育资源,为下一轮的教学奠定了基础,积累了宝贵经验。另外,课题组科学严谨、合作探索的良好氛围,锻炼培养了一批具有开拓创新精神的新型教师,有效地带动了研究工作的开展,有力地促进了教师的全面成长。

第5章 结论与讨论

1 研究结论与分析

在这个信息高速发展和知识快速更新的时代,每个人都要学会自主学习,最终迈向终身教育的社会。我们课题组根据学生自主学习的教学优势,设计出应用于音乐教育中的学习策略和教学模式,并通过课堂实验教学得出以下研究结论:

(1)通过课题的实践研究,证明了高中学生自主参与教学应用于高中音乐学科教学是可行的。

本课题组通过查阅大量文献,借鉴自主学习的应用理念和方法,构建出自主参与应用于音乐课堂教育的模式结构,并且介绍了该模式的具体操作流程、使用方法及评价方法。在讲授过程中,通过创设教学情境、激发学生表演及创造潜能,使学生的音乐核心素养得到提升。另外,课题组成员通过实践感受到自主参与教学实践对提高学生课外学习的质量、拓宽音乐视野及提高学习效率起到很大的辅助作用。

(2)通过自主参与教学实践,提高了学生的学习能力,调动了学习积极性,提高了学生的音乐核心素养。

通过实践活动表明,学生和教师之间的距离拉近了,大家的心理距离缩小了,而且学生的学习兴趣和积极性也有了很大提高,这对学生自主学习很有帮助。实践中的团队合作提升了学生的自主学习能力和协作能力,提高了学习效率和学习积极性,学生们解决实际问题能力大幅度提高。通过研究实践,自主参与在音乐教学中的应用能够培养学生良好的思想品德、创新精神和实践能力。加强高中生自主参与的教育理念,在全面推进素质教育方面潜力巨大,音乐核心素养得到了逐步落实。

(3)通过自主参与教学实践,提高了学生音乐实践力。

通过教学实践,课题组成员在教学实践过程中融合自主参与的实际案例,大家一致认为:通过自主参与实际问题的探究,实现了真正的小组学习,在活动中老师设计合理的教学实践活动,适用于小组合作学习,学习素材也不仅仅是教材上的资料,相应增加了身边的学习资源。"实践活动设计"的材料选自学生身边实际,与我们的日常生活紧密相关,引发学生主动的参与和探究,感受音乐来源于生活又高于生活。

(4)通过自主参与教学实践,提高了教学质量、教师素养和教师的专业能力。

(5)基于自主参与教学实践后,教师教学中音乐核心素养的培养意识增强。

由原来的"教教材"、为了活动而活动,逐渐转变为有意识地培养学生探究能力,不断丰富教学实践活动的设计形式,对学生自发、主动开展的实践活动给予指引与支持,在课堂中更多的进行师生评价、生生评价,鼓励学生提出各种疑问,在疑问中解决出现的具体问题,在实践中落实核心素养,促进师生间的教学相长。

2 课题研究存在的不足

2.1 对学生的自主参与实践深度缺乏有效的监督

在我校开展的"I Like Singing"音乐实践活动中,学生的自主参与实践活动相对开放性强,在歌曲的表演表现中略显自由,每一位上台表演的学生很明显缺少舞台经验,表演随意,因此在学习过程中,学生的展示就显得没有章法。对于那些学习自控能力较差、不喜欢在大家面前唱歌的学生来说起不到多大作用。由于监督机制不完善,这就使得学习者不能够较好地根据实际情况完成自己的演唱,在

教学中及时调整自己的学习方法、学习状态和学习内容,在一定程度上阻碍了学习者更好地表演表现。

2.2 教师的信息技术运用能力还有待提高

音乐课堂教学中运用信息技术手段为培养学生想象思维能力、激发兴趣、增大教学密度、发展学生个性提供了崭新的天地。多媒体教学辅助音乐不但能为学生表现音乐创设一种良好的氛围,而且还能够大大地提高课堂效率,对学生掌握音乐知识起到了不可估量的作用。但在实际教学中,由于本课题研究涉及高中所有年级,涉及的音乐学科内容范围较广,而课题组成员存在年龄的差异,小部分教师的教学观念没有跟上时代潮流,在信息技术结合教学的应用能力上比较薄弱,有时会影响教学的课堂效果,因此,提高教师的信息技术运用能力势在必行。

2.3 教师的理论水平及研究经验需进一步提高

本课题研究的基于自主参与开展实践教学研究,提出了"基于自主参与案例培养高中生音乐核心素养的策略",为从事教学工作的音乐教师提供参考,由于目前的理论研究经验及本阶段学术水平有限,难免有不当之处,在今后的工作和课题研究中,还需进一步提升。

3 课题研究的体会

课题研究一年多来,经过课题组全体成员的共同努力,基本上完成了课题设计时的要求,达到了预期的目的,通过实践研究,我们的体会如下。

3.1 加强培训、统一认识是搞好课题研究重要环节

课题的研究和实践,必须加强对课题组教师的培训,转变教师的观念,统一认识,才能保证课题的研究和实验的顺利进行。为此,在进行课题研究的过程中,不同的阶段,我们曾多次培训教师,使教师对研究的内容、采取的方法、达到的目的都有一个清楚的了解,这是其中一个方面。另一方面通过培训教师,转变教师的观念,使教师对课题的研究有一个清楚的认识,从而发挥主观能动性,积极想办法,

采取不同的方法去完成实验的要求,达到教育的目的,从而推动课题的研究。

3.2 通过课题研究更新了教师对科研的认识

在课题研究之前有的老师一直认为老师的任务就是教好自己的课,教育好自己的学生,完成自己的教学任务就可以了,至于教学研究,那是教育专家的事或者说是各级教研员的工作,与我们的教学生活很遥远,但自从参加了本课题研究以后,有些老师转变了看法,其实教育教学研究就在我们日常教学工作中,我们作为普通的一线教师照样可以写出研究性的东西。我们教师的研究取材就应当取材于我们的日常教学生活中,例如在我们的平常教学课堂上,有的学生提出的问题就具有一定的教研价值,学生普遍存在的问题也可以深思之后用文字写下来,和同行同事交流也许会取得更好的解决办法,在生活中更要做一名有心人,善于积累还应当及时掌握教育信息、教育动态,提高从实际工作中发现科研课题的能力。

3.3 通过课题研究有利于教师解决教育实践的实际问题,促进教学改革

与自然科学研究不同,教育研究不是以客观的自然界为对象,而是以具有丰富潜能和无限生命力的人为对象。教育活动不是存在于一个没有任何干扰的真空的实验环境中,而是千变万化的。教师们感到实际教育、教学中有大量影响教育教学效果因而值得探讨研究的问题,比如:什么样的情境设问才能调动学生的学习积极性?如何有效处理自主参与的自由性与课堂学习的关系等等。为了解决这些问题,保证实际工作的合理、科学和有效,组员们都注重教育理论的学习,希望从教育理论中和书本上找到答案,然而理论的抽象性以及理论应用价值待强化和挖掘的现实,又使教师感到理论学习,从书本上寻求答案并不能导向解决问题、改进实际工作的终点。在这种情况下,需要教师开展行动研究,而这次课题研究为教师提供了最佳的研究位置和机会。教师在充满不确定的教学环境中,通过实践不断开展行动研究,把所学的知识、原理和教学实际结合起来,采取适合特定情景的教学行为,形成优化的教学实践模式。组员们在实践中积累了很多宝贵经验,深入分析和总结这些教学经验,丰富和充实音乐学科理论体系,解决教育实践的问题,这必将进一步促进教学改革。本次的课题研究是比较成功的,使教师在研究的过程中得到了发展,优化了课堂,取得了一定的进步。

4 今后的设想

4.1 加强学科组的集体备课和校际合作

开展自主参与教学实践,需要大量的音乐课程资源,而这些资源仅凭一个人力量是很难高质量完成的,比如:系列微课的录制、案例设计、相关学习检测的编制和实践活动评价标准等。因此,在今后的教学实践中,需要通过集体备课和校际合作的方式来完成,从而编制出更高质量的教育资源。

4.2 进一步总结提升推广

对本课题组的自主参与教育教学模式,以后在实践中还需进一步完善,在总结中提升,在校内甚至校外的音乐学科推广,让课题促进教学,促进学生的学习效率和教学质量的全面提高。

总之,通过一年多的实践与探索,充分证明了在自主参与教学中培养高中生音乐核心素养的实践研究是具有现实意义和长远意义的,从操作过程和实验成果来看,是科学的、有效的。本人及团队会在今后的教学生涯中更进一步的探索相关理论知识和实践成果,更好地在音乐课程改革进程中培养高中生的自主参与能力及音乐核心素养。

参考文献

[1]中华人民共和国教育部.普通高中音乐课程标准(2017年版)[S].北京:人民教育出版社,2020.

[2]杨学礼,曹理.音乐学科教育学[M].北京:首都师范大学出版社,2000.

[3]温安武.核心素养背景下生本"自主互助"课堂教学文化的理论与实践[M].广州:中山大学出版社,2019.

[4]金延风.自主与引导[M].长春:东北师范大学,2004.

[5]成尚荣.核心素养的中国表达[M].长春:东北师范大学出版社,2018.

[6]施久铭.核心素养的中国实践[M].长春:东北师范大学出版社,2019.

[7]张仁贤.新时代教师新能力[M].天津:天津教育出版社,2018.

[8]吴跃跃.学生音乐学习心理研究(一)[J].音乐教育与创作,2013(02).

[9]吴静.对音乐课堂"导入"教学艺术的思考[J].音乐教育与创作,2013(04):23-25.

[10]葛民莉.读懂学生需求 理解音乐教学[M].上海:上海科学技术文献出版社,2016.

[11]曹里.曹理音乐教育文集[M].上海:上海音乐出版社,2016.

[12]郭声键.音乐教育情书[M].长沙:湖南文艺出版社,2021.

[13]朱玉江.交往音乐教育论[M].南京:南京大学出版社,2015.

[14]曾祖标.创作,一个渐进的过程[J].音乐教育与创作,2013(09):40-42.

[15]缪裴言.中小学音乐教育词典[M].上海:上海音乐出版社,2012.

音乐课堂教学对缓解高中生焦虑情绪的积极作用

天津市咸水沽第二中学　李振玲

摘　要：高中生正处于青春期发展的不稳定阶段，容易导致心理疾病的产生，尤其是焦虑情绪。我们在开展高中音乐课堂教学活动时，应突出音乐教育的"美育"功能，利用音乐课堂实践活动来促进学生心理健康的有益发展。通过学生喜闻乐见的音乐课堂教学形式，将学生存在的心理问题消弭于无形。在高中阶段开展音乐课堂教学活动，对缓解高中生焦虑情绪具有积极作用。

关键词：音乐课堂教学　活动　缓解　焦虑情绪

高中生正处于青春期发展的不稳定阶段，他们心理发展极具个性化，且兼具自主性、动荡性、不平衡性等特点。又因为在对待学习生活上的问题时，缺乏客观性和正确的鉴别能力，所以很容易形成极端、对立的情绪和情感，极易诱发各种心理问题，导致心理疾病的产生。据不完全统计，焦虑情绪现已成为大多数高中生最常见的负面心理情绪之一。

新时代新课改背景下，天津市高中音乐课堂教学尤为重视音乐的"审美"教育、情感体验和学生的心理表达，以此促进学生心理健康发展，彰显高中音乐教育的"美育"功能。在学校音乐教育中，我们音乐教师要通过学生喜闻乐见的课堂教学形式，通过丰富的音乐教学实践，提升学生的审美情趣，用音乐来进行心理健康教育,进而对学生的心理健康产生积极影响,缓解焦虑情绪,将学生存在的心理问题消弭于无形,为学生营造良好的学习氛围和成长环境。

那么如何通过高中音乐课堂的多样化教学实践活动对学生进行有效的心理健康教育,进而缓解高中生焦虑情绪呢? 这是我们音乐教师要认真研究的课题。

1 概念界定

1.1 高中生焦虑情绪

焦虑情绪是指人对即将发生的事件感到担心与不安,同时又无法采取预防或找到有效解决办法时所产生的一种消极情绪。在高中阶段,常见的焦虑情绪主要表现在:内疚自责、对待学习消极应付、不能控制自我情绪、心理承受力脆弱、难以面对失败、不信任他人、意志力薄弱等。如果产生了长期的焦虑情绪,会影响学生的学习和生活,甚至可能导致心理疾病,造成严重后果。因此,在高中营造良好的学习氛围、培养学生健康乐观的心态,缓解焦虑情绪,形成积极向上的精神面貌尤为重要,且势在必行。

1.2 音乐课堂教学

课堂教学是各学科在实施本学科的教育教学过程中,最常使用的一种途径和方法。它是音乐教师作为课堂的主导,为学生主体传授、讲解音乐知识与技能,完整的教与学的动态过程,主要包括教师讲解、学生问答、教学活动、教学环节以及教学设计与评价,除此之外,还包括教育技术(含媒体)与教学法。

而本论文中所涉及的"高中音乐课堂教学",除了包含上面所陈述的课堂教学的含义之外,还结合 2017 版新课程标准中的课程结构,课堂教学的内容既包括了高中必修的六大模块,如音乐鉴赏、歌唱、音乐与舞蹈等课堂教学内容,还包括了选择性必修的六大模块内容,如合唱课、合奏课,和根据学校条件和学生需求自主研发的校本课程的特色内容,如音乐社团活动课程等,不仅丰富了学生音乐学习的自主选择性,还强调了音乐学习的实践性特点。

2 高中学生存在的主要心理问题

根据调查结果①显示,高中生心理健康总体状况是基本正常的,但仍存在不小的心理问题。在高中阶段,高二年级是一个诱发各类心理问题的高峰期。在中学生成长过程中,心理问题是每一位学生所必须面对的挑战。总的来说,学生心理问题主要有以下几个特点。

2.1 抑郁

有抑郁问题的学生一般具有自卑心理,即"自我否定"。在升入高中后,由于学习环境的变化和知识难度的增加,部分学生可能由初中阶段的"佼佼者"变为"普通者",这种名次的改变有可能导致学生自卑心理的出现。在出现自卑问题时,有部分学生因身陷自卑心理而无法自拔,使自己无时无刻不处在一种消极情绪之中。此时,他们不单单只是有自卑的心理问题,而是更进一步转化为另一种较严重的心理问题——抑郁。还有的同学在疫情阶段,长时间在家中封闭,失去了与外界直接交流的机会,导致内心逐渐封闭,无法从别人的评价和接触中准确进行自我定位,形成了轻度抑郁症状。有抑郁心理的学生在面对消极评价时往往过于敏感、情绪化,尤其是当评价来自于他们所尊敬的人。

因此,教师在批评教育学生时要注意学生的情绪变化,要把握住尺寸与时机。对于有抑郁倾向的学生,教师更要多开解、多鼓励。

2.2 焦虑

焦虑情绪的学生总是处于一种无所适从的状态,对可能出现的坏结局不是积极主动地寻求解决途径,而是一味地等待"不幸"的降临。而引起高中生焦虑心理的原因大多有:考试、学习压力过重,疫情引起的学习环境改变,人际交往不适等

---

① 本论文的研究基础是"天津市学科领航教师工程"教育研究"双新"课题:音乐课堂教学对缓解高中生焦虑情绪的积极作用,该课题中,笔者已对本区三所高中实验校进行了问卷调查,并形成调查报告。

因素,在校学生出现最多的就是考试焦虑症。部分学生因过于看重考试结果,害怕受到家长、老师的责备和同学的嘲笑,在考前很长一段时间就会出现各种焦虑症状,如恐惧、烦躁、易怒、紧张等。出现焦虑症状的学生由于精神长期处在一种紧绷状态下,办事效率低,注意力无法集中而无心备考,严重者甚至会出现头晕、出汗、失眠、胃痛等一些生理问题。

所以,对于有焦虑情绪的学生,我们教师在音乐课堂上要多多给予其关注,尤其要善于利用音乐实践活动,留心观察他们的情绪变化,及时调整学生的状态,减轻其学习负担。

2.3 不善于人际交往

随着高中生自我意识的增强,他们的交际圈和交往模式发生了变化,喜欢以自己的标准衡量周围的人或事,用自己的方式对待朋友,这难免会造成人际交往上的困难。

部分学生在人际交往中表现出极强的自我为中心感,不顾对方的意愿,甚至是将自己意愿强加于对方,这种交往注定是失败的。也有学生在交往中因自己的观点不能被他人所认同,从而产生苦恼,导致他们选择与他人、社会隔离开来,将自己束缚在一个极小的交往范围中。或者因为疫情不得已在家中进行网络学习,逐渐产生网络依赖甚至痴迷于网络,与人交往中出现了隔阂。随着学生年龄的增长,男女交往过程中,处于青春期的高中生在与异性交往中会感到手足无措,部分学生还会出现性心理障碍。

总之,高中生在与人交往过程中一定要正确定位自己,及时根据环境的变化调整心态,找到适合自己的角色,这样才不会使自己在与他人交往过程中感到无助,这样才能真正意义上的有利于他们心理健康的发展。

3 高中音乐课堂教学对缓解学生焦虑情绪的现实意义

高中音乐课堂教学作为在普通高中基础美育途径,具有情操教育、心灵教育和以美育人的重要功能,可以提升学生的审美与人文素养,保持积极健康的心态,从而缓解甚至消除负面情绪的影响。

3.1 有利于树立正确的情感、态度和价值观

学生在音乐教育教学的培养过程中,从自身角度感受音乐带来的美感,进而主动参与到音乐审美实践活动中来,充分体验音乐的感情和形象。在这种自我感知"音乐美"的过程中,能提升音乐审美情趣,使学生的心灵得到净化,帮助他们形成健康的情感、态度和价值观。

音乐作为人们的精神食粮,能对人的精神世界起到促进影响作用。音乐能唤醒人们内心深处的情感,这种唤醒不带有任何功利性。音乐能让那些隐藏在人们内心的东西再次活跃起来,能改变人们的主观认识,将这些认识联合在一起,最终在释放情绪的同时重新组合我们的精神世界。我国古代儒家学派思想中,非常重视"乐教"的做法,其中充分肯定了音乐与伦理精神、社会道德、人生观、价值观、世界观等思想的相通性,也充分肯定了完整人格的培养是离不开音乐的熏陶。

音乐对情感态度价值观有着强大的促进作用,这种动力比其他任何一种艺术形式都要来得更快、更有力、更直接。音乐能让我们丰富情感体验,也能让我们改变自我认知,形成新的稳定人格。

3.2 有利于调节不良情绪

对于存在不同程度和不同情况心理问题的学生,我们音乐教师能够通过不同的授课方式和丰富多彩的实践活动,使这种情况得到有效缓解。让学生们在教师营造的艺术"美"中,暂时忘记或者缓解学习压力,使他们主动调节不良情绪,缓解

焦虑,坚强勇敢地面对学习与生活的挫折。并且在音乐实践活动中,积极地与他人合作、交流沟通,互通有无,培养乐观的态度。高中音乐教育是一种非功利性的愉悦式教育,对于普通学生而言,它没有沉重的学习压力,教师可以灵活地运用不同教育教学方式,组织形式多样的实践活动,或设计愉悦的师生互动环节,选择恰当的音乐教学内容,使学生在一种放松、欢乐的心理状态下感悟音乐之美、表达艺术之美。我们在学校培养学生具有良好的音乐素养,对于疏导、缓解、消除学生心理问题具有良好的功效。音乐教育教学在追求个性化的现代教育中易于被全体学生所接受,从而潜移默化地培养高中生良好的音乐素养,缓解心理压力,消除学习和生活中的厌倦疲劳感,提升他们的学习效率和生活质量。

此外,音乐能促进中学生心理平衡,增强心理调节及控制能力。现代神经生理学的研究证实,在进行音乐学习,培养音乐素养的过程可以直接影响大脑边缘系统的"情绪脑",形成"音乐联觉"。在进行音乐技能学习的过程中,学习者要通过自己所听、所观、所想,结合操作实践,反复揣摩、不断调节,将内心的经验与客观事物进行对比,从而通过调控能力不断改进、调节自己的操作方法和情感认知,这就是一种心理控制能力的锻炼。这些能从源头上消除高中生的消极情绪,促进他们心理健康发展。

3.3 有利于获得心理满足感

满足是自身的需求与客观现实关系的心理反应,我们每个人在学习、生活中,心理都需要来自自身或者他人的满足感。那么,怎样才能获得满足感呢?当我们在付出努力或希望得到心理预期的事物或精神层面的状态时,如果取得了心理预期,也就获得了满足感。对于高中现阶段的学生而言,由于涉世未深,缺乏生活阅历和实践经验,经常会出现对自身的实际情况认识不足,因此他们更需要来自外界的肯定和认可。音乐作品中饱含了作者的丰富情感,这些情感元素,可以帮助学生增强审美体验,在情感体验中,丰富生活阅历与经验,在实践感悟中形成情感共鸣,从而满足高中生情感心理需求。同时,音乐课堂教学是一个让学生体验美、感悟美、表现美的动态过程,它的核心是美育教育,这没有明确的是非对错之分,有的是不同的理解仁者见仁。因此,在音乐课堂上能够发挥学生的想象力和创造力,

在互动环节学生可以各抒己见,勇于表达自己的新奇观点和独到视角,从而获得他人的赞美与认可,从而满足青春期的心理需求。此外,通过音乐实践活动,学生可以通过互相合作、相互配合、相互帮助等方式,实现自我价值,具有获得感,满足内心发展需要。

3.4 有利于缓解身心疲劳

《乐记》中有所记载:"乐行而清,耳聪目明,血气平和……"这充分表明了音乐对于人身体器官的积极影响作用,现代音乐治疗学也对这些原理进行了深入的研究。乐音通过器乐材料震动频率的快慢和丰富的音色,可以对人体各重要器官产生影响,进而左右人的情绪和心理。从生理上讲,在我们的听觉神经的功能下,音乐的声波通过神经元传输到大脑这个神经中枢,将声波转换成调节信号,从而刺激感官,导致不同激素的分泌,进而使内分泌系统得以调节、均衡,促进身体各个组织细胞和谐运动,加快新陈代谢,促使人体各方面取得平衡,构成和谐状态。例如,如果我们听到的乐曲音调较高,节奏紧凑,情绪高昂音色响亮,会让我们产生昂扬奋进的感觉,振奋精神。如果听到的是低沉舒缓的旋律,且音色柔和暗淡,则使人心情放松而安逸。

学生在学习各种乐器时,往往需要全身多个器官的配合,他们可以在配合中锻炼协调力、平衡力。在二胡的演奏过程中,既要按准琴弦,又要找到手臂放松的感觉,通过手臂、手腕的带动配合,拉奏出优美的旋律,享受身心投入其中的美好;弹奏古筝,更是需要寸劲,指尖和手腕灵活弹奏的同时,身体也在协调的律动,在紧张与放松中掌握一种平衡,进而放松身心。经常进行音乐演奏或演唱活动的人,能在音乐中使身体各部分得到休息与放松,身体会越来越协调,身体的各部分机能也会随之得到锻炼,全面提高学生的身体素质的同时,缓解身心疲劳。

4 高中进行音乐课堂教学缓解学生焦虑情绪的实践与思考

4.1 通过歌唱缓解学生焦虑情绪

音乐虽没有具体的语义,但它所独有的情感性,使它成为一种特殊的"语言"。作为音乐表现形式中最重要的歌唱,可以成为中学生表达自我情感,展现特长的有效途径。在安全良好、轻松愉悦的音乐课堂活动中,学生与老师一起歌唱或大家齐唱一首歌曲,可以迅速消除、化解学生不同程度的交往障碍,有助于让交往困难的学生适应环境,获得认可和成就感,从而增强自信心并提升自我效能感。

具有焦虑情绪的高中生,大多都缺乏自信心,做事畏首畏尾。若在紧张的学习中,情绪高度紧张或压力过大,就会有紧张、焦躁等表现,而演唱歌曲则能够调节人体血液的流通,舒缓调节紧张的神经,改善我们的内分泌,有效缓解焦虑情绪。学生在歌唱优美抒情的旋律时,歌曲速度的快慢、力度的强弱等要素能够使他们产生愉悦、镇静、兴奋的作用,进而达到缓解焦虑心理压力的效果。在高中音乐课堂上,教师引导学生放声高歌积极有意义的歌曲,可以有效调整他们的心态、增强自信,对现在的学习生活充满希望。实验证明,人在烦闷苦恼或焦虑时,只要全身心投入地放声歌唱,一会儿就会感觉到身心倍感放松。这是由于人在歌唱时,需要集中注意力,沉醉在歌曲所营造的意境中,不由地获取了歌曲中的美感,进而身心愉悦,将烦闷和焦虑抛至脑后,心旷神怡。歌唱的同时,还能将学生带入特定情境,借歌唱来倾诉心声、流露情感。据医学测试,当人在演唱自己喜欢的歌曲时,大脑会产生和释放激素,促进和刺激免疫球蛋白和抗应激激素的增加,促使脑神经放松,增强机体免疫力。优秀的歌唱作品,可以净化心灵,启迪智慧,还可以转变思想认知,塑造完善人格。学生在教师的引导下,用心去感受体悟歌曲特征,声情并茂的演唱时,对于提升思想境界,陶冶情操,重塑世界观具有积极现实意义。

【教学案例】——我和我的祖国(歌唱课)

教学过程

导入:学生随意哼唱几首自己喜欢的歌。老师给大家唱一首歌曲《红旗飘飘》。

提问:这是一首什么歌?老师在演唱时是用什么样的情感在表现呢?(激情飞扬、热情澎湃、爱国热情)。同学们讲得很好。

老师在演唱这首歌曲的时候因为我能够理解歌曲传递给我们的情感内涵,所以才能够将这种感情用歌声表现出来。

请同学们用我们所学的音乐知识去分析、理解作品思想和体会音乐情感,从而获得音乐形象。今天,我们一起来学习这首著名的歌曲《我和我的祖国》,共同探讨鉴赏声乐作品的方法。

新课教学(分析作品,发现作品的美)

1.初听全曲(教师范唱)

学生欣赏、讨论,得出:这首歌曲表现的是什么样的情感?从哪个方面直接表现的? 歌词(每一首歌词就是一首诗,直抒情感)。

2.感受歌词的美

教师朗诵歌词第一段(配乐)

提示:注意教师的语气变化、音调的高低等。学生模仿教师朗诵。

教师小结:(分三个小组完成三个不同的任务,讨论音乐形象、节奏特点和音乐结构的特点等环节)。

板书学生讨论内容,教师介绍相关内容:

全曲由两个层面上的叙述,但共同塑造了一个整体形象,传递给我们的是一份难以分割的真挚情感。

3.感受旋律的美

这首歌有一些特别的创作手法:

(1)节拍:节拍是 3 拍子的,并且是采用了八六和八九的变换三拍子节奏,旋律哼唱起来会有什么样感受呢?(选一个学生和教师一起用舞蹈的起伏感让学生体会音乐的韵律感和起伏感)。

(2)音乐的结构是:AB 两个部分组成的并列二部曲式。(听第一段音乐,高潮部分学生起立,分辨作品结构)。

感受不同演唱方法所展现的美:

连接部分:歌曲有很多的表现方式,那就是由于演唱方法和技巧的不同会给人带来不同的感受。

下面老师给大家带来这首歌的 3 种不同音响资料,你最喜欢哪种?能告诉我为什么吗?

学生分组探究:从听觉上有些什么不同的感受?

提示学生根据自己的经验谈谈这几种音色特点大概可归为哪种唱法?(美声、民族、流行),并说说各种唱法在表演时的表现特点(服饰、形体、动作等),可以模仿演唱几句,教师根据学生的回答简单讲解几种唱法不能单一的归类,还有技术上的各种要求:比如共鸣腔体的运用、气息的控制能力以及咬字吐字的讲究等。

连接部分:我们通过分析理解了这首歌曲,下面我们用我们的歌唱把作者的思想和情感展现出来好吗?

表现作品的美:同学们共同演唱作品。

(1)第一段:老师演唱歌曲前半部分,学生演唱高潮部分。学生可哼唱,鼓励他们用身体律动表现音乐的起伏。

(2)第二段:分两小组唱,高潮时全体齐唱。

小结:通过这首作品,增强了学生的爱国主义情感,增强了学生对我国民族文化的理解和认同,加深对祖国的热爱之情,激发起当代中学生建设社会主义现代化国家的强烈使命感。同时增强中学生对本民族的自尊心、自信心和自豪感。

4.2 通过音乐鉴赏活动缓解学生焦虑情绪

音乐可以对人的情绪产生很大的影响。近年来新兴的音乐治疗专业,就是通过音乐来改善人的情绪,调整心理状态,改变心理认知,保持心理平衡,将负面情绪的影响降到最低。音乐鉴赏是学生运用音乐知识,结合音乐要素去感知、体验和理解音乐艺术的实践活动,在音乐课堂上聆听欣赏音乐作品时,学生的情绪可以被音乐中的要素调动起来,无形中将内心的紧张、压抑、矛盾等负面情绪投情于乐曲中,并随着情感体验的不断深入,宣泄负面情绪、缓解焦虑、消除紧张。

我们在课堂上,聆听一部经典的音乐作品时,经常会被里面的意境所感染、吸

引,会产情感上的生共鸣,从而影响我们的情绪和心理,时而感动得流泪、时而令人慷慨激昂、斗志昂扬,时而变得冷静沉思,时而轻松愉悦。这说明,无论是情绪强度还是心理状态,音乐都可以进行相应调节,进而优化我们的情绪品质。音乐是声音的艺术,它通过一定的乐音形成的音响来表现艺术形象、表达思想感情。在音乐课堂教学中,教师要善于利用音乐中的表现要素,在充分完整聆听作品的基础上,让学生深切感悟音乐作品中的节奏、旋律、音色等元素,例如:音乐的节奏可以轻易影响学生的心率、呼吸等生理因素,我们在听莫扎特的作品时,很容易就能感受到春天般的气息,因为他的作品中,节奏和韵律的把握符合人们的生理规律,令人舒适而惬意,鉴赏莫扎特的音乐,可以促进学生在规律的节奏律动中,得到放松缓解焦虑。又如,旋律是音乐的"灵魂",是塑造音乐形象的重要因素,多彩的旋律能够激发学生的想象力和思想情感,帮助他们在脑海中构成抽象的线条,想象作品中的形象,进而开拓思路,展开联想,丰富情感体验,摆脱烦恼与忧愁。音色,如同美术作品中的色彩,不同的乐器音色各不相同,其表达的内容和效果也不尽相同,音色具有明显的特征,能够令听着精神为之一振。通过对音色的听辨,学生可以感受来自外界的刺激,从而摆脱心灵的束缚,消除紧张感和人际交往中的不适,在不同音色的新鲜刺激中,调节神经,保持心态平稳。

【教学案例】——约德尔山歌(鉴赏课)

教学目标

1.积极主动的感受和体验来自阿尔卑斯山脉的独特歌唱形式及其内涵,从文化的角度关注其歌唱形式和音乐相关文化。

2.能记住本课所学的约德尔山歌及其唱法特点,并对这首民歌的歌唱形式做出概述和评价。

3.乐于通过音乐理解不同的世界音乐文化,并与他人交流对这些歌唱形式的看法和观点。

教学过程

教学环节	教师活动	学生活动	设计意图
一、导入	1.播放视频歌曲 *She Taught Me How to Yodel*。 2.请大家利用音乐要素分析歌曲特点	1.聆听并思考。 2. 歌曲利用真假声快速交替，旋律跨度很大	设置情境，激趣导入。 为接下来欣赏约德尔山歌做铺垫
二、新授	1.讲解约德尔唱法的来源及表现形式。 2.播放独唱歌曲《约德尔山歌》。布置"作业"式任务。 ①歌曲的伴奏乐器是什么？ ②聆听《约德尔山歌》第一乐段，以拍手的形式随歌曲打拍子。 ③聆听歌曲第二乐段时，随歌曲旋律用手势划旋律线。 ④再次聆听歌曲重复时，聆听体会演唱者的音色变化有何规律？ ⑤这首歌曲的歌唱方法与我们平时歌唱有何不同？ ⑥分析老师"着重提示部分"的歌词有何特点？ ⑦聆听歌曲后，你的心情如何？ 3.引导学生找出歌曲的特点并对这些特点加以分析。 4.教师对约德尔山歌的概念进行补充讲解	1.学生认真聆听教师讲解。 2.同学们以四人小组为单位，合作探究教师布置的 7 个思考问题。 ①用手风琴作为伴奏乐器。 ②用双手随音乐打节拍。 ③伸出手，随音乐用手势画出旋律线 ④演唱者唱高音时用假声，低音部分用真声歌唱。 ⑤演唱者运用真假声的快速交替转换歌唱。 ⑥欣赏"重点"部分的歌词是衬词，没有实际语言意义 ⑦感觉很新奇、独特的体验，同时很轻松欢快。 3.综合上述聆听体验，从音乐节奏、速度、旋律、歌词、歌唱方法、情绪等音乐要素，对所学歌曲表现形式及特点进行初步分析、概括。 4.找出自己不明白或无法理解的地方，与老师、同学分享、交流、探讨	教师运用体态律动的感知方式，使学生参与到对音乐表现要素的体验中来，并进一步引导学生自主探究、分析歌曲的特点，概括作品形式风格

261

续表

教学环节	教师活动	学生活动	设计意图
三、拓展深入	1.对学生回答的问题进行评价,指导学生对约德尔唱法及特点进行归纳。 2.播放《孤独的牧羊人》,用手风琴给学生伴奏,引导学生体会真假声交替演唱的感觉。 3.引导学生积极思考相关问题,教师对学生的回答和歌唱及时进行评价	1.用音乐要素对约德尔山歌的特点进行简要分析并归纳。 2.学生随教师交替歌唱《孤独的牧羊人》第一段,模仿约德尔唱法进行歌唱。(学生唱衬词部分,教师唱歌词部分) 3.实践与思考: ①这首歌曲运用了哪种歌唱方法? ②随着视频,边哼唱旋律边用手势画出旋律线。 ③随老师的手风琴伴奏,再次歌唱这首歌曲。 ④运用刚才的思路,对歌曲的音乐要素进行分析,归纳出作品表现形式和风格特点	通过演唱约德尔山歌《孤独的牧羊人》,真切感受约德尔的歌唱方法及歌曲特点
四、小结	1.教师对本阶段进行总结,引导学生分析"约德尔"唱法形成的原因,并进一步探究"约德尔"与当地牧民生产、生活间的联系。(将生产劳动、生活与音乐本体相结合) 2.师生共同交流、评价作品并请学生代表进行展示		通过聆听、模唱等体验活动,帮助学生对作品从音乐文化角度进行评价,增进文化理解

通过音乐鉴赏,学生对于此作品中包含的音乐民族文化和地域风格有了更深刻的认识,通过聆听、律动和模唱方式体验和感悟到音乐所表达的意境与情感,从而在审美感知过程的实践活动中得到精神愉悦。它对提高学生的审美能力、生活态度和培养音乐素养起到了重要作用。

4.3 通过合唱缓解学生焦虑情绪

在音乐艺术领域中,人声是最能够直接表达人们的思想感情、引起情感共鸣,使人得到审美的享受。在我国"唱歌课"一直都是主要的音乐教学内容,从齐唱逐步发展到合唱,从中国第一首合唱歌曲《春游》的诞生,到日渐蓬勃发展的中国合唱事业,离不开每一位热爱合唱事业的音乐家和音乐教育工作者的努力。合唱随着人类社会的发展而产生,合唱教学的授课过程是审美的过程,是培养学生音乐素养和能力的过程,也是通过听觉的感受抒发和情感与心灵碰撞出火花的过程。因此我们在教学过程中应有效地引导学生,在合作中以歌唱为纽带进行人际交流,养成群体意识和合作精神。开展合唱教学及组织合唱艺术社团活动,是提升学生音乐核心素养、增强自信、缓解高中生人际交往焦虑的有效途径。

通过心理学相关知识的学习,我了解到团体心理辅导与训练是以班级、小组为单位对学生进行心理健康教育的重要形式。在高二年级歌唱模块"合唱的多维空间"三声部合唱歌曲"欢乐颂"的合唱教学中,我借鉴了"团体心理辅导"的形式,做了一次音乐合唱教学与心理健康教育相结合的大胆尝试。首先,学生自由组合为七人一组,每组分为三个声部练习合唱歌曲。然后,各小组依次上台展示,同学间评选合作最好、最默契、合唱效果最好的小组。这个练习目的是通过竞争培养团体合作能力与集体意识。然后全班作为一个合唱团,打破小组,将全班按照高、中、低三个声部(每个人演唱自己在小组内分配的声部),站好队形进行合唱展示。这个练习目的是培养学生与竞争者进行合作,更进一步的培养集体意识。最后,在合唱歌曲的歌词中选择一句歌词(美好的祝福或是对此人的夸奖等)送给自己左边的同学并说出理由。这个活动目的是增强团体凝聚力,帮助学生学习在人际交往中赞美或祝福他人。整个过程既是一堂音乐合唱教学,又是一次"音乐团辅活动"。学生在合唱中完成了音乐的审美、表现的过程,在合唱中提高了音乐素养,在协作中增强了团队意识和竞争意识。

近几年心理健康不仅是学校教育关注的热点问题,更是全社会关注的问题。音乐教育作为基础教育的一门必修课,在实施美育的同时,促进学生心理健康成长也是义不容辞。在合唱教学中,学生通过歌唱释放压力,通过合作缓解人际交往焦虑提高人际交往能力。

【教学案例】——雕花的马鞍(合唱课)

教学目标

1.运用音乐要素分析、感受、体验合唱的人声魅力。

2.关注歌曲二声部弱起进入、变化音的音准,以及高声部附点节奏的掌握。感受在歌唱时作品的意境。

3.理解作品意境并声情并茂的演唱作品部分段落,培养学生与他人合作的集体精神和合作意识。

教学环节	教师活动	学生活动	设计意图
一、导入	1.播放视频导入 播放一段纯人声无伴奏流行合唱《迎来春色换人间》歌曲视频 提问:这段视频有什么特点	1.学生回答: 无伴奏、仅靠人声演绎	设境引情,引起学生歌唱的愿望
二、新课教学	2.了解无伴奏合唱(阿卡贝拉) 播放一段阿卡贝拉的普及片,用动画视频形式让学生进一步了解无伴奏合唱	2.学生聆听观看 并了解阿卡贝拉这一合唱形式	通过视频进一步得出无伴奏合唱的特点以及表演形式
三、歌唱热身	3.听赏无伴奏合唱《雕花的马鞍》 (1)教师介绍合唱作品《雕花的马鞍》及其作者 (2)播放视频:金钟奖比赛天津师范大学合唱团演绎无伴奏合唱《雕花的马鞍》,并适当加入对歌曲的讲解。 教师提问:这首合唱曲给人什么样的感受	3.学生认真听讲 (1)学生听赏并回答问题: 开始部分旋律平缓,中段部分起伏较大,结束部分意味深长。 (2)学生自主总结: 选择用连音以及顿音两种形式,训练学生对气息的控制	《雕花的马鞍》声部清晰,强弱对比明显 帮助学生更深刻的理解作品意境和情感

续表

教学环节	教师活动	学生活动	设计意图
	4.(1)发音顿音"嘣"渐快、渐慢。 (2)发音长音"哈"渐强、渐弱	·	
四、深入学习合唱《雕花的马鞍》	5.学习歌曲的第一声部： (1)模唱歌曲的第一声部。注意歌唱气息与状态。 (2)歌曲处理要灵巧,后半拍的音要唱的轻灵些。 (3)教师带领学生复习柯尔文手势	(1)一声部学生哼唱时注意弱起小节。 (2)变化音。用琴弹出变化音的小节,学生跟唱。 (3)模拟钢琴演奏节奏练习×.× ×.×和××× 　(三连音) 节奏,了解附点节奏型	进一步学习合唱,培养学生对音乐的敏感度和声情并茂的歌唱
	6.加入二声部 (1)在学习一声部的基础上,哼唱第二声部旋律。特别强调第二声部"6 b7 .7 7 6 5"这句的音准。 (2)加入歌词演唱。 (3)教师弹琴带着第三声部。(男生)声部哼唱旋律。三声部合排	不用琴伴奏,学生自己哼唱旋律,尝试产生和声效果,努力配合一声部同学。 男生加入进来,用低音哼鸣唱旋律。完整练习三声部合唱。 三声部合排	第二声部与第一声部在弱起、变化音及附点节奏上都是相似的,通过刚才第一声部的学习,学生对这三点都是有相应的训练后,第二声部的学习就相对容易一些
五、小结	这堂课我们学习了"无伴奏合唱"这一合唱类型,感受到歌唱声部间和谐配合的魅力,感受到人声的魅力,感受到合唱的和谐配合与团队协作	分享感受,探究学习,促进学生交流。通过对比聆听,使学生对作品的风格、情感有清晰的认识。师生互动,提高学生的学习主动性和积极性,让他们融入音乐中,在情感体验中,掌握对音乐分析的方法。	激发学生创作能力以及对歌曲的感受力

4.4 通过民乐合奏缓解学生焦虑情绪

民乐社团活动课程是由乐队中每一名承担着演奏任务的个体组成,通过不同的乐器组合每名成员的协调配合,将不同音色的民族乐器融合在一起,来表达丰富的和声与美妙的旋律。这是一项集体合作的活动,乐队成员间的密切沟通与默契配合,在这个集体合作项目中尤为重要。在进行民乐合奏的过程中,乐队的成员们形成了一个小范围的交际圈,他们不仅在音乐演奏方面进行沟通与交流,还在共同的学习和生活环境中,拥有共同的话题和不同的交流方式。在民乐团中,每名成员都应具有集体荣誉感、责任心和良好的思想道德修养。这一合作团体的形成,作为一个有效的实践载体,承载了美育理念中所包含的"立德树人"的根本任务。学生的行为习惯和学习方式,通过乐团的合奏活动,得到了进一步加强和规范。他们的集体荣誉感、社会责任感得到显著增强,同时提升了合作意识,培养了他们和谐相处、善于交流的能力,将友爱与团结的理念注入日常的学习生活中来。整个民乐团在合奏过程中彰显了合作之美,它有利于培养学生美好的品德。

民乐合奏并不是磨灭个性,而是在个性的碰撞中相互包容。中学生在民乐团中学会了:不能脱离集体过分地表现自我,要学会倾听与配合;演奏水平较低或刚入门的同学也不必自卑,借助榜样的力量刻苦练习,认真演奏好本声部的同时,将自己融入乐团中,每位成员都形成一种默契,在和谐的默契中成长。美德的培养是美育的目标之一。民乐团的每位同学都要意识到自己是集体中的一分子,要有责任有担当和集体荣誉感。我们合奏民族经典作品,不仅要从优秀作品中形成对美的感悟进而获得审美体验,还要在合作交流中,增进同学间的友谊处理好人际关系,践行美的准则。这样无形中,将高中生不安、焦虑的情绪得以缓解和改善,促进了他们的人际交往,在音乐实践活动中,消除了心理压力,同学们与他人共享美好的艺术氛围。

【教学案例】——津沽神韵(民乐合奏课)

教学目标

1.在民乐合奏的合排过程中,体会合奏丰富、立体的音响效果。

2.通过民乐合奏,学生理解和热爱民族音乐,增强民族自豪感。

3.学生能够积极主动地参与到集体演奏的音乐实践中来,善于与他人沟通合作。在集体演奏中,养成较好的合作与协调能力。

导入:基本演奏技能的练习和热身。

教师:进行视奏练习,帮助学生准确演奏乐谱中的各种演奏记号。

学生:运用首调唱名法识谱和视奏练习,每位同学根据自己的实际情况进行基本技能演奏练习,活动手指进行热身。

初步合排《津沽神韵》第一、二乐段

1.节奏练习

教师:这部分节奏有附点节奏和三连音,是乐队全奏部分,老师分乐器组指挥乐队成员进行节奏型的专门训练,各组反复三次,再合排。其中自由延长音要进行统一要求。

学生:各乐器组要在老师的统一指挥下按要求反复练习,要注意力集中的看指挥手势和与其他同学协调配合,建立多层次的节奏观念。

2.音准的练习

教师:学生要在演奏中具有良好的音准素养,养成聆听其他声部的习惯和能力,培养整体性的音准听觉能力。

学生:训练时运用调音器调好自己乐器的音准,掌握乐器在不同演奏状态下的音准变化。

3.速度与力度的练习

教师:排练时教师应通过有效的训练使学生获得准确的速度控制力以及对不同速度的准确进行、准确判断和把握的能力。变化速度练习要处理好渐慢和渐快的关系进行有效训练,注意作品中的突快,要持续关注引导学生控制速度。

学生:扩大力度对比幅度练习,做到能强能弱,对比时不能过于突然也不要过小,力度渐变的训练要尽量自然而无痕迹。弱奏时注意音准,强奏时保持良好音色,并且始终保持速度的稳定。

分段与声部组合

教师:《津沽神韵》第二段因为速度较快,织体较复杂,为了突出作品结构,采用分段练习方式,重点练习作品转换和连接处,这也是较难的片段,给予关注并准确演奏。同时,根据声部的旋律、节奏特点,将音乐进行中不稳定的声部与稳定的声部相结合进行练习,达到和谐效果。

学生:第二乐段的声部进行拆分练习,几个不同乐器声部分别组合练习,将二胡与古筝进行合奏,再加入固定低音鼓的演奏,最后加入中阮。

作品的艺术处理

教师:教学过程中教师以各种手段,充分地体现作品所具有的音乐内容和艺术魅力。

学生:在演奏熟练后,把注意力转向与指挥的交流,与其他器乐组声部的配合,培养默契与团队协作能力。

小组展示、学生互评(自评、互评、教师评):

推选一组学生的部分学生进行小合奏展示。

学生评价(演奏状态、乐谱表现、乐句表达、音乐情感表现):培养学生识读合奏曲谱的能力和立体的听辨能力,培养他们热爱民族音乐,热爱家乡,合作意识与协调配合能力。

总而言之,通过高中音乐课堂教学,培养学生音乐素养的过程中,可以促进、调节高中生心理状态,有效缓解学生焦虑情绪。我们音乐教师在日常音乐教学过程中,要突出音乐教育的"美育"功能,充分利用丰富的音乐实践活动来培养学生健全人格、促进学生心理健康发展。高中音乐课堂教学对缓解学生焦虑情绪的积极作用,它有利于学生树立正确的情感、态度和价值观、有利于调节不良情绪、有利于获得心理满足感和有利于缓解身心疲劳。我们可以通过歌唱、音乐鉴赏、合唱、民乐合奏等音乐课堂教学形式缓解学生焦虑情绪。音乐课堂教学活动开展效果良好,为缓解学生焦虑情绪起到了积极作用。

参考文献

[1]白学军,马谐,陶云.中西方音乐对情绪的诱发效应[J].心理学报,2016(07):757-769.

[2]曹理,等.学科教育学大系–音乐学科教育学[M].北京:首都师范大学出版社,2000.

[3]吴雅芳.音乐教育对中学生心理健康的作用与实践研究[D].湖南师范大学,2012.

[4]陈孝余.中小学音乐欣赏有效聆听教学研究[D].福建师范大学,2014.

[5]魏玮.论音乐教育对培养中学生心理健康的作用[D].曲阜师范大学,2009.

[6]刘辉.音乐教育与中小学生心理健康[D].湖南师范大学,2013.

[7]方文心.试论音乐教育的德育功能[J].星海音乐学院学报,1998(03):43-45.

[8]高天.接受式音乐治疗方法[M].北京:中国轻工业出版社,2011.

[9]王建平.谈音乐心理辅导——为中学生身心健康护航[J].艺术教育,2008(12):44-51.

[10]蒋雯.在模拟精神创伤治疗情境下音乐对情绪的影响研究[D].中央音乐学院,2015.

[11]王安国,等.高中音乐课程标准(2017年版)解读[M].北京:北京师范大学出版社,2017.

[12]李金钊.应对方式、社会支持和心理压力对中学生心理健康的影响研究[J].心理科学,2004(04):980-982.

[13]李渝梅,李方元.解读"功能音乐教育"当前美国音乐教育理念之一[J].中国音乐,2005(04):49-57.

[14]林崇德.21世纪学生发展核心素养研究[M].北京:北京师范大学出版社,2016.

[15]邱林,郑雪,王雁飞.积极情感消极情感量表(PANAS)的修订[J].应用心理学,2008(03):249-254.

[16]王瑞芳.关于音乐教育育人功能的探讨[J].赤峰学院学报(汉文哲学社会科学版),2008(02):90-92.

[17]高畅,樊婷.用"新"养"心"——浅谈用新意的音乐教学培养中学生心理健康发展[J].大众文艺,2010(03):181-182.

[18]张晓敏.音乐教育的心理调节功能研究——以音乐教育活动诱发积极情绪为实现途径[D].东北师范大学,2017.

[19]郭倩.音乐教育对中学生心理健康发展的影响探究[D].内蒙古师范大学,2015.

[20]尹爱青.音乐审美教育的人学研究[D].东北师范大学,2004.

[21]郭丽娜.中国古代儒家乐教思想的演变与发展[J].郑州大学学报(哲学社会科学版),2010,43(05):155-157.